Fritz Frank
Verschollene Heimat

Fritz Frank
Werkausgabe
Band II

Fritz Frank
Verschollene Heimat

Herausgegeben vom
Träger- und Förderverein
Ehemalige Synagoge Rexingen

in Zusammenarbeit mit dem
Kultur- und Museumsverein Horb a.N.

 Barbara Staudacher Verlag

Inhalt

Einführung

Im zweiten und letzten Band der Werkausgabe von Fritz Frank sind sechs seiner zahlreichen Texte versammelt, die er nach seiner Emigration nach Palästina in seinem Fluchtort Netanya verfasst hat. Sein Kriegstagebuch „Das „Stahlbad", das 2016 als erster Band der Werkausgabe veröffentlicht wurde, hatte er schon 1924 in Heppenheim in die Schreibmaschine getippt. Der Datumsvermerk befand sich auf der erst jetzt gefundenen Originalversion.

Die in diesem Band veröffentlichten Texte sind Übertragungen aus den Originaltyposkripten von Fritz Frank. Die Texte wurden an manchen Stellen, die nur für die Familie bestimmt waren, leicht gekürzt, Tippfehler wurden verbessert, Fußnoten zum besseren Verständnis hinzugefügt.

Verschollene Heimat
Der zentrale Text dieser Ausgabe ist die „Verschollene Heimat", die einzige uns bekannte erzählende Darstellung des Zusammenlebens von Juden und Christen in Horb im 19. und frühen 20. Jahrhundert. Mit liebevoll-ironischem Blick schildert er das kleinstädtische Leben, die bäuerliche Nachbarschaft im Mühlgässle, das Nebeneinander, Miteinander und zuweilen auch Gegeneinander von Christen und Juden, die damals in Horb Tür an Tür lebten.

Die einzige überlieferte Beschreibung der Horber „Synagoge", die nur aus einem Stockwerk in einem Wohnhaus nahe dem Ihlinger Tor bestand, stammt von ihm. Man erfährt, wie glücklich und behütet er seine Kindheit in Horb empfunden und mit welcher Selbstverständlichkeit er sich zwischen den Religionen bewegt hat. Menschen und Landschaften gehörten für ihn zusammen, und seine Liebe zu den Schwaben und zum Neckartal spricht gleich aus seinen ersten Zeilen.

Die Kindheitserinnerungen enden mit dem Abschied der Familie Frank von Horb. Welche Bedeutung Fritz Frank dieser frühen Lebensphase für seine spätere Entwicklung zugemessen hat, erschließt sich aus dem Titel, den er der handschriftlichen Version der „Verschollenen Heimat" ursprünglich gegeben hatte: „Bausteine eines Lebens".

Die Abiturientenrede von Ludwig Frank

Der zweite Text, „Die Abiturientenrede von Ludwig Frank" ist eine Hommage an den 1874 im badischen Nonnenweier geborenen Ludwig Frank. Er war mit den Horber Franks nicht verwandt, aber es gibt eine Verbindung über Sophie Weil, die Mutter von Fritz Frank, die ebenfalls aus Nonnenweier stammte. Ihre Brüder Simon und Oscar Weil spielen in der Erzählung die Rolle von Vermittlern im Konflikt um die Rede des jungen Ludwig Frank, die 1893 in Lahr einen Skandal auslöste.

Ludwig Frank stammte aus einer alteingesessenen jüdischen Landgemeinde. Schon früh fiel er durch seine Intelligenz und seinen Bildungshunger auf. Seine Eltern, einfache Kaufleute, schickten ihn nach Lahr aufs Gymnasium, wo er eine breite humanistische Bildung erhielt.

Er selber sah die dort erworbenen Kenntnisse allerdings im Rückblick kritisch. „Naturwissenschaften und Geschichte waren in spärlichen Unterrichtsstunden armselig behandelt worden. Ich beherrschte keine fremde Sprache. Ich verstand kein englisches oder italienisches Wort, und mein französischer Akzent war entsetzlich. Meine Freude an den alten Griechen und Römern war von pedantischen Schulmeistern unterdrückt. (...) Werke von unsterblicher Schönheit wurden von mir überstanden, nicht genossen. (...) Und doch kann ich eine unmotivierte, törichte Liebe für die humanistische Vorbildung nicht loswerden. Vielleicht ist diese rührend unpraktische Erziehung ein historisch notwendiges Gegengewicht in einer Gesellschaftsordnung, deren erhabene Ideale Grundrenten und Dividenden sind."[1]

In der Oberprima trat er in den neu gegründeten Lahrer „Lessing-Verein" ein, dem Lehrer, Schüler und Arbeiter angehörten und wo man gemeinsam Bebel, Engels, Kautsky und Mehring studierte und Arbeiterversammlungen besuchte. Dort entwickelte sich Ludwig Frank zum überzeugten Sozialisten. Als Klassenprimus hielt er am 20. Juli 1893 seine Abiturientenrede zum Thema „Bedeutung Lessings für seine Zeit"[2]. Die Rede erregte wegen ihres sozialistischen Tenors großes Aufsehen, und man wollte ihm – auch als Jude[3] – das Reifezeugnis verweigern. Nachdem sich die liberale Presse für ihn eingesetzt hatte, erhielt er es schließlich.

1893 begann Ludwig Frank in Freiburg mit dem Studium der Rechtswissenschaften, das er später in Berlin fortsetzte. 1899 promovierte er in Freiburg und 1903 eröffnete er seine Kanzlei in Mannheim. Er war inzwischen Mitglied in der SPD und machte dort rasch Karriere. Er war ein ausgezeichneter Redner mit großem Sprachwitz und hatte eine starke persönliche Ausstrahlung. 1907 wurde er in den Reichstag gewählt. In Mannheim war er auf vielen

1 Zitiert nach: Ludwig Frank. Aussätze, Reden und Briefe. Ausgewählt und eingeleitet von Hedwig Wachenheim, Berlin 1924, S. 19.
2 Wachenheim. S. 21–27.
3 Jürgen Stude hat die antisemtischen Beweggründe nachgewiesen. Siehe weiterführende Literatur.

Gebieten des sozialen und kulturellen Lebens aktiv und über seine Partei hinaus eine geachtete Persönlichkeit des öffentlichen Lebens.

Obgleich er sich 1913 gegen die Aufrüstungspläne der Reichsregierung engagierte und für die Verständigung mit Frankreich eintrat, stimmte er im August 1914 im Reichstag für die Kriegskredite. „Die Pflichten des Parteigenossen fallen jetzt voll zusammen mit den Pflichten des Bürgers. Alle anderen Rücksichten treten zurück hinter der Pflicht, das bedrohte Vaterland zu schützen."[4] Noch von Berlin aus meldete er sich als Kriegsfreiwilliger. Am 31. August wurde er als Landsturmmann eingezogen und starb am 3. September bei Noissoncourt in Lothringen durch einen Kopfschuss.

Die Itins

Im dritten Text „Die Itins" erzählt Fritz Frank aus der Familiengeschichte seiner Frau Raissa Itin, die 1886 im zaristischen Russland geboren wurde. Ihr Vater, Grigorij Kononowitsch Itin, war Getreidehändler in Südrussland und in der Ukraine. Später ließ sich die Familie in Rostow am Don nieder. Der Autor setzt mit diesem Text den Großeltern und den Eltern seiner Frau ein liebevolles und zugleich zeitgeschichtlich interessantes Denkmal. Die Widmung auf dem Typoskript: „Den Kindern von der Mutter erzählt, vom Vater aufgeschrieben. Zum 15. Juli 1945" weist darauf hin, dass Fritz Frank den Text seiner Frau Raissa zu ihrem 59. Geburtstag geschenkt hat. Die Erzählung endet 1886 mit der Geburt von Raissa Itin.

Die silberne Medaille

In der Erzählung „Die silberne Medaille" schreibt Fritz Frank die Erinnerungen seiner Frau an ihre Gymnasialzeit in Rostow am Don nieder. Es ist die Zeit der revolutionären Unruhen im Jahr 1905. Raissa und ihr Bruder Kolja engagieren sich mit anderen jungen Leuten im heimlichen Widerstand gegen die zaristische Herrschaft. Als die Lage für sie zu gefährlich wird, beschließt der Vater Gregor Itin, seine Kinder in Berlin in Sicherheit zu bringen. Raissa und ihre beiden ältesten Brüder Kolja und Onja bleiben in Deutschland und studieren dort, die Mutter Katarina kehrt mit den fünf jüngeren Geschwistern nach einem Jahr nach Rostow zu ihrem Mann zurück.

Das Typoskript trägt die handschriftliche Widmung: „Seinem Schwager und Freund Josef Itin von Fritz Frank. Netanya Dezember 1976". Josef (Onja) Itin hatte als junger Mann in Paris Kunst studiert und war Maler geworden. Er hat seine Familienangehörigen oft porträtiert.

4 Wachenheim. S. 354.

Die beiden Torah

Die Erzählung spielt ebenfalls in der Familie Itin und schildert, wie Gregorij Kononowitsch Itin, der Schwiegervater von Fritz Frank, versucht, seine jüdische Identität für sich, seine Frau und seine Kinder in einer christlichen Umwelt zu bewahren. Dabei bekennt sich der Autor selbst zu seinem Judentum. Das Manuskript ist „Dem Andenken der Eltern" gewidmet, den jüdischen Familien Itin und Frank.

Männer!

Der letzte Text „Männer!" ist ein kleines Theaterstück, eine kleinstädtische Satire mit ernstem Hintergrund. Das Stück in vier Akten spielt im Jahr 1922, unmittelbar nach dem tödlichen Anschlag auf den deutschen Außenministers Walther Rathenau in Berlin. Es beschreibt die Reaktionen auf diesen politischen Mord, am Stammtisch, bei den öffentlichen Reden und im privaten Kreis. Die Namen der Mitwirkenden könnten auf Horb schließen lassen, aber der Autor verneint das in seinem Vorwort. Zur Zeit des Rathenau-Mordes lebte Fritz Frank in Heppenheim an der Bergstraße und arbeitete dort als praktischer Arzt. Die Szenen des Stückes können sich ebenso gut in Heppenheim wie in irgendeiner anderen deutschen Kleinstadt abgespielt haben.

Biografisches zu den Familien Frank und Itin

In diesem Abschnitt des Anhangs wurde zusammengestellt, was die Herausgeber über die verschiedenen Stationen im Leben der beiden Familien herausfinden konnten. „Gam su letova" – „Alles zum Guten" heißt eine unveröffentlichte Erzählung des Autors, und so könnte man auch das Lebensmotto dieses außergewöhnlichen Paares Fritz und Raissa Frank beschreiben, dem es gelang, der eigenen Familie auch in bedrohlichen Situationen einen liebevollen jüdischen Lebensrahmen zu erhalten und sich immer wieder auf einen Neuanfang einzulassen.

Barbara Staudacher
Horb am Neckar, 2017

Verschollene Heimat

Meinen Kindern

Am Neckar

Im württembergischen Schwarzwald liegt die kleine Oberamtsstadt Horb, mit ihrem vollen Namen Horb am Neckar.

Es gibt noch andere Horb, von denen es sich zu unterscheiden hat.[1]

Dem Kind jedoch scheint der Fluss zu Ehren des Ortes und der Ort zu Ehren des Flusses bezeichnet zu werden, und die beiden verbinden dadurch mit verwandtschaftlichen Beziehungen die verschiedenen Vorstellungen.

Unweit von Horb, ebenfalls am Neckar, liegen Rottweil, die Pulverfabrik und Oberndorf, die Fabrik der Mausergewehre. Das heißt „Krieg" und die ganze abenteuerliche Welt des Krieges, ob das China ist oder Afrika! Mausergewehre stammen – vom Neckar! Krieg ist aber für das Kind ein weltweit Entferntes: Boxer oder Buren oder Hereroaufstand.

Nach Deutschland kommt der Krieg nie! Dafür sorgt Bismarck und der Kaiser und das Militär. Es ist in den neunziger Jahren des letzten Jahrhunderts.

Am Neckar liegt Rottenburg, Rottenburg am Neckar. Das ist das württembergische Rom, der Bischofssitz.

Als die große Kirchenfrage zur Entscheidung kam: Ist der Papst unfehlbar, oder bleibt er ein Mensch?, da ertrug es der Bischof von Rottenburg, sein Gewissen, seine Verantwortung vor Gott nicht, den heiligen Vater nicht als fehlbaren Sterblichen anzusehen, und für diese Wahrheit einen mutigen, wenngleich vergeblichen Kampf zu kämpfen.[2] Die katholischen, evangelischen und jüdischen Schwaben waren stolz auf ihren Bischof.

Am Neckar liegt Tübingen, Tübingen am Neckar. Dass Tübingen Universitätsstadt ist, weiß das kleinste Kind. Es weiß auch, und

1 Im fränkischen Horb am Main bei Lichtenfels gab es bis in die 1870er Jahre eine jüdische Landgemeinde. Ihre im Innenraum prachtvoll bemalte Synagoge hat es zu einiger Berühmtheit gebracht, denn sie ist in Teilen im Israel-Museum in Jerusalem ausgestellt.

2 Dr. Carl Joseph Hefele, von 1869–1893 der dritte Bischof der Diözese Rottenburg.

13

wenn schließlich nicht jedes kleine Kind, so weiß doch jeder Bauer, was Universität bedeutet: Wenn es bei einer Operation auf Leben und Tod geht, wenn bei einer Geburt kein Doktor sich zu helfen weiß, wenn Einer überschnappen will, dann – so schnell wie möglich nach Tübingen! Es ist die letzte Station zwischen Leben und liebem Gott, oder Leben – und wer weiß? – der Hölle.

Außerdem aber: kein Pfarrer, kein höherer Lehrer, kein Richter ohne Tübingen. Hier wird der Akademiker ausgekocht!

Tübingen kennt aber noch andere Namen als den „gewöhnlichen" Professor. In Tübingen war Kepler, der große Johannes Kepler, der mit dem fernen Himmel auf nahem Du stand, den nahen Menschen aber, die seine leibhaftige 70jährige Mutter als Hexe verschrien und verurteilten, so ferne stand wie das Firmament.

In Tübingen lehrten Melanchton und Reuchlin, die Leuchten des Humanismus, die Sklavenbefreier aus den geistigen Galeeren des Mittelalters.

In Tübingen hausten in einer Stube Philosophen wie Schelling und Hegel, und lebten im selben „Stift" fast zur selben Zeit Dichter wie Mörike, Uhland, Hauff und der todtraurige Hölderlin.

Sind wir schon bei den Dichtern, so fährt das Schifflein von selbst den Fluss weiter hinab und landet in Marbach am Neckar. Da kam der große Heilige des Schwabenlandes zur Welt: „Der Mensch ist frei geschaffen, ist frei!"

Aber vielleicht weiß heutzutage nicht mehr jeder seine „Worte des Glaubens" auswendig. Da schadet es ihm nicht, wenn sie ihm wieder ins Gewissen reden.

Drei Worte nenn' ich euch, inhaltsschwer,
Sie gehen von Munde zu Munde.
Doch stammen sie nicht von außen her,
Das Herz nur gibt davon Kunde.
Dem Menschen ist aller Wert geraubt,
Wenn er nicht mehr an die drei Worte glaubt.

Der Mensch ist frei geschaffen, ist frei,
Und würd' er in Ketten geboren.
Lasst euch nicht irren des Pöbels Geschrei,
Nicht den Missbrauch rasender Toren.
Vor dem Sklaven, wenn er die Kette bricht,
Vor dem freien Menschen erzittert nicht.

Und die Tugend, sie ist kein leerer Schall,
Der Mensch kann sie üben im Leben;
Und sollt' er auch straucheln überall,

Er kann nach der göttlichen streben.
Und was kein Verstand der Verständigen sieht,
Das übet in Einfalt ein kindlich Gemüt.

Und ein Gott ist, ein heiliger Wille lebt,
Wie auch der menschliche wanke;
Noch über der Zeit und dem Raume webt
Lebendig der höchste Gedanke;
Und ob alles in ewigem Wechsel kreist,
Es beharrt im Wechsel ein ruhiger Geist.

Die drei Worte bewahrt euch inhaltsschwer,
Sie pflanzet von Munde zu Munde.
Und stammen sie gleich nicht von außen her,
Euer Inneres gibt davon Kunde.
Dem Menschen ist nimmer sein Wert geraubt,
Solang er noch an die drei Worte glaubt.[3]

Eigentlich hat damit der Neckar genug für die Menschheit getan. Aber er kann nicht mitten in seinem Lauf stehen bleiben: Untertürkheim am Neckar, das sind die Daimler- und Benzwerke. Das heißt, der Neckar beteiligt sich an der Technik und den Rennfahrten der ganzen Welt.

Der Neckar fließt weiter und weiter, bis er sich auf einmal ganz in Liebe taucht. Keine Lorelei birgt er, die den armen Schiffer verführt, keinen Felsen, an dem sein Kahn zerschellt, keinen Strudel, der sie beide verschlingt.

Dem Neckar singt das hingebungsvolle Käthchen von Heilbronn die Melodie. Und wollte eine gefräßige Woge gegen ihren harten Wetter vom Strahl aufstehen, mit ihrem Herzblut würde Käthchen die Wasser glätten.

Kein Wunder, dass in solcher Nähe die Feste Weibertreu sich erhebt. Als im Mittelalter die Burg Weibertreu am Neckar – ursprünglich hieß sie vielleicht Luginsland – belagert wurde, verzichtete der feindliche Feldherr auf den totalen Krieg. Er gestattete den Weibern abzuziehen, und jede durfte das Teuerste was sie hatte, auf ihrem Buckel, so nennt der Schwabe seinen Rücken, mit sich schleppen.

Stellt euch eine solche Sache einmal heutzutage vor. Hitler wäre etwa vor der Belagerung von Neu-York gestanden, wie es sein Traum war. Die Eine nähme ihren Blaufuchspelz, die Andere ihre Diamanten, die Dritte ihren Kanarienvogel, die Vierte vielleicht ihr Kind.

Dass aber Jede und Jede, die Alte wie die Junge, ihren Mann,

3 Friedrich Schiller. Die Worte des Glaubens. 1779.

15

ihren eigenen Mann sich wahr und wahrhaftig aufhalst, das ist einzig in der Weltgeschichte und ist verbürgt passiert auf der Feste Weibertreu, die anmutig auf den Neckar herablächelt.

Das alles erzählt der Neckar seinen Schwaben. Hernach geht er ins Badische hinüber. Aber da hängt und fließt und spiegelt sich das alles noch in ihm, dass wer im Boot fährt, vorbei an Wald und Wiesen und rosenrotem Kalkstein, vorbei an Dörfern, Burgen und weintrunkenen Terrassen, allein nicht treiben kann, ohne vor Sehnsucht zu vergehen, und nicht zu zweien, ohne zu schwärmen, und nicht zu vielen, ohne zu singen, bis ihn feierlich und zärtlich Heidelberg umfängt und liebevoll gleich einer Braut.

Von der handelswichtigen Stadt Mannheim, die ihren einen Arm dem Neckar, den andern dem Rheine reicht, genügt es ihm, von weitem dem Rauch aufsteigen zu sehen.

Der neckargeborene Schwabe, so sehr er seine Landeshauptstadt schätzt, genießt es mit einer leichten Schadenfreude, dass Stuttgart, trotz Schloss und Theater, trotz König und Kasernen – es ist, wie gesagt, Ende des letzten Jahrhunderts – nur über den Nesenbach verfügt, ein Bächlein, über das ABC-Schützen hüpfen, und das in den „Anlagen", dem königlichen Park, künstlich zu einem Teich erweitert werden musste, um zwei Schwänen und einigen Karpfen eine gewisse Manövrierfähigkeit zu verleihen.

Erst mit der Eingemeindung anderer Bezirke hat es Stuttgart fertig gebracht, sich auch an den Neckar zu legen. Doch zu seiner Ehre sei gesagt, es hat sich damit nicht begnügt. Als nach dem Ersten Weltkrieg der deutsche Name überall als „boche" verfemt wurde, da war es ein wirklicher „Bosch", der Schwabe Robert Bosch aus Stuttgart, der es fertig brachte, dem verachteten Wort einen neuen Sinn und geschätzten Klang zu verleihen.

Ach, Robert Bosch, sein Wesen hing am alten Deutschland, und er machte daraus keinen Hehl. Auch nicht aus seinem Glauben, dass dieses frühere Deutschland wiederkommen müsse und werde. Oben auf der Geroksruhe, einem der Waldhügel um Stuttgart, steht sein Landhaus. Dort wurde er aufgebahrt, den toten Blick dem Neckartal zugekehrt und seinen fleißigen Städten.

Arme Städte am Neckar! Wo und wie seid ihr heute? Kriegsverstümmelt und zerschunden, wenn nicht gar verschwunden.

Auch in Erez Israel schäme ich mich nicht, am Neckar, in Horb, geboren zu sein.

Die Landschaft

Horb ist ein hügeliger Ort. Drei Höhenzüge stoßen hier zusammen. Der mittlere bildet, bevor er sich in die Talsohle herabsenkt und hier verebbt, auf halber Höhe eine Kuppe von einigen hundert Metern Ausdehnung, an der sich die Stadt in die Höhe windet. Die Sohle, eine dreiviertel Ellipse, ist von einer Straße durchzogen, die in ihrem nördlichen Teil, dem „Tal", vorwiegend kleine bäuerliche Anwesen hat, im südlichen Teil, der „Neckargasse", dem Flusse und dem Bahnhof zugekehrt, den bäuerlichen Anteil zugunsten des Geschäftsverkehrs und des Handwerks zurückdrängt. Die Kuppe selbst ist von einer Häuserreihe umkränzt, die die Oberstadt mit dem Marktplatz, den „Oberen Markt" bildet, im Gegensatz zum „Unteren Markt", der Verbindung zwischen Hügel und Tal.

Der Obere Markt wird seinerseits von einem hohen Maueraufbau mit breiten Stufen, die zur Kirche führen, gekrönt. So überragt die Kirche als Wahrzeichen die ganze Stadt und gewährt von ihrem Vorplatz aus einen Einblick in die kleinen Straßen und einen weiten Rundblick über das friedliche Land.

Der Weitblick

Er wird begrenzt von den Höhen des württembergischen Schwarzwaldes. Er geht über die Ebenen der benachbarten Hochdörfer, über Getreidefelder, Kartoffeläcker und Hopfengärten.

Der „kleine Neckar" – der Mühl-kanal um 1900.

Eine kleine Spitze am Horizont weckt stets das Interesse des Kindes: die Burg Hohenzollern bei Hechingen, das Stammschloss des Kaiserhauses – ein Schulausflug weit von Horb entfernt.

Durch diese Nähe ist den Horbern das Kaiserhaus natürlich viel verwandter, als wenn man es mit Berlin oder Potsdam in Verbindung zu bringen hätte, die schon halbwegs nach Moskau oder Petersburg liegen.

Der Nahblick

Das ist der „große" und „kleine" Neckar. Der große Neckar ist die halbkreisförmige Biegung des Flussbettes, der kleine Neckar die Abzweigung für den Mühlkanal. Er treibt zwei Mühlen und zieht sich an der Rückfront der Häuserreihe der Unterstadt entlang. Die Waschküchen führen mit Stein- oder Holzstegen hinaus auf ihn, und auf den Ansichtskarten rühmt sich dieses Bild „Klein-Venedig".

Der Nahblick

Das ist die Untere Au mit ihren beiden jahrhundertealten Linden, die Obere Au mit dem Kastanienwäldchen zwischen Wiesengelände dem Fluss entlang, die Rastpunkte der Mutter, wenn sie nach ermüdender Arbeit frische Luft schöpfen will.

18

Der Nahblick

Das sind weiterhin der Wald und die Waldwiesen, die bis an den
Neckar herabreichen, bis er hinter einer Biegung des Gebirges ver-
schwindet, wohin die gutgelaunte Mutter mit den Kindern zu Spiel
und Picknick, zu Erdbeer-Himbeer-Heidelbeer-Brombeer-Stein-
beer-Suche wandert.

Der alte Stationenweg mit Ottilienkapelle und Schütte-turm, wie der „Horber Buckel" von Fritz Frank noch gesehen wurden.

Es sind die Landstraße und die Stränge der Eisenbahn entlang am
Fluss, es sind die Steigen, die Bildechinger Steig, die Nordstetter
Steig, das heißt, die Wege, die zu den hochgelegenen Dörfern führen, die schabbatlichen Spaziergänge mit den Eltern, und Wege, die
im Winter ihr aufregendes Leben für das Kinderherz beginnen, wo
sie eine sausende Schlittel- und Schlittschuhbahn bilden.

Der Nahblick

Das ist der Pfad, der hinter der Kirche anhebt, den eigentlichen
„Horber Buckel" hinaufzieht und in einem Aussichtsturm auf der
„Schütte" mündet.

Dieser Weg, baumbepflanzt, mit mannigfachen Windungen und
Stufen, ist der Stationsweg, ein Wallfahrtsweg mit den Bildtafeln der
Leidensgeschichte Christi, vor der jeder einzeln der fromme Katholik
niederkniet und seinen Rosenkranz betet, bis er in der kleinen Kapel-
le am Ende des Weges seiner religiösen Pflicht Genüge getan hat.

Der allernäheste Blick, nun, das ist Horb selbst, seine Häuser und seine Menschen, seine und ihre Geschichte, seine und ihre Geschichten.

Der Marktplatz

Der Kirche angebaut ist ein weißes Gebäude, das Dekanat. So groß es ist, es beherbergt nur den 70jährigen Dekan, der noch unermüdlich seine Dienstgänge macht und seine Sonntagspredigt hält. Noch immer vertritt er die Würde der Kirche, bekommt den Handkuss der Kinder und den achtungsvollen Gruß der Erwachsenen aller Konfessionen, denn er war Zeit seines Lebens ein friedlicher Hirte seines HERRN.

Es folgt die Apotheke der Witwe Ott mit der schönen sechzehnjährigen Berta und dem vierzigjährigen Revisor, dem das Kind Berta und das Glas Wein gleichermaßen gefährlich waren, bis sich das in trauriger Ehe vereinte und verlor.

Auf der anderen Seite von der Kirche ist das Amtsgericht mit der Wohnung des evangelischen Richters. Die Regierung in Stuttgart setzt nicht ohne Absicht einen protestantischen Beamten auf diesen Posten. Es liegt ihr daran, soweit wie möglich den katholischen Charakter des Ortes aufzulockern, der keineswegs nur Dinge des Glaubens umfasst, sondern zugleich die Machtbestrebungen der Kirche und ihrer politischen Partei, des Zentrums, die des Öfteren in Widerspruch geraten mit den kulturellen Anforderungen des fortschrittlichen, überwiegend protestantischen Teiles des Landes.

Es ist der Regierung auch daran gelegen, der kleinen evangelischen Gemeinde, die sich hier fast wie im Exil vorkommt, durch eine kulturelle Oberschicht Rückhalt und Ansehen zu verleihen. Das weiß der Katholik. Und des Sonntags, wenn er aus seiner Kirche kommt, spürt er es mit leisem Stich, dass das „Gericht" den „Andern" gehört – denn ganz ist der Dreißigjährige Krieg noch nicht aus den letzten Winkeln des Vorurteils entschwunden.

Es folgt das Arzthaus, das der kleine jüdische Doktor Rosenfeld bewohnt, der Tag und Nacht auf den Beinen ist. Es gibt keine Familie, die er nicht nackt kennt. Aber das verschafft ihm weniger Sympathie als die traurige Tatsache, dass seine einzige Tochter als missgestalteter Kretin dahinsiecht, sodass der Familie halb Bedauern, halb Gruseln sich zuwendet ob der Ironie, dass selbst das Arzthaus den grausamen Unbilden des Schicksals unterworfen sein kann.

Das nächste Gebäude ist das Rathaus. Blutige Köpfe bei den Sitzungen gab es damals noch nicht. Die Zentrumsmehrheit war so überlegen gesichert, dass jede Opposition zu leerer Demonstration verurteilt war. Ernstere Meinungsverschiedenheiten in der eigenen

Liebe Eltern! Horb a. N — Der Marktplatz. 30. III. 03.

Warum laßt Ihr mich so lange auf einen Brief warten? Ist Dir für Euch ...

Reihe drangen nicht an die Öffentlichkeit, denn sie wurden durch das Machtwort des geistlichen Würdenträgers geschlichtet, bevor ein Brand entstand.

Dem Rathaus gegenüber liegt die Wirtschaft zum Schiff. Hier tun sich die Stadtväter nach ihren Sitzungen zum „Schoppen" zusammen, um ihre Weisheit ausklingen zu lassen oder Reden, die während der Sitzung unter den Tisch gefallen waren, in irgendwie vertraulicher Form doch noch an den Mann zu bringen. Es treffen sich die Interessenten aus der Bürgerschaft, vielleicht, weil eine Sache beraten wurde, die sie näher angeht, vielleicht – wer kennt die Abgründe des menschlichen Herzens – um sich Würde und Form einer irgendwie späteren Kandidatur anzueignen und um schon bei Zeiten ein nach außen hin sichtbares Interesse für alle brennenden Fragen dokumentiert zu haben.

Den Übergang von dieser bislang geschilderten kulturellen Sphäre zur nüchternen Geschäftswelt bildet die Buchhandlung. Sie wird durch den Laden von Christian verkörpert und nennt sich „Schreibwarengeschäft und Buchhandlung", damit offensichtlich den kulturellen Faktor bescheiden an zweite Stelle rückend. Er versorgt die Jugend mit den Schulbüchern, die Konfirmanden mit der Heiligen Schrift, die Bräute mit den Heiligen-Legenden. An weltlicher Literatur umfasst er die Kräuterbücher, den Hausarzt und die Kaltwas-

Der Marktplatz von Horb auf einer Postkarte aus dem Verlag der Paul Christian'schen lithographischen Anstalt mit dem Poststempel 1903.

21

Kalender 1883

empfiehlt in nachstehenden Sorten:

Katholischer Volkskalender. 30 Pfg.;
Der Volksbote aus Württemberg.
20 Pfg.;
Deutscher Hausfreund. 20 Pfg.;
Der schwäbische Bauernfreund. 30 Pfg.;
Süskind's Volkskalender. 20 Pfg.;
Evang. württemb. Kalender. 20 Pfg.;
Der Vetter vom Rhein. 30 Pfg.;
Hebel's Rheinländischer Hausfreund. 30 Pfg.;
Der deutsche Reichsbote. 40 Pfg.;
Bilderkalender mit rothem Umschlag. 20 Pfg.;
Immerwährender Wandkalender in ele-
ganter lakirter Blechkapsel. 80 Pfg.;
Der lustige Stuttgarter Bilderkalender,
mit blauem Umschlag. 20 Pfg.;
Der Wanderer am Bodensee. 20 Pfg.;
Ewiger Kalender. Aufgezogen Mk. 1. 50;
Comptoir-Notiz-Kalender. Almanach;
Wand-Kalender. Oktav-Schreibkalender;
Abreiß Kalender. 50 Pfg.;
Taschenkalender. Portemonnaie Kalender
H. Christian's Buchhandlung.

Eine Spezialität der Buchhandlung Christian war auch das reichhaltige Sortiment an Kalendern, das jedes Jahr angeboten wurde.

serkur des Pfarrer Kneipp, der den Ort Wörishofen zu einer internationalen Heilstätte des Katholizismus geschaffen hat.

An so genannter schöner Literatur findet sich dieses und jenes Büchlein von Rosegger, dem Schneiderlehrling, der später Schulmeister wurde und immer ein guter Katholik geblieben ist.

Ein ganzes Regal aber füllen die dicken grünen Bände mit den goldenen Lettern: Die Reise- und Abenteuerromane von Karl May, die sich von China über Persien, über alle Wüsten, alle Prärien und alle Gebirge erstrecken, ihre klassischste Schönheit aber in der Trilogie entpuppen, die sich um den Indianerhäuptling Winnetou gruppiert. Keine weißere christliche Seele gibt es, als sie diese heidnische Rothaut birgt.

Ein solches Wesen lechzt nach Taufe, und sie wird ihm zuteil, zuteil durch seinen tapferen deutschen Freund Old Shatterhand, der Blut von seinem Blut getrunken, wie er von dessen Blut geschlürft. Ewigkeit währet nur halb so lang wie derart besiegelte Brüderschaft. Aber Old Shatterhand muss ihn allein seinen weiteren Jagdgründen überlassen, um zuhause, in seiner sächsischen Heimat, einer Mit-

22

und Nachwelt von der edelsten Seele jenseits des Großen Wassers zu erzählen.

Wer kann die Rührung beim Leser wie beim Dichter – Karl May, er selbst ist niemand anders als unser Old Shatterhand – ermessen, als an einem Weihnachtsmorgen die Rothaut, den die Sehnsucht nach seinem deutschen Bruder in der einsamen Prärie verzehrte, seit Menschengedenken mit Federschmuck und Tomahawk bekleidet, in Gehrock und Zylinder in Radebeul bei Dresden anklopft: „Winnetou!!“ – „Old Shatterhand!!“

Über diesen Geschichten werden die Köpfe der jungen Buben und der gereiften Männer heiß, und eine ganze Generation von Mädchen und Frauen verschenken an den nur von außen roten Indianer ihr liebewarmes Herz.

Einen Teil dieser Burschen und Männer, Jungfrauen und Matronen kannst du nebenan im Schaufenster des Photographischen Ateliers von Kreidler kennen lernen. Nicht alle, denn der Horber lässt sich nur zu ganz bestimmten Anlässen konterfeien.

Dort hängen die heurigen Kommunikanten, die 13jährigen Buben im schwarzen Anzug mit den langen Hosen, die 12jährigen Mädchen im weißen Kleid und Schleier. Sie halten die geweihte Kerze und starren weit geöffneten Auges, als ob Gott-Vater selber im Katechismus sie prüfen wollte.

Die Neuvermählten des Jahres sind ausgestellt im vollen Ornat mit Zylinder und Brautbukett, mit Myrthenkranz und Schleier und Schleppe. Aber ob sie Arm in Arm dastehen oder in keuscherem Hand in Hand: die Ehe, die sich in diesen Gesichtern spiegelt, ist kein lächelndes Liebesspiel, sondern das heilige Sakrament.

Der Soldat steht da, mit frisch erworbenem, goldgemaltem Gefreitenknopf oder der goldenen Unteroffizierstresse auf dem blauen Waffenrock. Er steht da – „stillgestanden!“ oder „rrrührt euch!“ – das wie ein Ruck in die Knochen fährt.

Der 60- oder 70jährige ist aufgenommen oder wer sonst einen würdigen Jubiläumsgrund besitzt. Das Leben währet 60 Jahre und wenn es hoch kommt 70 Jahre und wenn es köstlich war, ist es Mühe und Arbeit gewesen. Dessen ist sich das Bild bewusst vom Großvater über alle Kinder, die rechts und links von ihm aufgereiht sind bis zum einjährigen Enkelkind, das wie eine Vase auf dem Tischchen vor ihm sitzt.

Die Ecken des Schaufensters aber zieren Bilder aus der Faschingszeit. Wohl zeigt das mit weltlichen Farben bemalte Mieder, dass eine verführerische Zigeunerin, eine leidenschaftliche Spanierin ihre Schlingen legt. Blickst du jedoch diesem Lisle Räuhle oder Mariele Schäufele in das tief ernste Auge, so ist es fast ein Memento

Auch die Rexinger Familien ließen sich bei Kreidler fotografieren. Hier eine Aufnahme von den Kindern Sophie Gideon und Josef Pressburger in Purim-Verkleidung, ca. 1896.

P. Kreidler

HORB

mori, das sie euch in der gewandlichen Sinnenlust zurufen. Wer vom kalten Norden, etwa von Frankfurt oder von Kassel, hierher käme, um aus diesen Bildern den Volkscharakter des heiteren Südens zu studieren, wäre betroffen von dem unbeweglich tiefen Ernst, der diese Horber Schwaben durchdringt.

In Wirklichkeit kommt der ganze Ernst nur vom alten Kreidler, der die Methode „bitte recht freundlich" verschmäht. Er nennt es die Frisörmethode, „*weil's Lächle künschtlich wie mit der Lockescheer anbrennt wird*". – „*Ihr guckt jetzt fescht auf den Heiland!* (An der Wand, hinter dem Apparat, etwas seitlich oberhalb, hängt das Cruzifix.) *Eins und zwei und drei – so! Des Bild grinst euch net an, wenn's euch mal traurig ums Herz isch – ond –* (das murmelt er aber nur vor sich hin auf dem Weg in die Dunkelkammer) *die teuer Platt' wird mir net verwackelt mit eurer blede Wisasch.*"

Um jene Zeit kamen die ersten nackten Säuglingsbilder auf. Kreidlers streng katholisches Herz perhorreszierte eine Mode, „*wo der Bobo grad so wichtig isch wie's Gsicht.*" Doch Kampfansage an den Zeitgeist heißt im Geschäftsleben Konkurrenz an den Haaren herbeiziehen. Das bekam auch er zu spüren und wohl oder übel hatte er sich zu fügen: „*Büble meinetwegen, Mädle onder koine Omschtänd. Dees hängt sich z'fescht in d'Erinnerong ond mit den Johren wird's onanschtändig.*"

Inhaber des Eckladens am Oberen Markt, ein Manufakturwarengeschäft, ist „der obere Augsburger". Was man einen gewieften Geschäftsmann nennt, war er nicht, im Gegensatz zu seinem Vetter, „dem unteren Augsburger" und seiner Frau Lina.[4]

Diese wohnten am Unteren Markt, wo er mit der Straße vom Tal und der Bildechinger Steig zusammen stößt.

An Markttagen, wenn die Bäuerinnen der Umgebung zum Einkauf kommen, werden sie zuerst von dem unteren Augsburger eingefangen. Das ist natürlich kein Einfangen mit einem Lasso wie bei den Gauchos des Karl May, sondern nur mit Lockwaren und Lockspeisen. Wenn dann die Bauersfrau vor dem Schaufenster steht, besieht, sich überlegt, dann kommt mit einem süßen „*Grüß Gott, wie geht's alleweil?*" die Frau Lina heraus, holt sie am Arm hinein, und wenn das auch, wie gesagt, kein Lasso ist, man windet sich so wenig davon los wie von einem Lasso.

Die oberen Augsburger sind andere Menschen.[5] Sie sitzen darum auch auf keinem grünen Zweig. Seine Leidenschaft gilt der Lyrik. Er verfasst selbst Gedichte. Er trägt das Haar in langen Locken, in Schwaben Schillerlocken genannt. Sein Hut ist breitkrempig und weich. Seine Frau Franziska, Frenzele genannt, schenkte ihm zwei Töchter, die er mit den Namen Amalie und Amanda behängte. Amalie nach Amalie von Edelreich aus Schillers Räuber. Amanda, „die zu liebende", des zarten Sinnes und des musikalischen Wohlklangs wegen. Am Schabbat, zur Synagoge, trägt er stets eine weiße Weste – „mit weißer Weste sollst du vor deinen Herrgott treten" – und ehe er Platz nimmt, wischt er in langsam sorgfältiger Bewegung mit dem Taschentuch den Sitz des Stuhles, um auch hier den Schmutz der Erde symbolisch von sich fernzuhalten, obgleich das in

4 Carl Augsburger aus Dettensee (1845 – 1901) und seine Frau Lina Heumann aus Zaberfeld (1854 – 1922). Sie betrieben das von Abraham Augsburger gegründete Geschäft im ehemaligen Gasthaus „Zur Sonne".

5 Der Bruder von Carl, Louis Augsburger (1849 – 1916) und seine Frau Franziska Petersberger aus Rottweil (1857 – 1933).

doppelter Weise gegen den frommen Brauch verstößt, der sowohl das Tragen eines nicht unbedingt nötigen Gegenstandes wie gar eine arbeitsähnliche Handlung an Schabbat und gar noch in der Synagoge verwehrt.

Die Beschäftigung mit der Dichtkunst hielt er für eine Angelegenheit des männlichen Geistes und konnte zu seinem Leidwesen es nicht vermeiden, dass seine Neigung auf Frau und Töchter ansteckend wirkte, aber nun nicht in der Form des Interesses für die geläuterte Form der Lyrik, sondern im heißhungrigen Verschlingen von Romanen, wie „Die Kunstreiterin", die die wöchentliche Lesemappe des „Museums" ins Haus bringt, und sein Notschrei: *„Frenzele, Frenzele, lies mir keine Romaner!! A Frau, die Romaner liest, ghört verschosse!"* verhallten ins Leere.

Seine beiden Töchter überschritten langsam das heiratsfähige Alter und man hatte sich mit Vermittlern in Verbindung zu setzen. Zu Hebung der Spannung und als innere Einkehrpause ließ man den jeweils mutmaßlichen Freier eine Weile allein im Salon verharren. Hernach öffnete Frenzele mit zitterndem Schwiegermutterbereitschaftsgefühl die Türe. Hernach – man hatte langsam auf zehn zu zählen – erschien der Vater, von den Töchtern flankiert:

„Ich serviere Ihnen – eine Knospe zwischen zwei aufgeblühten Rosen!" Ach, die wirklich passenden Ziergärten fanden sich nicht für die beiden aufgeblühten Rosen. Amalie hatte mit einem sehr kleinen Kaufmann an einem sehr kleinen Ort vorlieb zu nehmen, und Amanda, die zu liebende, musste sich mit einem Viehhändler – *„mehr Rindvieh als Pferdehändler"* – wie der Schwiegervater resigniert bemerkte, in einem belanglosen Dorf der weiteren Umgebung begnügen. *„Tröste dich, meine Tochter"*, sagte der Vater, *„selbst die göttliche Aspasia heiratete nach ihrem Perikles einen Viehhändler."* – *„Ja, aber in zweiter Ehe"*, schluchzte Amanda, *„und nach Hellas und nicht nach Baisingen."* Der Vater verstummte. Er empfand es bitter, dass es Schmerzen gibt, wo selbst die edelste Bildung den Trost versagt. Wenigstens beim weiblichen Geschlecht.[6]

Je älter Augsburger wurde, desto ausschließlicher widmete er sich Apoll. Seine reifsten Werke schickte er an das Verlagshaus Cotta unter höflicher Bezugnahme, dass sie seinerzeit auch die „Dichtergenien Schiller und Göthe" in Druck nahmen. Infolge derzeitiger Überlastung musste Cotta vorläufig verzichten. Mit dem Versuch bei einem weniger klassischen Verlag, etwa Insel oder Diederichs, hätte er sich herabgewürdigt. Aber dann legte er seine gesammelten und von einem hohen vaterländischen Geist getragenen Werke, wie er begleitschreibend bemerkte, im Manuskript untertänigst seinem Monarchen, Seiner Majestät, dem König von Württemberg zu Füßen. Was er im Stillen gehofft hatte, vom König zur Privataudienz

6 Hier bediente sich Fritz Frank seiner dichterischen Freiheit, oder er wusste es nicht besser. Von beiden Töchtern war nur Amanda (1881–1942) verheiratet, und zwar mit dem Kaufmann Sali Gundelfinger (1887–1938). Mina (Amalia) Augsburger blieb unverheiratet. Die Schwestern wurden in der Nazizeit deportiert und starben im Juni 1942 im Vernichtungslager Sobibor im heutigen Ostpolen.

Horb, 7. Januar 1916.

Statt besonderer Anzeige.

Heute Mittag entschlief nach kurzer Krankheit in seinem 67. Lebensjahre mein lieber Mann, unser lieber Vater und Schwiegervater

Louis Augsburger.

Die trauernden Hinterbliebenen:

Frau Franziska Augsburger geb. Petersberger

Frau Amanda Gundelfinger geb. Augsburger

Der Schwiegersohn: **Sali Gundelfinger**

Die Tochter: **Mina Augsburger.**

Die Beerdigung findet am Sonntag, den 9. Januar Nachmittags 3 Uhr statt.

Für Beileidsbesuche wird herzlichst gedankt.

Am 7. Januar 1916 verstarb der Kaufmann, Literaturliebhaber und Poet Louis Augsburger.

vorgeladen zu werden oder mit dem Titel „Königlicher Hoflieferant" bedacht zu werden, wurde ihm nicht zuteil. Er hatte dafür zwei Erklärungen. Entweder, die Hofschranzen ließen die Gedichte gar nicht bis zum König dringen, oder, vielleicht spielte doch die Konfession mit. „Anneweg", sagte er zu seinem Frenzele, „anneweg: Er sein Haupt kann ruhig legen". Jeder Schwabe weiß, dass damit die nicht zu erschütternde Untertanentreue gemeint ist aus „Preisend mit viel schönen Reden"[7], jenem Volkslied, wo die ganzen Fürsten der süddeutschen Gaue vereint, ihrer Länder Wert und Zahl gegen einander abmessend übereinkommen, dass es keinen Reichtum gibt, der die schwäbische Untertanentreue überböte, wo der Fürst sein Haupt jedem Untertan „in Schooß" – und sicher auch jeder Untertanin, obgleich sich darüber das Lied ausschweigt – legen kann.

Vielleicht war diese Enttäuschung nötig, um sich mit heldenhaft tragischer Verbissenheit völlig der Poesie zu widmen und das niedrige Geschäft ganz den prosaischen Schultern von Frenzele aufzuladen, dieses Frenzele, das er neben sich duldete, wie seine Christiane „der andere Göthe". Ein gütiges Geschick führte ihn, sein Frenzele und das Geschäft einem natürlichen Ende zu.

7 Justinus Kerner. Der reichste Fürst. 1818.

Zwischen Oberem und Unterem Markt führen ein paar Staffeln seitlich hinauf. Da steht rechts die Wirtschaft und Schweinemetzgerei und links die Volksschule.

Man möchte meinen, diese beiden Institutionen hätten keinen gemeinsamen Berührungspunkt. Das ist nicht so: Zweimal in der Woche ist Schweineschlachten, und das Zuschlagen, das Gebrüll und das langsame elende Verröcheln mischt sich in die Heimatkunde und die Christenlehre in der Schule nebenan, dass die Unterklässler unruhig, unaufmerksam, ängstlich hin- und herrutschen, während die 13 und 14 Jährigen sich mit den Ellbogen stoßen, *„hau den Lukas"* sich zuflüstern und in der Pause ans Fenster stürmen.

Diese Letztklässler sind bald so weit, dass sie selber das Tier, das zuhause auf Weihnacht gemästet wird, erstmals totschlagen und abstechen dürfen, ihre Kraft und Geschicklichkeit erprobend. Denn das ist eine Art häuslichen Volksfestes, das auf der Straße stattfindet, wo die Nachbarskinder als Zuschauer herbeieilen, und wo eigentlich nur die jüdische Mutter ihr gebannt starrendes Kind wegreißt, dieses jüdische Kind, das nicht daran denkt, die Kraft zu bewundern, die im Elternhaus kein Echo findet, sondern erschrocken ist vom Tod, der vom protzigen Menschen der wehrlosen Kreatur zugefügt wird.

Wahrscheinlich wäre dieses Bild nicht nach nahezu 60 Jahren in die Erinnerung zurückgekehrt, hätte nicht das ruchlose Erziehungsschema der Hitlerei dem deutschen Kind den Begriff Jude mit „Judensau" verquickt, hätte sie nicht schon dem zehnjährigen Hitlerjungen den Dolch in die Hand gedrückt, der erst zur Ruhe kommen darf, „wenn's Judenblut vom Messer spritzt", wie die Gravüre verkündet und wie diese Jugend mehr als ein Jahrzehnt hindurch grölend sang, bis sie das Singen in die schmähliche Tat verwandelte.

Zur damaligen Zeit gab es keine solchen Gedanken. Der Lehrer, der Pfarrer empfanden vielleicht eine unliebsame Störung. Sie hatten sich rasch daran gewöhnt. Die Jugend hatte es in der nächsten Stunde vergessen. Und wenn sie dann die Schule verließ, begegnete sie nebenan den katholischen Schwestern mit ihren großen weißen Hauben, die im blumenreichen, säuberlich gepflegten Spitalgarten arbeiteten, und die freundlich den jüdischen Doktor begrüßten, der ihre Kranken betreute.

Der Heimweg ging an der „Kappel" vorbei, der kleineren Kirche für die Unterstadt, die den unteren Markt abschloss, und aus der vielleicht gerade die Orgel klang, die der Lehrer für den Sonntag übte.

Das ist nicht der ganze, aber ein gut Teil des Horber Marktplatzes vor 50, 60 Jahren.

Blick in die „Neue Straße", heute Gutermannstraße bis zum Unteren Markt. Ganz links ist der Turm der Liebfrauenkirche (der Kappel) zu sehen, im Hintergrund der Turm der Stiftskirche, gefolgt vom Schurkenturm und auf der Berghöhe der Schütteturm.

28

Horb a. N.   Neue Straße.

Horb ist ein katholischer Ort

Horb zählt rund 2300 Einwohner. Drei Viertel sind katholisch, das bedeutet, Horb ist ein katholischer Ort.

Die Kirche ist das mächtigste Gebäude. Das besagt nicht viel für ein kleines Landstädtchen. Der Platz, wo sie steht, ist der schönste Platz, wenn es nicht die einzige Stelle wäre, die man als Platz bezeichnen kann.

Katholischer Ort heißt: der ganze Alltag ist vom katholischen Rhythmus umfangen.

Der Tag dämmert eben, ruft das Weckläuten zum Aufstehen. Bald hernach ruft die Glocke zur Frühmette. In diesen Frühgottesdienst eilt nicht die ganze Bevölkerung, sondern mehr der Teil der Beter, der in gesteigerter Gehorsamspflicht zur Kirche, in gewisser Abhängigkeit zur Geistlichkeit steht: die barmherzigen Schwestern, die Lehrer, von der Jugend diejenigen, die in diesem Jahr die Weihe der erstmaligen Kommunion, das Abendmahl, erhalten, außerdem einige wirklich Fromme und die Überfrommen, die so genannten Betschwestern weiblichen und männlichen Geschlechts, und schließlich diejenigen, denen vom Beichtstuhl her eine bestimmte Anzahl Frühmetten zudiktiert wurde. Die ganze bäuerliche Bevölkerung jedoch erhebt sich vom Schlaf beim ersten Läuten, versorgt das Vieh, und macht beim zweiten Läuten eine Vaterunserpause, nimmt den Frühtrunk, geht aufs Feld oder an die sonstige Arbeit.

Im Sommer um elf, im Winter um zwölf ist das Mittagsläuten. Die Schule ist aus. Das Essen steht auf dem Tisch. Vor und nach der Mahlzeit wird gebetet, der Hausherr intoniert und Familie und Gesinde fallen ein.

Das Vesperläuten am späten Nachmittag ist der Arbeitseinschnitt. Ein Kreuzschlagen. Ein kleiner Trunk. Der Bauer rüstet sich zum Heimweg und auch das Vieh hört den Stall läuten.

Dann kommt das Feierabendläuten. Das Vieh ist versorgt. Im Handwerk ist Schluss gemacht. Man setzt sich ans einfache Nachtmahl – Kartoffeln, saure Milch – und hernach ist wirklicher Feierabend, wenigstens für den Bauern. Er setzt sich auf die Bank vors Haus, raucht seine Pfeife.

„*Guten Feierabend*" bietet er und wird ihm geboten. Sein Weib muss sich noch gedulden, für sie gibt es Kinder und Kinderwäsche, und das Schweinefutter wird noch gekocht. Hernach fällt auch für sie ein Rest Feierabend ab.

In der Nacht gibt es noch ein Läuten, ein hohes, nicht zu lautes: die kleine Mitternachtsglocke für die Seelen der Verstorbenen. Man dreht sich im Schlaf auf die andere Seite, schlägt unbewusst das Kreuz und lässt sich vom Nachtwächter mit seinem allstündlichen *„gelobt sei Jesus und Maria"* in den Seelenfrieden wiegen.

Aber auch am Tage, zu ganz unregelmäßiger Stunde, kann dieses Armesünderglöckchen als Todesglocke gemahnen, dass der Nachbar den Nachbarn frägt *„für wen?"*, die Kappe abnimmt: *„Mutter Gottes bitt für uns arme Sünder, jetzt und in der Stund unseres Absterbens, amen."*

So ist die Zeit katholisch, aber auch der Raum ist es. Die Häuser, Scheunen, Stallungen tragen in einer kleinen Schmucknische ein Heilands-, ein Muttergottesbild. Jede Tür hat die kreidegeschriebene Inschrift K + M + B, die Anfangsbuchstaben der Schützer gegen Ungemach, Kaspar, Melchior, Balthasar. Jede Wohnung hat ein Christus- oder Marienbild und eine ewige Lampe mit dem kleinen Behälter geweihten Wassers. Doch sind dies nicht die einzigen Heiligenbilder. Wie in einer Ahnengalerie kann man die ganze Reihe der Himmlischen in fester Anordnung antreffen.

Die Gebete aber richten sich vorwiegend an den Gekreuzigten und an die Heilige Maria. Die Seelennotschreie jedoch, die ihren eigenen Ausdruck suchen, werden kniend der Mutter Gottes ans Herz gelegt. Sie, die Leidensmutter, ist Mutter für alles Leid und alle Menschenqual. Sie, des Gekreuzigten Mutter, versteht und nimmt alles auf sich.

Das Heiligenbild, das der Bauer oder die Bäuerin, die Tochter oder die Magd vor sich haben, sei es Gemälde oder Plastik, Marmor, Holz, bemalter Gips, Ölbild, Kunstdruck oder Radierung, Kunstwerk oder Kitsch – während des Gebetes, vor allem aber in der Stunde der Not, ist es lebendiger Zusammenhang mit jener Welt des Glaubens. So wie der einsam Liebende das Bild seiner Geliebten vor sich stellt und mit ihm trauteste Zwiesprache der gegenwärtigen Leibhaftigkeit hält.

Der ganze Ort ist katholisch: Am Stadttor begrüßt und schützt der Stadt-Heilige.

Den Brunnen krönt der heilige Sankt Florian, der gegen Feuer schützt: „Heiliger Sankt Florian"[8], sagt der Volksmund, „verschon mein Haus, zünd andre an!" Hier mag er dafür sorgen, dass der Brunnen ausreichend mit Wasser gespeist wird, damit er nicht bei Feuersnot versagt, wenn alle Eimer aus ihm geschöpft werden, die neue Dampfpumpe ihn auszusaugen droht.

Die Brücke: halte sie fest in Überschwemmungsgefahr! Die Schule: lehre sie die Kinder den rechten Weg! Das Rathaus: schenke der Himmel den Stadtvätern Einsicht! Das Spital, das Gutleuthaus, selbst der Gefängnisturm: wo immer Bedrängnis ist – und wo wäre keine – überall dort ist das Bild der Barmherzigen Mutter oder des Dulders am Kreuze.

8 Wahrscheinlich ist hier der Talbrunnen gemeint. Zur Jahrhundertwende war die Brunnensäule nur mit einer Steinkugel gekrönt. 1931/32 schuf Wilhelm Klink als neue Brunnenfigur den Heiligen Leonhard.

Draußen vor der Stadt, an der Wegegabelung, am Feldrain steht ein Bild zur Gemahnung.

Schon längst ist die Ursache vergessen, warum gerade an dieser Stelle Einkehr zu halten ist. Vielleicht war einer vom Blitzschlag getroffen, vielleicht wunderbarerweise gerettet, vielleicht war ein Mord hier geschehen und die Stelle soll entsühnt werden, vielleicht ist es das Feld eines Bauern, der dem Herrgott dankt, dass er ihm einen Sohn geschenkt. Sie sagen heute nur dem Vorübergehenden ihr *„grüß Gott"*. Sie sagen es aber der ganzen bäuerlichen Bevölkerung, wenn vor der Ernte, bei Dürre, bei Regenüberfülle die Prozession davor kniet und Bittgebet und Bittgesang über die Felder hinzieht.

Ganz in Feierlichkeit, Weihrauch, Gesang und Gläubigkeit getaucht ist die Stadt am Fronleichnamstag zu Sommerbeginn. Der ganze Ort wird zur Kirche, und die Kirche wird in den ganzen Ort getragen.

Was der Wald an Grün entbehren kann, wird in großen Fuhren beigeschleppt und steht dicht an dicht an den Hauswänden, dass sie ausschauen wie eine Frühlingsallee.

Das Vieh geht heute nicht an den Brunnen zur Tränke, die Hühner und Gänse bleiben eingeschlossen. Die Straße wird gefegt, wie zu Weihnacht der Stubenboden, und mit frischem Gras der Wiesen wie mit einem Teppich bestreut.

Alles, was im Haus geweiht und heilig ist, die Bilder, die Statuen werden unter der Haustür, vor dem Haus, im offenen Fenster zum Altar vereinigt. Die Altäre der Kirche selber oder große Hausaltäre werden an den Straßenausbuchtungen, am Brunnenplatz errichtet. Teppiche führen zu ihnen hin und alles gibt der Garten an blühenden Blumen, um den Altar zu schmücken. Die Heiligen der Kirche werden feierlich auf den Schultern der Gläubigen durch die Stadt getragen. Der höchste der geistlichen Würdenträger unter brokatenem Baldachin trägt die Monstranz mit der heiligen Hostie, die den Leib Christi versinnbildlicht.

Böllerschüsse und Glockengeläut verkünden den Beginn der Prozession. Die ganze katholische Welt nimmt daran teil. Die Kinder der Kleinkinderschule, von den barmherzigen Schwestern geführt, eröffnen den Zug. Aus kleinen Körbchen streuen sie Blumen auf den Weg. Im Haar tragen sie ein Blumenkränzlein, und eine Blume steckt am weißen Kleidchen.

Es folgen die unteren Schulklassen mit ihrem Lehrer. Es folgen die Kommunikanden im schwarzen Anzug und den ersten langen Hosen, die Kommunikandinnen in weißem Kleid und weißem Schleier und weißem Kränzlein, heute erstmals dem Heiland zugetraut, und beide tragen sie die geweihte Kerze. Der Jünglingsverein, die Jungfrauenschar führen die Heerschar weiter.

In der Mitte des Zuges schreitet die Geistlichkeit, unter dem Baldachin, im festlichen Gewand, von Weihrauch umhüllt, den die Ministranten in messingnen Kesseln schwingen.

Es folgt der Zug der Männer, nach ihm der Zug der Weiber. Musikkapellen sind an der Spitze, in der Mitte, am Ende des Zuges. Aber ohne Anfang und ohne Ende geht die Litanei: „*Vaterunser, der Du bist in dem Himmel*", und der Rosenkranz: „*Maria, Gebenedeite unter den Weibern*". Vor den großen Altären macht die Prozession halt. Das Messopfer wird gebracht. Das Volk kniet. Ein Silbergeläut kündet die „Verwandlung" an, die Verwandlung der Hostie in den Leib Christi. Alles bekreuzigt sich, erhebt sich. Erneut schießen die Böller. Der Zug setzt sich in Bewegung.

„*Maria, heilige Mutter Gottes, bitt für uns*", beginnen die Schwestern, geben es an die Kinder, von den Kindern geht es zu den Jugendlichen, zu den Männern, zu den Weibern: „*Bitt für uns jetzt und in der Stund unseres Absterbens, Amen.*"

Und wenn der Zug schon aus dem Auge ist, es bleibt der langsam schwere Rhythmus der alten Männer und der alten Weiber, die den Zug beschließen, und dieses singende „*Absterben, Amen*" zusammen mit dem Weihrauch in Luft, Nase, Ohr, Sinnen und Seele hängen. Die Prozession durchwandert das Stadtgebiet in seiner ganzen Länge, und es vergeht der Vormittag, bis sie in die Kirche zurückmündet.

Der Andersgläubige schmückt sein Haus so schön wie der katholische Nachbar, zwar nicht mit den frommen Symbolen, aber mit Grün, Fahnen, Blumen und Teppichen.

Er steht ehrerbietig still zur Seite, wenn der Zug naht, nimmt die Kopfbedeckung ab, und die priesterliche Hand, die Segen austeilende, macht auch nicht Halt vor ihm und seinem Haus.

Die nachbarliche Rücksichtnahme, die der Jude erweist, die Achtung vor den religiösen Gebräuchen des katholischen Nachbarn, wird ihm in gleicher Weise vergolten. Der Christ grüßt auch seinen jüdischen Nachbarn tiefer und zuerst, wenn er am Freitagabend oder am Schabbat von der Synagoge kommt und entbietet ihm „*Gut Schabbes*". Er wird an den hohen Feiertagen und am „langen Tag"[9] besonders vor seinem eigenen Haus wie sonntäglich kehren, um den Nachbarn auch darin nachbarlichen Feiertag zu geben.

Die protestantische Gemeinde

Sie war, so klein sie war, nicht „autochthon". Sie waren keine „Horber Kropfeder", das heißt, der Kropf, das Wahrzeichen mancher Gebirgsdörfer, hatte noch keine Zeit, bei ihnen Repräsentanten zu finden. Die Familien wurden allmählich und einzeln hierher versetzt, „verschlagen", wie sie sich selbst empfanden.

[9] Gemeint ist Jom Kippur, der Versöhnungstag. Den ganzen Tag über wird in der Synagoge gebetet. Außerdem fastet man von Beginn des Festes am Vorabend bis zu seinem Ausgang am nächsten Abend. Weder Essen noch Trinken sind erlaubt.

Mit der Schaffung des neuen Deutschland wurde die konfessionelle Isolierung ganzer Provinzen wie kleiner Bezirke gesprengt. Mit der industriellen Entwicklung und Erschließung abgekapselter Teile durch den Bahnbau kam auch Horb in den Zusammenhang der außerkatholischen Welt. Angefangen mit dem kleinen und mittleren Bahn- und Postbeamten, dem Bahn- und Postarbeiter, die von der Stuttgarter Oberbehörde ernannt oder hergeschickt wurden, weitergeführt durch den Feldwebel des Bezirkskommandos, weitergeführt durch das Kameralamt, Forstamt, Amtsgericht, bis hinauf zum Major, der die Rekrutierungsangelegenheiten der allgemeinen Wehrpflicht leitete, war allmählich ein Kern geschaffen, dessen „staatliche" Bedeutung eine offizielle Gegnerschaft ausschloss.

Diese kleine Gruppe ihrerseits ist bemüht, ein eigenes Stammlokal zu halten, d.h. es kommt ein evangelischer Wirt, dann kommt der Bäcker, der Metzger, der Kaufmann, schließlich ein Doktor. Dann gibt es Kinder. Sie erfordern den Lehrer, den Pfarrer. Und so ist die Gemeinde in der Gemeinde im Laufe von fünf bis zehn Jahren gegründet, die sich nunmehr nach Eigengesetzlichkeit weiter ausdehnt, und schließlich im Bau der eigenen Schule und mehr noch der eigenen Kirche ihren Sieg in der so genannten „stockkatholischen" Umgebung erringt.

In den 80er und 90er Jahren war es noch nicht ganz soweit. Die Gemeinde hielt ihren Gottesdienst in der katholischen Kirche ab, die eine solche Bitte maßgebender Regierungsbeamter nicht ablehnen wollte, zumal die Regierung selbst mit inoffiziellem Druck sie stützte.

Der Katholik sah im Grunde seines Herzens diesen aufgezwungenen Gast in seiner Kirche nicht gerne. Er war misstrauisch. Die Worte und mehr noch die Schlagworte des „Kulturkampfes" waren noch nicht vergessen, jenes innenpolitischen deutschen Kampfes der ganzen 70er Jahre, die der Einführung und Anerkennung der bürgerlichen Ehe, der Befreiung der Schule von der geistlichen Aufsicht galten, den Einfluss des katholischen Klerus brechen und dem protestantischen Preußentum ein Übergewicht verleihen wollten. In allen Staaten, die um ihre politische Einheit rangen und sie errangen, sei es Italien, sei es Frankreich, erstand der Kampf um die so genannte „Gewissensfreiheit", die sich auf Ehe, Schule und Forschung bezog und sich in erster Linie gegen die kirchlichen Fesseln richtete.

Im Deutschland Bismarcks war es aber keineswegs dieser heilige Gewissenskampf etwa eines Clemenceau, denn für seinen protestantischen Teil verquickte er Kaisertum und oberste kirchliche Behörde, und in seinen preußischen Provinzen duldete er eine

Knebelung der freien Meinung, eine Beherrschung der Schule, des Pfarrers durch den Landrat, den Gutsherrn, eine Beaufsichtigung des Bauern in seiner Gesinnung, die so tiefgehend war wie irgendeine kirchliche Gesinnungsfestlegung durch einen katholischen Geistlichen über ein Mitglied seiner Diözese. Nur diente jenes konservativ-preußischen Interessen, die Bismarck selber vertrat.

Der Kampf war gegen den Einfluss der katholischen Kirche gerichtet und diente der Stärkung des Militarismus und der auf ihm basierenden preußischen Hohenzollernmonarchie, ohne dies zuzugestehen. Die Kirche, in ihrer meisterhaften Organisation, verstand es, den Kampf ihren Gläubigen als einen Kampf gegen die katholische Welt und Denkweise darzulegen und diese ganze katholische Welt zu einer geschlossenen Kampftruppe zusammenzuschweißen.

Ihre Geistlichen wurden zu politischen Kämpfern, die von der Kanzel herab glühende Predigten hielten, die politische Reden waren, die sie ins Gefängnis warfen, ob das niedere Geistliche oder Bischöfe waren.

Dann aber standen Laien auf und hielten glühende politische Reden für ihre katholische Gewissensfreiheit, die Predigten waren, die sich „gegen dieses Reich des Satans" richteten. „Reichsfeinde" wurden die Katholiken genannt, „Ultramontane" mit ihrem Blick nach jenseits der Alpen, nach Rom, von Deutschland weg.

„Kulturkampf" nannte die Regierung diese Machtprobe, und das katholische Denken wurde als antikulturell gebrandmarkt. Man war nicht weit entfernt von der Zerrissenheit des 30jährigen Krieges mit seinem abgrundtiefen Hass. Dass er nicht zu blutigem Austrag kam, verdankte man Kräften, die die schwer errungene Einheit nicht zerstören lassen wollten, ein zum inneren Frieden mahnendes liberales Bürgertum und die aufkommende sozialdemokratische Arbeiterschaft, die für die konservative Regierung wie für das Zentrum eine Gefahr bedeutete.

Da es sich bei den beiden Fronten des Kulturkampfes oder deren Führer mehr um Macht- als Gewissenspositionen handelte, für die sie ihre Heerscharen aufpeitschten, so verstanden sie rechtzeitig abzublasen, indem sie den aufgewühlten Gefühlen ein neues Ziel boten: die sozialistische Bewegung, der gemeinsame Feind, gegen den Bismarck seine Ausnahmegesetze plante. Es gab aber Bezirke in Deutschland, wo man Sozialdemokraten noch kaum dem Namen nach kannte und wo die neue Losung keinen leibhaften Gegenstand vor sich sah. Dort war mit der neuen Losung die alte nicht ausgewischt. Das war in vielen Teilen Süddeutschlands der Fall.

Es ist als Zeichen weitgehender Befriedung anzusehen, wenn in Horb in den 90er Jahren die katholische Kirche Raum gibt für den evangelischen Gottesdienst.[10] Es war dies aber trotzdem eine missliebige Lösung der Raumfrage. Nicht nur, dass sie sich zeitlich in ihrem Gottesdienst nach „den Andern" zu richten hatten. Sie, diese kleinen und mittleren Beamten, Handwerker, Kaufleute, aus den protestantischen Gauen Schwabens hierher verzogen, sie waren auch mit dem katholischen Leben und seinen Formen nicht aufgewachsen und nicht vertraut. Diese halbdunkle Kirche mit ihrem Weihrauch, ihren Fahnen, ihren Heiligen und Muttergottesbildern an jedem Fleck – es protestierte in ihnen. Und selbst dieser Gekreuzigte – er ist nicht ihr Heiland. Ihr Jesus ist der milde, sanfte, gütige, segnende eines Thorvaldsen, nicht der, der die Erde als Jammertal verkörpert.

Aber wenn sie auch hier das Auge zudrücken, so spüren sie alle deutlich dieses hie evangelisch – hie katholisch, wenn es das Unglück will, dass eine „Mischehe" geschlossen wird. Mögen die Liebenden vor der Ehe bestimmen, was immer sie wollen: wehe ihnen, wenn die Ehe nicht katholisch geschlossen wird, die Kinder nicht katholisch getauft werden. Es gibt keine Drohung des Himmels und der Hölle, auf die ein eifernder Pfarrer verzichtet. Ruhe und Frieden halten keine Einkehr in diesem Haus und die Liebe hält nur selten stand.

Es kommt vor, dass ein zehnjähriges Schwesterchen nachts sein sechsjähriges Brüderchen aus dem Schlaf reißt, vor das Muttergottesbild zerrt und die beiden Kinder für das Seelenheil der Mutter beten, damit sie nicht dem Teufel verfällt, wie der Herr Geistliche gesagt hat. Diese Dinge dringen nicht ans Licht der Öffentlichkeit. Es gibt dafür weder Richter noch Gericht. Die protestantische Gemeinde aber erlebt es als ihr gemeinsames Erlebnis still und verbissen. Und es war nach einer solchen „Geschichte", dass eine harmlose Bäuerin anklopft und etwas verkaufen will, und die Hausfrau die Tür zuschlägt: *„Mir kommt kein katholisches Ei ins Haus!"*

Schon die Kinder lernen die beiden Welten zu unterscheiden, und zwar an der Sprache. Für den Norddeutschen oder Fremden ist Schwäbisch ein einheitliches Idiom. Der Einheimische dagegen unterscheidet sehr deutlich das katholische Oberland von dem protestantischen Unterland mit der Grenze etwa in der Tübinger Gegend.

Das Merkzeichen ist der Buchstabe „e", von den einen geschlossen, den anderen offen, wie „ä" ausgesprochen. Da die evangelischen Eltern zuhause mit ihren Kindern im Dialekt ihres protestantischen Geburtsortes sprechen, und da der Lehrer für diese Kinder, ebenfalls aus diesen Bezirken stammend, in der Schule diese Aussprache bewusst beibehält, so sagen selbst die in Horb geborenen und aufgewachsenen protestantischen Kinder: Herr Lährer

10 Die evangelische Johanneskirche in Horb wurde 1896 erbaut.

und nicht Herr Leerer, es ist sähr heiß und nicht es ist seer heiß. Bricht nun zwischen diesen Kindern im Spiel auf der Straße ein Einzel- oder Klassenstreit aus, so sind gar häufig die Waffen des Vorgefechtes: *du Leerer – du Lährer, du seer – du sähr, du meer – du mähr, du Seele – du Sähle!*

Weil aber auch für das Kind – von zuhause aus empfindlich gemacht – schon hinter diesen Worten etwas anderes steckt, folgen sehr bald den Worten Prügel, den Prügeln Steine, den Steinen blutige Köpfe. Und das kindliche Geraufe kann tatsächlich in die Worte – ebenfalls von zuhause übernommen – münden: *„Du katholischer Dickkopf – du evangelisches Luder!"*, wobei der schwäbische Dialekt gleichermaßen Luther wie Luder ausspricht, so dass die Beleidigung eine doppelte Kraft in sich birgt. Wenn dann Erwachsene kommen und die Kinder trennen, so fühlen sie denselben Stich wie jüdische Eltern, die ihr Kind aus antisemitischen Schimpfzonen herausholen.

Trotz alledem, man soll die Gegensätze nicht tragisch nehmen. Schwabe bleibt Schwabe, ein derber, spöttischer, humorbegabter und letzten Endes gutmütiger Volksstamm. Es gibt gemeinsame Arbeit, gibt Stammtisch, Sportverein und den Liederkranz: *„Mädle ruck ruck ruck an meine grüne Seite, i hab di gar zu gern, i mag di leide."*

Man frägt nicht, ist das Mädle katholisch, evangelisch oder gar jüdisch, sondern nur: *„Du musst bei mir bleibe und mir d'Zeit vertreibe"*, und nachher ist alles *„gar net so bös gmeint gwä"*, und *„s'wird nix so heiß gesse wie's kocht wird"* und schließlich reicht man sich die Hand und prostet sich zu unter den Klängen der schwäbischen Nationalhymne: *„Uffrichtig ond gradaus, gutmütig bis dortnaus, wenn's sei muss au saugrob, des isch a Schwob."*

Dieser Hymne für das Land folgt die Hymne für das Herz: *„Ond a bissele Lieb ond a bissele Treu ond a bissele Falschheit isch ällweil dabei."*

Die jüdische Gemeinde

Aus etwa 30 Familien bestehend, besaß diese kleine jüdische Gemeinde nichts, was sich gleichwertig an Größe und Schönheit einer Kirche gegenüberstellen ließe. Ihre Synagoge, das sind zwei ineinander gehende Stuben über dem Stall des Viehhändlers Schwarz. Das Gemuhe mischt sich in den Gottesdienst, ohne dass dies von den Betern, die mit dem Vieh sozusagen groß geworden waren, als Störung empfunden oder überhaupt wahrgenommen wird.

Der Männersaal hat zur Einrichtung den Schrank mit den Torarollen an der Ostwand, den Betpult mit seiner samtenen Decke und zehn Stuhlreihen. Rechts und links vom Betpult sind je eine schmale Bank für die Kinder, die auf diese Weise unter dem Auge gehalten werden und nicht stören.

Der Frauensaal daneben mit seinem türbreiten Durchbruch gibt den Blick frei auf Betpult, Vorbeter und Toraschrank. Einfache Stuhlreihen sind auch hier die ganze Ausstattung. Die Nüchternheit und Ärmlichkeit beeinträchtigen nicht den Ernst des Gottesdienstes. So wenig wie die Geräusche aus dem Stall, so wenig lenkt das Leben auf der Gasse, das in den Betsaal hereindringt, ab, besteht es doch höchstens aus Kinder- oder Weibergeschrei, Bauernfuhren oder dem Doktorswagen. Stimmen und Geräusche, von denen jeder der Beter, wenn er ihnen Achtung schenkte, wüsste, wem sie zugehören.

Jedes Mitglied der Gemeinde hat seinen bestimmten Platz. Hindert Krankheit oder Reise den Besuch, so bleibt der Platz unbesetzt und nimmt als solcher gewissermaßen Anteil am Gottesdienst.

Die ältere Generation versteht wohl noch das Hebräisch der Gebete, doch werden sie nur zum Teil mit Bewusstsein ihres Inhalts gesprochen. Man begnügt sich über weite Strecken mit der Form, dem stummen Lippensprechen, dem Stehen, dem Verbeugen, dem Singen, dem „Nigun", gemeinsam mit dem Vorbeter oder im Wechselgesang mit ihm.

Dass man selber jedes Wort versteht, ist nicht so wichtig. Gott, der die Bibel in seiner Sprache gegeben hat, ER versteht es. Nicht der Mensch, sondern das Wort, die Melodie, sprechen zu Gott, und der Tallit, der Gebetsmantel, mit Segensspruch umgelegt, erhebt die Körperlichkeit des Alltags zum priesterlichen Gefäß.

Es ist nicht „das kleine Sternchen"[11] vorne am Betpult, der die Woche über auf seiner Ladentheke sitzt, hemdsärmelig, mit untergeschlagenen Beinen schneidert, einen Kunden hereinruft, Kinder schreckt oder lockt. Nein, was jetzt da vorne steht, von Kopf bis Fuß eingehüllt in das weiße Tuch mit den breiten schwarzen Streifen und den Fransen an den Ecken, ist wirklich ein Glied jenes Volkes von Priestern, das nach Gottes Plan das jüdische Volk darstellt.

Wenn er dann zur Tora aufruft und die Aufgerufenen die Tora ausheben, mit ihr um den Betpult schreiten, wenn die Umstehenden mit den Fingerspitzen die Tora berühren und die Fingerspitzen an die Lippen zum Kusse führen – auch die Kinder, die keines der Worte verstehen, ahmen diese Bewegung der Verehrung nach – wenn die Gemeinde singt: *„adonai adonai el rachun we chanun – unser Gott unser Gott, barmherzig und gnädig"*, und wenn sie im Gesang die Tora wieder zurückbringen: *„Ein Born des Lebens ist sie, und wer an ihr hält, und wer sie erfasst, ist glücklich. Ihre Wege sind Wege der Anmut, all ihre Bahn ist Friede"*, so singt jeder freudig und so gut und so schön er kann, im Wunsch und in der Überzeugung, dass sein Gesang Gott wohl gefallen möge.

11 Gemeint ist Lippmann Stern aus Niederstetten (1847–1937), Gründer der späteren „Kleiderfabrik Stern" in Horb.

Lippmann Stern mit seiner Enkelin Lotte Stern anlässlich seiner Goldenen Hochzeit 1921.

Es ist dies kein disziplinierter Chorgesang mit Orgel, aber in diesem unebenen Singen der im allgemeinen sangesungewohnten Kehlen liegt nicht weniger Feierlichkeit, als wenn ein Chor die Aufgabe übernimmt, den Ungeschulten zu Gunsten des Geschulten verstummen macht oder sein Singen armselig und misstönig stempelt.

Sie sind sich mit einem gewissen Stolz der Worte bewusst, mit denen die heilige Lade geöffnet wird: *„Von Zion ging die Lehre aus, und das Wort Gottes von Jerusalem!"*, und der Klang dieser Worte klingt ihnen so kräftig wie irgend eine Glocke von irgendeinem Dom oder Münster.

Die höchsten Feiertage gestalten sich erst recht verschieden von denen der katholischen Umwelt. Es gibt kein prächtiges Brokat der Geistlichkeit, keinen gesteigerten Lichterschmuck. Die Tora bekommt ein weiß-seidenes Mäntelchen, der Vorhang für ihren Schrein ist weiß, eine weiße Decke liegt auf dem Betpult.

Der tiefernste Stimmungsgrund für diese beiden Tage, den Tag des Gerichts und den Tag der Sühne, wird jedem gegeben, wenn er zum Gottesdienst dieser Tage sein Sterbehemd sich überzieht. Singt dann die Gemeinde die besondere Weise des Roschhaschana, des neuen Jahres, so singt es wohl die Gemeinde, aber jedes Herz sagt es sich mit seinem eigenen Klopfen. Und diese Worte sind nicht nur Nigun, sondern sind mit Sinn und Gewissen erfasst:

„An Roschhaschana wird verzeichnet und an Jomhakipurim wird es besiegelt:
Wie viele schwinden und wie viele leben,
wer leben wird und wer sterben wird,
wer sein Ziel erreicht und wer es nicht erreicht,
wer rastet und wer treibt,
wer verarmt und wer verreicht,
wer erniedrigt wird und wer erhöht.
Aber Umkehr, Gebet und gerechtes Tun wenden das böse Verhängnis ab.“

Das Hauptgebet an diesen Tagen, das Bekenntnis der Sünden, in aller erdenklicher Fülle aufgezählt, hat mit dem Beter nur spärlichen persönlichen Zusammenhang. Der Nigun betont gleichmäßig stark und melodisch die Worte: *„Al chet schechatanu: Die Sünde, die wir gesündigt“,* und verschlingt in raschem Gemurmel ihren näheren Inhalt, sei es:

„Die Sünde, die wir gesündigt in Zwang oder mit Willen
oder die Sünde, die wir gesündigt in der Verstocktheit des Herzens,
die Sünde, die wir gesündigt durch der Lippen Geschwätz
oder die Sünde, die wir gesündigt durch der Augen Eitelkeit,
die Sünde, für die wir Schläge der Züchtigung verdienen
oder die Sünde, für die wir den Tod verdienen durch Gottes Hand.“

Das ist nur ein verschwindend kleiner Teil der Sünden, mit denen der Beter dreimal am Tage sich vor seinem Herrgott beschuldigt. Täte er es nicht im Gemeinschaftsgesang und täte er es in voller Einsicht dessen, wessen er sich beschuldigt, statt im zehntels erfassten Hebräisch rasch darüber hinwegzugleiten, er würde sich sträuben, mit all diesem Tun sich zu identifizieren, oder aber er könnte sich der tiefsten Zerknirschung nicht entwinden.

Statt dessen macht es der Nigun teilweise zu einem fröhlichen und erfrischenden Gesang, aber die Bereitwilligkeit zur Buße und das büßende Klopfen der Hand gegen das Herz schaffen trotz des Verzichts in das tiefere Eindringen in den Sinn dennoch eine feierliche Stimmung.

Am „kleinen Ort“[12], wo das Vorbeten ein Ehrengebot darstellt, wechseln an den hohen Feiertagen die Stimmbegabteren im Vorsingen ab, und eine frischere, andere Melodie macht die körperliche Anstrengung des langen Tages erträglich.

So übernahm mein Onkel im Nachmittagsgottesdienst stets den Gesang dieses Registers. Er wählte dazu die Melodie von *„Martha, Martha, du entschwandest, all mein Glück ist nun dahin“*[13]. Sei es, weil ihm in dieser sangbaren Melodie die Fülle der Sünden am erträglichsten schien, sei es, weil ihm für das ernsteste Gebet sein Lieb-

12 Am Lesepult, in der Synagoge auch Bima oder Almenor genannt.
13 „Martha“, Oper von Friedrich von Flotow, 1847 in Wien uraufgeführt.

Blick durch das Ihlinger Tor auf den jüdischen Betsaal. Vor dem Betsaal ist links noch ein Teil des Hauses zu sehen, in dem Rabbiner Dr. Abraham Schweizer von 1913 bis 1938 gewohnt hat.

lingslied die richtige Weihe zu geben schien. Er probte lange Zeit zuvor, bis sich die hebräische Sündenfülle zusammenpressen oder zerdehnen ließ, um in den fremden Rahmen sich zu fügen. Die Gemeinde sang sichtlich erquickt die Vielzahl der Sünden mit. Es lag darin nicht die chassidische Freudigkeit, dass so schwere Last am heutigen Tage vergeben wird, viel eher die natürliche Freude, dass nach den vielen Stunden polnisch-jüdischer Melodik ein deutsches Lied durchschlägt mit voller Linienführung.

Doch wird dadurch keineswegs die Stimmung des Tages durchbrochen. Und ich sehe in derselben Stunde das hochgestirnte ernste Gesicht meines Vaters vor mir, wie er die Worte zum Schofar vorsagt: *„tekia schewurim terua tekia"*[14], längst vergessene Heeressignale,

14 Es gibt insgesamt vier grundlegende Signaltöne: Teki'a – ein langer Ton für: Der König kommt. Schewurim – drei kurze Töne für: Gott erbarme Dich (Gnade). Teru'a – neun bis zwölf sehr kurze Töne, klingt wie weinen: gebrochenes Herz. Teki'a gdola – sehr langer Ton, bis die Luft ausgeht: Der HERR kommt wieder.

41

die zum Wecken, zum Aufbruch, zum Kampf, zum Sammeln, zur Rast rufen mochten. Töne, die das kleine Sternchen mehrmals ansetzend, zitternd herausbringt.

Weder der sonderbare Klang noch die sichtbar rührende Anstrengung des Bläsers locken beim Erwachsenen ein Lächeln hervor, das Hugo Frank, von seiner Aufgabe erfüllt, mit einem Blick bannen würde. Nein, jeder fühlt sich von diesem Horn eigentümlich angerufen, aufgerufen und ist sich bewusst, er steht da im weißen Kittel, in seinem Sterbegewand.

Die Predigt an diesen Tagen in der Form eines schlichten, selbstverfassten Gebetes hielt mein Vater. Es ist ihm innere Pflicht und Bedürfnis, es schön und angemessen zu verfassen, und er trägt es in der Ehrlichkeit und Feierlichkeit vor, die seinem Wesen gemäß ist. Dieses einfache Gebet wird von allen als Weihe empfunden, und seine Sprache verlagert den Gottesdienst in die deutsche Gegenwart, die jeder dieser Menschen als seine selbstverständliche Gegenwart lebt, denkt, empfindet.

Denn alles in allem, es ist Jahrhunderte-Fernes, das aus den Gebeten emporsteigt. Die Sprache selbst verstummt mehr und mehr. Der Umfang der Gebete wirkt aufgebauscht für die knappere Form der Gefühle und das Rechnen mit der Zeit, auch in Glaubens- und Gefühlsangelegenheiten. Liegt nicht alles gar zu weit weg und ist erträglich nur durch das Viertelsverstehen und Dreiviertelsüberspringen, -überhudeln, -übersehen?

Wer hätte damals ahnen können, dass 40 Jahre später ein kleiner Junge von sechs Jahren und mit ihm wohl alle kleine Judenjungen in Europa dereinst an diesen Feiertagen ernsthaft betend fragen könnte – nicht nur:

„Wer leben wird und wer sterben wird,
wer sein Ziel erreicht und wer es nicht erreicht",

sondern auch die schreckhaft anderen Fragen jahrhundertealter Unwirklichkeit:

„wer durchs Wasser stirbt und wer durchs Feuer,
wer durch Schwert und wer durch wildes Tier,
wer durch Erwürgen und wer durch Steinigung",

vergessene Tode, die in die neue Judengegenwart wieder getreten sind. Und unmittelbarer droht das Schicksal: Ein Mitglied der eigenen Gemeinde in Verfehlung gefährdet die ganze Gemeinde. Schon beginnt die Nazipresse einen Judenprozess in Szene zu setzen. Da hat ein Jeder von der Gemeinde die Worte des Sündenbekenntnisses auf seinen Sinn und in der klaren Übersetzung gelesen, und jeder fühlt jenes Einen Schuld.

„Die Sünde, die wir gesündigt durch den sündigen Trieb"

als Teil seiner eigenen Schuld und Verantwortlichkeit und sagt nun für sich und die anderen dieses: „*Verzeih uns, vergib uns, entsühne uns.*"

Und alle rufen mit unserem heutigen Wort für unser Heute:
„*Unser Vater, unser König,*
walte gnädig an uns und unsern Kindern.
Unser Vater, unser König,
tue es um Deretwillen,
die hingewürgt wurden um Deinen heiligen Namen.
Unser Vater, unser König,
tue es um Deretwillen,
die ins Feuer gingen und ins Wasser,
um Deinen Namen zu heiligen.
Unser Vater, unser König,
nimm vor unsern Augen Vergeltung
für das Blut Deiner Knechte, das vergossen.
Unser Vater, unser König,
tue es um Deinetwillen,
wenn nicht um unseretwillen,
tue es um Deinetwillen
und hilf uns."

Das ist nicht mehr Römerzeit, nicht mehr spanische und Mittelalterzeit, das ist 1933 und jedes weitere Nazijahr, das in den alten Gebeten aus der Verschollenheit tritt.

Das Kind und seine christliche Umgebung

Horb kannte keine ghettomäßige Abtrennung. Die Nachbarkinder sind Frisör Epples Karl, Küfer Stahls Paul, Metzger Bareis' Richard, Geometer Riederers Otto, Viehhändler Schwarz' Lilli. Mit ihnen spielte man, man ging zu ihnen, sie kamen zu uns. Als doch irgendwie einmal das Wort „Judenstinker" auf den Weg fiel und aus unverständlichen Gründen aufgehoben wurde, wollte man es auch selber anwenden und schleuderte es über die Straße am helllichten Tag der Lilli Schwarz an den Kopf, die es prompt zurückgab, worauf es des Öfteren mit zunehmender Kraft hin- und herflog, bis das katholische Frenzele Zimmermann unter die Türe trat: „*Wenn ihr weiter so a wüschtes Wort schwätzet, verhau ich euch beide de Hentern.*"

Das Frenzele, die Mutter unserer Lene, unseres Haus- und Kindermädchens, und der Edmund, ihr Vater, und das Klärle, ihre Schwester, die bildeten die nachbarliche Bauernfamilie im Mühlegässle. Bei ihnen war das Kind, wenn es nicht daheim und nicht auf der Gasse war. Dort war es um die Essenszeit und hat mitgebetet und aus der gemeinsamen Schüssel gegessen und's Klärle legte ihm die geschälten Kartoffeln hin. Dort war es in der Küche und hat

Magdalene (Lene) Zimmermann (1870–1928) aus Horb arbeitete als Dienst- und Kindermädchen 45 Jahre für die Familie Frank. Sie starb in Heppenheim, wo sich Fritz Frank als Arzt niedergelassen hatte.

Butter gestampft, war im Stall und hat gemolken, in der Scheune beim Futterschneiden, hat den Dreschflegel geschwungen, hat im Sommer vor dem Haus helfen *„Hopfen zopflen, a Groschen die Simre*[15]*"*, die es nie vollgebracht hätte und nie den Groschen verdient, hätte nicht das Klärle und selbst das Frenzele „hehlinge" von sich aus dazugemogelt. Es war im „Berg" beim Kartoffelausmachen und Zwetschgen abnehmen und auf der Wies beim „Heuet". Am Sonntag kriegte es das erste Stück Zwiebelkuchen und am Feierabend saß es dem Edmund auf dem Schoß und ließ sich vom Krieg 1870 erzählen, von Sedan und von Gravelotte, von wo der Edmund die Narbe im Gesicht her hat.

Die Eltern verwehren nicht diesen Umgang mit dem Elternhaus ihrer Lene, die mit 14 Jahren ins Haus Frank kam und nach 45 Jahren es mit ihrem Tode verließ. Die Eltern stehen nicht feindlich oder misstrauisch der christlichen Welt gegenüber. Die Mutter stammt aus dem badischen Rheindörfchen Nonnenweier. Als ihr Vater starb, war es der christliche Nachbar, der evangelische Pfarrer Rhein, der, mehr als sonst wer, der Witwe mit ihren vielen Kindern in allen Sorgen beistand und der ältesten Tochter Sophie fast so zugetan war wie ein Vater.

Der Vater Hugo Frank war mit den Nordstetter Bauern aufgewachsen, und sie standen mit ihm auf selbstverständlichem Du,

15 Altes Hohlmaß zum Messen von Getreide oder Hopfen.

44

ebenso wie mit den Horber Mitschülern aus der Lateinschulzeit; auch wenn der eine nachher Kanzler wurde an der Universität und der andere höchster Richter des Landes, wie die beiden Schanzenbuben[16].

Im Hause der Eltern sollte das Kind nicht den Gegensatz lernen oder für ihn geschärft werden.

Sie gaben ihre Kinder in die Kinderschule zu den Barmherzigen Schwestern. *„Du brauchsch net mitzubete, du brauchsch s'Kreuz net z'schlage"*, sagen dem Kind die Schwestern, was das Kind allerdings nicht als Bevorzugung betrachtet, denn es kann das Kreuz so gut schlagen wie irgend ein Kind und weiß die Gebete, die es ja jeden Tag bei Edmund und Frenzele mithört und mitbetet, auswendig, denn fast jeden Tag mitzuessen und nicht einmal dankschön mitzubeten, passt dem kleinen Fritz auch nicht. *„Aber das wär doch zu hart"*, meinen die Barmherzigen Schwestern, *„wenn so a Kind an Weihnacht net wenigstens als Engele mitspielen dürft: Ihr Kinderlein kommet, o kommet doch all, zur Krippe her kommet in Bethlehems Stall!"*

Und danach handeln die Schwestern, und die jüdische Mutter, zur Feier eingeladen, freut sich über die Flügel, die ihrem Kind gewachsen sind, und über das Glück, das ihm aus dem Auge strahlt.

Den Schwestern tut es im innersten Herzen weh, dass ihr brävstes, ihr liebstes, ihr gescheitestes und schönstes Kind, die Lilli Frank, nicht die Mutter Gottes spielen soll.

Sie können es mit ihrem Christentum vereinen: War doch die heilige Jungfrau Maria auch bloß eine Jüdin, bevor sie katholisch wurde. Aber der Herr Vikar sagt, er glaubt, die Eltern möchten es nicht. Und lieber als dafür ein Nein zu bekommen, sagt man es selbst.

Er wird jedoch kein jüdisches Kind zurückweisen, wenn es, seinen Spielkameraden gleich, in kindlichem Eifer auf der Straße ihm zuspringt, die Hand küsst mit den Worten: *„Gelobt sei Jesus Christus"*. Er wird ihm freundlich lächelnd die segnende Hand auf den Scheitel legen, *„in Ewigkeit amen"* erwidern und ihm ein besonders schönes seiner Heiligenbildchen schenken, die er zu solchem Zweck und zur Kinderfreude immer mit sich führt.

Die Eltern verwehren es weder dem drängenden Kinde noch der Lene, wenn sie es einmal zu besonders feierlichem Gottesdienst, der Christmette, einer Priesterweihe, in die Kirche mitnimmt. Es wird daran keinen Schaden leiden und nicht durch zu nahe Berührung gefährdet werden. Im Elternhaus soll das Kind nicht die Welt als eine Welt des Gegensatzes kennen lernen, weder die christliche als eine abholde, noch die jüdische als eine vermeintlicher geistiger Überlegenheit.

16 Paul von Schanz (1841 – 1905), Professor für Mathematik, Naturwissenschaften, Neutestamentliche Exegese, Dogmatik und Apologetik in Tübingen. Sein Bruder Franz von Schanz (1854 – 1915) war zuletzt Landgerichtspräsident von Rottweil. Die beiden wurden im Königreich Württemberg persönlich geadelt. Ein weiterer Bruder, Johann Baptist Schanz (1851 – 1920), war Stadtpfleger in Horb.

Auch wenn das Kind den Stich spüren wird, Jude zu sein, werden sie es nicht abriegeln, noch in seiner Aufwallung bekräftigen, sondern sagen: *„Bleibe ehrlich, bewähre dich, lerne, und du wirst bestehen."*

Tatsächlich schon in der frühen Schulzeit bohrt sich der Stich ins Herz. Es ist nicht eines der üblichen Schimpfworte, das ein Gassenbub im Streit aus Bosheit oder einfach um etwas gesagt zu haben, ausschleudert. Die Mutter wird mit ihm schimpfen, die Lene ihn verprügeln, wenn sie ihn erwischt.

Es ist etwas anderes: Auf einmal kommt der Freund nicht mehr zum Spiel, nicht mehr ins Haus, geht aus dem Weg, bis es bei irgendeiner abseitigen Gelegenheit hervorbricht: *„Ihr habt unsern Heiland gekreuzigt!"* – *„Das ist verlogen!"* Aber das Kind wird aufgescheucht zur Mutter eilen, große Zärtlichkeit empfangen und einen Schein von Tröstung: *„Es ist nicht wahr"*, oder: *„Es waren nicht die Juden, es waren die Römer"* oder: *„Das verstehst du noch nicht, wenn du groß bist, erzähle ich dir alles"*. Die letzte Antwort ist für das Kind noch schwerer als die erste, weil die Mutter nicht alles sagen will. Aber auch der Mutter ist es schwer ums Herz. Sie weiß, eine neue Erkenntnis hat für das Kind eingesetzt: Dass Judesein nicht nur Elternhaus und Synagoge bedeutet.

Das Kind wird am nächsten Tag die Antwort weitergeben: *„Meine Mutter sagt, das ist nicht wahr, es waren gar nicht wir Juden, es waren die Römer!"* Der gewesene Freund weiß es besser. Er weiß es vom Lehrer und vom Pfarrer und seine Eltern haben es auch bestätigt.

„Es war nicht der Vater oder der Großvater von deinem Freund", sagt eine dieser Vertrauenspersonen, *„auch kein Onkel, nicht einmal ein Horber, aber Juden sind's gewesen, und an unsern Heiland glauben sie alle nicht. Aber da kann dein Freund nichts dafür"*, setzen sie vielleicht abschließend hinzu. Dem christlichen Kind geht es durch den Sinn, dass es vielleicht doch ein entfernter Verwandter von seinem bisherigen Freund oder sonst einem Horber oder Nachbarjuden war, der den Heiland der Welt umgebracht hat, dass kein Erlöser mehr lebt. Wie mag man dann weiter Fangerles spielen oder Kauterrugeln!

Sein Schmerz und seine Enttäuschung ist vielleicht ebenso stark wie für den Andern, der zum ersten Mal dieses *„ihr Juden"* – *„wir Juden"* erlebt. Wenn er das nächste Mal auf die Schütte geht, so macht er verstohlen den Passionspfad, vergewissert sich, ob niemand kniet oder ihn sieht. Dann prüft er die Votivtafeln: wo sind Juden dabei und wo sind keine Juden dabei? Die Juden erkennt man an der krummen Nase und daran, dass sie mit den Händen reden. Im Tempel, wo der Jesusknabe geprüft wird, sind nur Juden. Im Gefängnis, wo die Dornenkrone auf den Kopf gepresst wird und bei der Peitschung sind Gott sei Dank keine Juden dabei. Bei der Kreuz-

tragung stehen Juden herum und schauen zu, ohne zu helfen. Es ist gottlob ein römischer Soldat, kein jüdischer, der mit der Lanze in die Seite sticht und den Essigschwamm zu trinken gibt. Bei der Kreuzabnahme, der Grablegung, der Auferstehung – nirgends sind mehr Juden dabei.

Der Heimweg führt zuerst am gruseligen Gefängnisturm vorbei, dann vorbei an der Kirche. Dort ist groß auf der Außenwand das Jesuskind, das auf der Schulter des Riesen Christophorus hockt, wie er schwer durchs Wasser schreitet. Daneben ist das torhohe Kreuz und an ihm hängt der Heiland. Er schaut traurig und vorwurfsvoll auf das jüdische Kind, das schwer atmend vorbei rennt und erst zur Ruhe kommt, wenn es sich bei der Mutter weiß oder seiner Lene, seiner katholischen Lene.

Mit den Tagen, mit den Wochen wird das Erlebnis vergessen.

Kinder haben keine Zeit zu grollen. Der Freund wird wieder Freund. Es bleibt aber eine Bereitschaft in die Seele eingeritzt, eine Bereitschaft des Misstrauens und des Schmerzes – vielleicht bei beiden.

Das Kind und seine jüdische Umgebung

Was gab dafür die jüdische Umgebung und das Elternhaus dem Kinde?

Das Kind ist genügsam. Es kommt in schabbatliche Stimmung, wenn es an der Hand des Vaters den Weg zur Synagoge macht und das väterliche Gebetbuch tragen darf. Beim Gottesdienst versteht es zwar keines der Worte, aber es erhebt sich, wenn der Vater sich erhebt, verbeugt sich, wenn der Vater sich im Gebet verbeugt, setzt sich, wenn der Vater sich setzt.

Wenn die Tora aufgerollt wird, wickelt es die Binde, mit der die Tora gebunden ist, und die vielleicht zu seiner Britmila[17] von der Mutter gestiftet wurde und die seinen Namen trägt.

Aber es ist doch eine lange, gähnenmachende Zeit, zwei Stunden da sein zu müssen. Die Mutter hat nichts dagegen, dass das Kind an den Feiertagen ausschläft und erst spät erscheint.

Als dann das Schulalter kam und der Religionsunterricht einsetzte – am Samstag Nachmittag für alle Kinder und alle Klassen zugleich, denn die Gemeinde konnte sich keinen eigenen Lehrer leisten – beginnend mit *„boruch/gelobt – ata/seist du – adonai/Ewiger – elohenu/unser Gott – melech/König – haolam/der Welt"* – durch die Jahre hindurch die Gebete stückweise und in Öde übersetzend, das war kein Eindringen in das Judentum. Das war nur Religionsunterricht, die langweiligste aller Stunden. Vom Wesen des Judentums bekam das Kind nichts zu hören, denn die Zehn Gebote und was man sonst noch alles zu lernen hatte, ach, es war nichts weiter als Übersetzungsstoff, Wort für Wort, der sich kaum zu einem Satz und nie zu einem Sinn und Leben verdichtete.

In anderer Weise lebte sich das Kind schon frühzeitig in sein Judentum hinein. Der Freitagabend, für den man am helllichten Nachmittag frisch gewaschen und angezogen wurde, der Gang in die Synagoge mit den Eltern, die Heimkehr, die Lichter, von der Mutter entzündet, stehen auf dem schabbatlich gedeckten Tisch, das Benschen[18] und der Kuss der Eltern, der Kiddusch[19], das Abendbrot wie ein Mittagsmahl, das Tischgebet, das Aufbleibendürfen bis die Augen von selbst zufallen – das Kind wüsste wirklich nicht, warum es seinen christlichen Spielgefährten beneiden sollte.

Wenn man dann im Bette liegt, faltet die Lene oder die Mutter dem Kinde die Hände zum Nachtgebet, das die Mutter oder vielleicht die Lene gelehrt hat:

17 Rituelle Beschneidung am achten Lebenstag des jüdischen Knaben.
18 Segnen.
19 Segensspruch über dem Becher mit Wein, mit dem der Schabbat eingeleitet wird.

„Lieber Vater im Himmel Du, meine Augen fallen zu.
Will mich in mein Bettlein legen, gib nun Du mir Deinen Segen."

Und wie in der Synagoge dem Aufruf zur Tora der Mischaberach, der Segensspruch für die Gemeinde folgt und wen man sonst noch der besonderen Obhut des Herrgotts nahe legen will, so folgt allabendlich im unmittelbaren Anschluss an dieses Nachtgebet, im Schwäbisch des Kindes: *„Lieber Gott, lass mir gesund Vaterle, Mutterle, Brüderle, Schwesterle, d'Lene, Onkels, Tanten, alle guten Menschen, Amen."*

Würde man das Kind fragen: *„Was weißt du vom Judentum?"*, es würde sich verlegen umschauen. Plötzlich käme ihm die Erleuchtung: *„Es gibt die Rexinger Juden, die Nordstetter Juden und die Horber."* – *„Und welche sind die besten?"* Das gibt es kein Bedenken: *„Meine Eltern."*

Was die Eltern ihren Kindern vom Judentum gaben und hinterließen, war nicht Frömmigkeit, noch waren es Kenntnisse, sondern ihr gelebtes Leben im Rahmen der jüdischen wie der christlichen Umgebung.

Die Nachbargemeinden

Von den Dörfern, die Horb umgeben, hatten zwei eine starke jüdische Gemeinde: Nordstetten und Rexingen. In Nordstetten zählte sie ein Drittel der Bevölkerung, in Rexingen zwei Drittel[20]. In Rexingen mauschelten die Christen, in Nordstetten sprachen die Juden das unverfälschteste Schwäbisch, doch Ausdrücke wie *„mischboche, zores, meschugge"*, in Rexingen noch *„reibach"*, waren Gemeingut beider Konfessionen, und das achselzuckende *„Goi"*, auch von den Christen im Mund geführt, kehrte zu seiner ursprünglichen Bedeutung zurück, *„Fremdstämmiger"*, das heißt der Nicht-Nordstetter oder Nicht-Rexinger.

Die Juden führen kleine Geschäfte oder treiben Handel, wobei der Viehhandel überwiegt. Der Kapitalkräftigere geht allmählich zum Pferdehandel über, der für den oberflächlichen Beobachter einen gewissen Kulturanstrich gibt, nicht, weil das Objekt wertvoller ist, sondern weil das Bezugsgebiet sich nicht wie beim Kuhhandel auf die engere oder weitere Umgebung begrenzt, sondern sich bis Belgien, Holland, Frankreich, Ungarn ausdehnt und damit gewisse Sprachkenntnisse und Umgangsformen erfordert.
Obgleich dieser Handel leicht böses Blut erregt, waren die beiden Ortschaften völlig frei von Judenfeindschaften, sei es, weil jeder jeden kannte und der Bauer nur zu dem ging, der ihm zuverlässig war, sei es, dass Einer, der nicht gerade auf Du und Du mit der Ehrlichkeit in seinem Handel steht, wegen eines einmaligen Gewinnes nicht Ruf und Ansehen verscherzen will.

20 Als Fritz Frank 1886 in Horb geboren wurde, lebten in Nordstetten nur noch 62 Juden. Der höchste jüdische Bevölkerungsanteil wurde 1846 mit 352 Personen gemessen. Auch in Rexingen stieg der Anteil der jüdischen Bevölkerung nicht über 427 Personen im Jahr 1846, das waren ca. 35 Prozent aller Dorfbewohner.

Ansichtskarte von Rexingen vom jüdischen Fotografen Max Rödelsheimer, vor 1916.

Außerdem waren diese Dorfjuden nicht nur kleine Kaufleute und Händler, sondern jeder ist daneben noch Bauer und betreibt die Bauerei mit eigenen Händen, die Wiesen, den Acker, das Feld, den Stall. Es ist gemeinsamer Arbeitsrhythmus, es sind dieselben Sorgen. Die Frauen kommen jedes Jahr oder alle zwei Jahre nieder. Die Männer trinken abends ihren „Schoppen", ihr Glas Bier. Zu den Hochzeiten ist man hier wie dort zu Gast, und die Jugend tanzt miteinander zu Fastnacht wie zu Purim.

Die Rexinger hatten eine Stunde Weges bis zu ihrer Bahnstation. Weil der Frühzug am Montagmorgen um halb sechs Uhr, mit dem sie auf ihren Handel fahren, ihnen zuhause keine Zeit zum Tefillin legen[21] lässt, schloss ihnen der Bahnvorsteher den Wartesaal zweiter Klasse auf, damit sie ungestört Minjan[22] abhalten können, bis sie beim zweiten Signal der Lokomotive gemächlich Tallit und Tefillin zusammenlegen und in ihr Säckchen verstauen.

Als die Hitlerseuche schon tief die deutsche Jugend infiziert hatte, da war Rexingen einer der letzten Orte, wo die jüdische Jugend ein heiteres und ungestörtes Treffen veranstalten konnte. Von allen größeren und kleineren jüdischen Gemeinden Deutschlands ist Rexingen die einzige, die sich als geschlossenes Gebilde erhalten hat, geschlossen nach Erez Israel ausgewandert ist und in „Schawe Zion" eine Siedlung gründete, die als Vorbild dient[23].

21 Gebetsriemen, die um Stirn und Handgelenk geschlungen werden.
22 Gebet mit mindestens 10 Männern.
23 Eine geschlossene Emigration der jüdischen Gemeinde ist nicht gelungen. Zehn Familien und einige Unverheiratete schlossen sich der Auswanderergruppe nach Palästina an. Mehr Rexinger flohen nach Amerika. Über hundertzwanzig Menschen wurden 1941 und 1942 aus dem Ort deportiert, nur drei von ihnen haben überlebt.

Nordstetten dagegen ist in alle Winde verstreut. Vor 60 bis 100 Jahren war es ein Ort, der in ganz Deutschland einen Klang hatte, dank einem seiner jüdischen Einwohner – Berthold Auerbach. Heute ist die Gedenktafel von seinem Geburtshaus abgerissen.[24]

Aber damals, da war das Dorf und ganz Württemberg stolz auf „seinen Sohn". Kein Wunder! Er, der gelesenste und geliebteste Schriftsteller seiner Zeit, porträtierte das ganze Dorf, Jude und Christ. Und wenn er der Großherzogin von Baden vorlas und am deutschen Kaiserhof empfangen wurde, so war mit ihm Nordstetten empfangen. Und wenn sein Freund, der Minister von Stuttgart, ihn besuchte, so sind die Nordstetter besucht und nicht die Rexinger und nicht einmal die städtischen Horber.

Aber das Nordstetten hat auch Schicksale! Nicht nur das Lorle, das den Universitätsprofessor heiratet und sich zusammennimmt und aufpasst, dass es ja keinen falschen „Fopa" macht, dass der Professor aus dem roten Kopf nicht herauskommt, bis die Ehe auseinandergeht.[25]

Nein, viel schönere Geschichten, die gut ausgehen, wie „Der Onkel aus Amerika"[26], der sprichwörtlich wurde im ganzen deutschen Reich. Das ist die Geschichte vom Schlomele, der auswandert, und der beim Lebewohl noch etwas in Papier Gewickeltes und Versiegeltes bekommt. *„Heb das gut auf"*, sagt ihm die alte Tante, *„öffne es nicht, sondern gib es da, wo du bleiben möchtest, dem ersten Armen, der dir begegnet und dich um eine Gabe anspricht. Beachte das fest und es wird dir gut gehen"*.

Es geht ihm redlich schlecht in der Neuen Welt: In Mexiko als angeworbener Soldat und dann als Durchbrenner, als Schiffbrüchiger auf gestohlenem Kanoe, in Wäldern und bei den Wilden, wiederum auf dem Meer, endlich in Buenos Aires, ohne Arbeit und voller Verzweiflung. Ihn, der selber nichts zu nagen und nichts zu beißen hat, spricht gar noch ein Bettler um eine Gabe an. Es ist wohl mehr zum Weinen wie zum Lachen. Da fällt ihm das Abschiedsgeschenk ein. Er findet es in irgendeiner vergessenen Tasche und gibt es her. Plötzlich entsteht ein großer Auflauf. *„Der Bettler zeigte es den Umstehenden, was ich ihm geschenkt, es war ein Viertelukaten. Er brachte mir das Geld wieder, ich hätte mich wohl geirrt. Ich verneinte. Ein mit zwei Pferden bespannter Wagen fuhr heran. Im Wagen saß ein vornehm aussehender Mann. Er stieg aus und fragte, was da vorgeht, und ich erzählte ihm alles. Er fand es ehrenhaft, dass ich in meiner Not die Mitgabe nicht für mich verwendet habe, und als ich ihm auf seine Frage erklärte, dass ich als Koch einen Dienst gesucht habe, lächelte er und sagte, da käme ich an den rechten Mann. Er selber war der Besitzer des größten Schlachthauses, und wenn ich Dir sagen würde, wie viel Ochsen und Rinder und Schafe täglich da geschlachtet werden, würdest du es für Prahlerei halten. Kurzum, der Mann*

24 Heute erinnern an Berthold Auerbach in Nordstetten sein Geburtshaus im Fabrikweg 2 (die 1942 abgerissene Tafel wurde wieder angebracht), eine Gedenktafel am und ein Museum im Schloss, die Bertold-Auerbach-Grundschule und eine Straße.

25 „Die Frau Professorin" in: Berthold Auderbach, Schwarzwälder Dorfgeschichten. Neue Volksausgabe. Stuttgart 1982.

26 Erzählung von Berthold Auerbach, neu veröffentlicht in: Jüdische Memoiren aus drei Jahrhunderten, Schockenverlag, Berlin 1936.

B. Auerbach

Nordstetten

B. Auerbach's Geburtsort

In jenem schmucken Dörfchen,
Umrahmt von Schwarzwald's Immergrün,
Da lebte dieser grosse Dichter,
Erzählte uns so wunderschön.

Mög sanfter Waldfried ihn umgeben
Zum Schlummer auf den jetz'gen Höh'n;
Im Landhaus, wie im Schwarzwalddorfe
Wird ewig neu sein Nam' erstehn!

Ja, Du lebst fort in unserer Mitten
Dein Ruhm wird unvergänglich sein;
Für Recht u. Glauben hast Du warm
gestritten,
Ein Herzensdenkmal will dein Volk Dir
weih'n!

Nachdruck verboten!

Gedenktafel

Geburtshaus

Postkarte vor 1918, gestaltet vom jüdischen Fotografen Max Rödelsheimer, mit einer Dorfansicht von Nordstetten, einem Porträt von Berthold Auerbach und einer Abbildung seines Geburtshauses.

nimmt mich in sein Haus und Manuela ist seine Tochter und ich wurde der Schwiegersohn."

Selbstverständlich muss er seiner Frau Nordstetten zeigen. Und wenn er ihr dann sagte: *„Manuela, dieser Mann, diese Frau ist so und so mit mir verwandt, dann umarmte und küsste Manuela die Vorgestellten und weinte dazu, indem sie anzeigte, dass sie leider keine andere Sprache als Spanisch verstehe…"*

So wurde Nordstetten in der ganzen Welt bekannt. Verständlich, dass die Nordstetter nun ihrerseits die Welt kennen lernen wollten und auswanderten. Alle nahmen sie von jetzt ab ein Eingewickeltes und Versiegeltes mit sich. Manchem ging es ehrlich schlecht in der Neuen Welt. Es fehlte auch nicht an dem Bettler, der sie mit Erfolg anging. Die meisten fanden sogar eine Manuela. Es ist aber nicht bekannt, wem sonst noch der Vierteldukaten sich mit einem Schlachthaus verzinste, wo Ochsen, Rinder und Schafe in einer Zahl da geschlachtet werden, dass es wie eitle Prahlerei klingen möchte.

Die Eltern

Der Zug ins Weite hatte auch einen anderen Nordstetter ergriffen, den Hugo Frank. Es musste nicht Amerika sein, es genügte Stuttgart oder Frankfurt. Für ihn war aber die Voraussetzung eine gute

Schulbildung. Der Plan kam nicht zum Austrag. Mit knapp 16 Jahren wurde er sozusagen Familienvater mit Frau und acht Kindern.[27] Der Vater war plötzlich gestorben und hinterließ die hilflose Mutter mit dem ganzen Haushalt der Sorge des ältesten Sohnes.

Adjö, weite Welt! Adjö, Wunschträume, Rabbiner zu werden oder Bankdirektor. Es ist ein kleines Waren- und Spezereiengeschäft, das auf seine Schultern fällt und die Bauerei, die jeder hat. Aber die Sehnsucht nach der Welt ist nicht erstickt, und wenn er nicht in die Welt kommt, kommt vielleicht die Welt zu ihm. Sie kam tatsächlich.

Der deutsch-französische Krieg 1870/71 und seine Auswirkungen brachten einen unvorstellbaren wirtschaftlichen Aufschwung. Das ganze Reich wurde von Eisenbahnsträngen durchpflügt und die entlegensten Täler wurden aus der Vergessenheit gezogen und ins allgemeine Netz gespannt. Das verödete die Landstraßen, lockte Handel und Verkehr an die Bahnpunkte, erweiterte den Wirkungskreis des Kaufmannes im Ein- und Verkauf, entsprechend dem Übergang von Fuhrwerk zu Bahn.

Horb wurde in den 70er Jahren Bahnstation. Es lag an der Hauptlinie von Württemberg nach der Schweiz und war Endpunkt einer Schwarzwaldverbindung mit Baden. Nordstetten war drei Kilometer entfernt, auf einer steilen Steige mühselig von Horb aus erreichbar. Solange alle Wege in den tiefen Schwarzwald oder nach Stuttgart und von da nach Leipzig, auf die Messe – Ein- und Verkaufsquellen für das Geschäft – über Berg und Tal des hügeligen Geländes führen, spielen diese drei Kilometer keine Rolle, in der anderen Richtung kommen sie zugute. Wenn aber durch die Bahn sämtliche Wege geebnet werden können, bedeutet eine steile Landstraße von drei Kilometer ein erschwerendes Abseits.

Noch ein anderes kam hinzu: Dieser Hugo Frank hatte den Lehrstoff der Handelsschule mit eigenem Kopf aufgenommen. Er lernte die Prinzipien modernen kaufmännischen Denkens, die Preisbestimmung, den Übergang vom Feilschen zum festen Preis, der dem Kaufmann die klare Berechnung ermöglicht und den vertrauenden Kunden nicht zugunsten des gerissenen benachteiligt. Er lernte in der Stadt den Übergang kennen vom kleinen bunten Allerleigeschäft zur Spezialisierung, und sein Bestreben war, diese modernen Grundsätze auf sein eigenes Arbeitsgebiet zu übertragen.

Jetzt erst, wie er zurückkam – bislang war er ja Kind – empfand er die Enge, eine Enge des Raumes, der Wirkungsstätte und des Geistes. Wie sollten sich Reformen in der Kundenbehandlung einführen lassen, wenn die etwas beschränkte Mutter, die nicht allzu begabten Schwestern alle Vorsätze Hugos zunichte machen und die Bauern sich von dem „Bub" wohl auch nichts vorschreiben lassen. Je

27 1861 erkrankte David Frank, so dass sein Sohn Hugo ins väterliche Geschäft einsteigen und die Verantwortung für die Familie übernehmen musste. Der Vater starb 1869.

53

größer die Geschwister wurden – vier Brüder, die Schulausbildung verlangten, vier Schwestern, für die man eine kleine Mitgift bereitstellen musste – desto schwieriger war es und würde es sein, aus diesem kaum erweiterbaren Krimskramsladen den notwendigen Verdienst herauszuziehen. In diese Enge gar noch eine junge Frau hineinzuziehen? Hugo war inzwischen im heiratsfähigen Alter.

Horb war die gegebene Lösung. Es war nahe genug, um sich einen bestimmten bisherigen Kundenkreis zu erhalten. Es war Stadt mit guter ländlicher Umgebung. Er konnte es wagen, hier die modernen kaufmännischen Prinzipien einzuführen – und es konnte ihm glücken, wenn es ihm glückte, Mutter und Schwestern dem Geschäft fern zu halten und statt dessen eine vernünftige Frau zu finden, die ihm beistand.

Horb bot eine Besonderheit, von der sich nicht von vornherein sagen ließ, bedeutet sie ein Gutes oder ein Schlechtes: es hatte keine Juden, und er, Hugo Frank, würde der erste Jude sein. Sollte er, der am liebsten, wie gesagt, Rabbiner geworden wäre, das Handeln, das überall gang und gäbe war, das man beim Juden aber als „jüdisches Handeln“ bezeichnete, seinem Willen und seinem Charakter entgegen machen? Nein! Einer soll bedient sein wie der Andere. Es ist bei ihm kein kaufmännisches, es ist ein moralisches Erwägen.

Erster Jude zu sein – es schreckt ihn nicht. Jude? Er ist Nordstetter, Schwabe, jetzt Deutscher. Sein Name ist Hugo. Er hat kein Vorurteil gegen die anderen, sie werden ein eventuelles Vorurteil gegen ihn wohl auch aufgeben. Er wird niemand beschwätzen und niemand betrügen. Wer und warum soll ihm Feindschaft entgegenbringen?

Die Horber kennen ihn. Er war auf ihrer Lateinschule. Bei einer Schneeballschlacht der Mitschüler waren sie die Angegriffenen: *„Ihr hent dr Heiland kreuzigt!“* – *„Verloge! Säll send d'Rexinger gwä!“* Die Nordstetter waren sich ihrer Kriegsfinte bewusst. Die Horber aber ließen von ihnen ab. Sie kannten die Rexinger von ihren täglichen Viehtransporten, lässig daherkommend, Kappe hinten auf dem Kopf oder in die Stirne herein, blauer Kittel, mit Peitsche oder Stock das Vieh antreibend, Preise über die Gasse schreiend, die Straße zum Markt machend. Diesen Anblick boten die Nordstetter nicht, ihr Weg zum Bahnhof führte nicht durch die Stadt.

Aber unabhängig von solchem Geschehen – Hugo war bei seinen geistlichen Lehrern wegen seiner Geradheit wohl gelitten, und in katholischer Gegend ebnet das gute Wort des Geistlichen mannigfach den Weg und erschließt die Gemüter.

Er wird einen kleinen Laden mieten, damit ihn die Horber kennen lernen, und wird gleichzeitig ein richtiges Wohn- und Geschäftshaus bauen, wo er seine Pläne verwirklichen kann: ein rich-

tiges Manufakturwarengeschäft en detail und en gros – vielleicht noch eine kleine Bankabteilung.

Gebe ihm Gott die richtige Frau: *„Eine tüchtige Frau, wer sie gefunden, weit köstlicher als Perlen ist solch ein Fund.“*[28]

In der Sophie Weil fand er sie. Die Horber waren neugierig, wen sie als erste Jüdin in ihre Mauern bekämen, und sie bemerkten billigend, dass der Hugo eine Schöne, Zarte, Feine beigebracht hat, die sie sich auch als Katholikin hätten gefallen lassen, die schaffen konnte wie eine Bäuerin und sich benehmen wie eine Dame. Die nicht mit Schwätzen Zeit vergeudet, deren Wort Hand und Fuß, Sinn und Herz hat. Die einem raten konnte wie eine gescheite Frau, und helfen, wenn's sein musste wie ein Mann. Mit ihr konnte man daran gehen, Pläne durchzuführen.

Und Hugo Frank verwirklichte seine Pläne. Die Tafel „Feste Preise“ hing nicht nur in der Mitte des Ladens von der Decke herab. Jede Ware hatte ihr Etikett, auf dem in Buchstaben der Ankaufspreis, in Zahlen der Verkaufspreis notiert war. Es durfte kein Unterschied sein, ob die Mutter selber kam oder ein Kind zur Besorgung schickte, kein Unterschied, ob der Mann, die Frau, der Bruder, die Schwägerin oder nur ein Lehrling bediente. Der Lehrling sollte aber bei Zeiten kaufmännisch denken und berechnen lernen und darum durfte er auch den Einkaufspreis erfahren. Er sollte ehrliche Kauf-

Im Zentrum von Horb lassen die Gebrüder Hugo und Emil Frank 1873 ein repräsentatives Wohn- und Geschäftshaus bauen, in dem ihr wohlsortiertes Textilgeschäft untergebracht wird.

28 Sprüche 31, 10.

55

Hugo Frank, in Nordstetten geboren, als Geschäftsmann in Horb und seine Frau Sophie geborene Weil aus Nonnenweier .

29 Bevor die jüdischen Familien 1903 eine rechtlich eigenständige Gemeinde gründeten, waren sie in einer vereinsähnlichen Gemeinschaft zusammengeschlossen, deren Vorstand Hugo Frank war. Ins spätere Vorsteheramt wurde der Bruder von Hugo Frank, Emil Frank, gewählt.

mannschaft lernen, ob er Riederer oder Hirschfelder hieß. Da es hauptsächlich Frauen waren, die den Einkauf besorgten, so war es für sie doch ein Unterschied, wer bediente. Nicht wegen des Preises. Da konnte man sich blind verlassen. Aber so zu raten, was für einen das richtige war, so nach Haus und Kindern zu fragen, dass man beichten muss, wo einen der Schuh drückt, und dass man klüger und besonnener nach Haus geht, das kann nur die Sophie Frank.

Sie waren gute Schrittmacher für die kleine jüdische Gemeinde, die sich allmählich entwickelte. Hugo Frank wurde ihr Vorstand[29]. Er hatte um sich eine kleine Schar gleich gesinnter Freunde, die der Gemeinde den Stempel aufdrückten und maßgebend waren für die Einstellung von und zur christlichen Umwelt. Rabbiner hatte er nicht werden können. Aber wenn irgendwo Streit zu schlichten war, kam dafür nur der Hugo Frank in Frage. Wenn irgendwo zu entscheiden war, was Recht, was Unrecht, so wurde als Recht anerkannt, was der Hugo Frank als Recht bestimmte.

Seinem anderen Wunsch, Bankier zu werden, kam er schon etwas näher. Er gründete eine kleine Bankabteilung und beriet Bauern, Händler, Handwerker und selbst den Geistlichen. Für seine christlichen Kunden wählte er eine christliche Stuttgarter Privatbank, für seine jüdischen Kunden aber M.A.von Rothschild in Frankfurt am Main als Geschäftsverbindung. Und wenn er mit seiner sorgfältig schönen Handschrift diese letztere Adresse schrieb oder von dieser Adresse einen Brief erhielt, so schwang seine jüdische Seele unbewusst mit in Verwandtschaft mit dem alten Meier Anschel.

Eine Anzeige aus dem Schwarz-wälder Volksblatt in Horb vom 12. August 1882, mit der Hugo und Emil Frank für ihre Bankgeschäfte warben.

Aber noch eine andere und tiefere Seelenverwandtschaft band ihn an Frankfurt: Die Frankfurter Zeitung. Er hielt sie von ihrem Gründerjahr an. Er las sie nicht nur, er glaubte ihr, er traute ihr, er liebte sie. Sie von Anfang bis Ende durchzulesen, war ihm tägliche Pflicht, schabbatliche und festtägliche Freude.

Sie schuf mit den Jahren so sehr und so ausschließlich seine politische Gesinnung, dass er beglückt war, in der „Frankfurter" immer seine Meinung bestätigt zu finden. Aufsätze, die ihm besonders schön, warmherzig oder klug erschienen, las er am Schabbatnachmittag Frau und Kindern vor. Er betrachtete sie nicht als jüdisches Blatt. Er freute sich, dass ihr Herausgeber Sonnemann hieß. Aber die Führer und die geistigen Leiter waren ihm die Liberalen wie Eugen Richter oder die viel näheren Demokraten Schwabens, die Brüder Haußmann, Friedrich Payer, die an Wahltagen neben einem saßen, die Hand drückten und deren Stimme wie eine Freundesstimme aus den politischen Leitartikeln herauszuhören war.

Aber auch die Aufsätze allgemein bildenden Inhalts, Geschichte, Literatur, Reiseberichte, er vernachlässigte sie nicht. Wenn ihn heute das Geschäft nicht dazu kommen ließ, notierte er sich den Aufsatz mit Rotstift. Und am Freitagabend, am Schabbat, fand sich eine ruhige halbe Stunde für seine Frankfurter Zeitung. Sie wurde in der Kleinstadt der Kulturträger für das Haus Frank[30].

Für sein geschäftliches Leben wurde sie ihm aber geradezu unentbehrlich, nicht nur wegen der Markt- und Börsenberichte. Die konnte er auch andern Blättern entnehmen. Es war die Gewissenhaftigkeit, mit der diese Zeitung die industrielle Entwicklung des Landes und des Auslandes prüfte, die Sorgfalt, mit der sie ihre Ratschläge erteilte, die Warnungen vor den vielen rein spekulativen Unternehmungen.

Denn nach dem Kriege gab es nicht nur Aufschwung. Es gab auch den Heißhunger, an raschem Reichtum nicht daneben zu sitzen. Und Blender, die es ausnutzten. Und Blinde oder Geblendete, die hereinfielen und mit ihrem Vermögen, wenn nicht mit ihrem Leben bezahlten. An wen wandte sich aber das Volk, um an den

30 Die Frankfurter Zeitung erschien von 1866 bis 1943. Ihre Herausgeber und Redakteure sahen sich einer liberalen, demokratisch-sozialen Gesellschaft verpflichtet.
In der Weimarer Republik war sie vor allem für ihr Feuilleton berühmt, in dem Autoren wie Joseph Roth, Walter Benjamin oder Siegfried Kracauer Texte publizierten.

Fabriken und den anderen Gründungen leichten Anteil zu haben? An den Bankier. Und wer konnte ihnen mit leichtfertigem Wort die ersparten Groschen abknöpfen oder sie mit sachlichem Rat auf vernünftige Bahnen führen und zu gesundem Aufbau beitragen? Wiederum der Bankier. Das war auch so eine Art Seelsorge oder konnte als solche aufgefasst werden.

Und so mag es zu verstehen sein, dass die scheinbar so heterogenen Berufe Rabbiner und Bankier bei dem Hugo Frank wahlverwandt nahe beisammen wohnen konnten, gestützt durch das Ethos und Pflichtbewusstsein, das selbst der Handelsteil der Frankfurter Zeitung ausstrahlte.

Hugo Frank war ein gläubiger Mensch. Der gute Name, das war ihm ein Lohn, für den sich ihm ein Lebenskampf lohnte. Der gute Name, nicht als Menschenanerkennung, sondern den ihm dereinst Gott zubilligen möchte.

Eine Kleinstadt weiß nicht viel Anerkennung herzugeben. Es deuchte ihm genug, dass in all den Horber Jahren weder er, noch seine Frau, noch seine Kinder den Antisemitismus zu spüren bekamen. Als er aber nach 25 Jahren, im Jahr 1899 mit der Familie nach Stuttgart verzog, machte nicht nur die jüdische Gemeinde eine Abschiedsfeier, sondern auch die christlichen Kreise und dankten dem Mann und der Frau für ihre Art und ihr Sein.

„Dass du a Jud bisch, brauch i dir ja net zu sage", sprach der Bürgermeister, *„da bisch ja stolz drauf. Dass wir ons aber oft gsagt hent, wenn ihr wisse wollt, wie a Christ sei soll, dann gucket euch den Hugo Frank und sei Frau Sophie an! Das möchte i euch heut zum Abschied doch g'sagt han."*

In Frage zu ziehen, dass der Hugo Frank Deutscher, dass er Schwabe ist – daran hätte keine Sterbensseele gedacht.

Die Abiturientenrede von Ludwig Frank

Eine Begebenheit, dargestellt von Fritz Frank

Es ist Ende der 80er-Jahre des verflossenen Jahrhunderts. Das kleine badische Landstädtchen Lahr bekam einen leichten Aufschwung: die Bahnlinie Frankfurt-Basel zog ganz in seiner Nähe vorbei. Aber schon seit einigen Jahren betrachtete es sich durch Gründung seines Gymnasiums, das alle Klassen bis zum Abitur umfasste, als Kulturträger für die ganze ländliche Umgebung.

Während die städtischen Schüler vorwiegend den bürgerlich-kleinbürgerlichen Familien entstammten, sorgten die Geistlichen der beiden christlichen Konfessionen dafür, dass die Gescheitesten unter den Bauernbuben der Dörfer diese Pflanzstätte des Wissens als zahlende Schüler oder als Stipendiaten besuchten, um hernach als Lehrer oder Geistliche in dem Streit, der durch die Bismarck'sche „Kulturkampf-Politik" losgebrochen war, die eigenen Reihen zu stärken.

Einen kleinen Anteil lieferten auch die jüdischen Familien der Dörfer, die ihre Söhne einmal der Bildung wegen dorthin schickten, vor allem aber um das sogenannte „Einjährige" zu erlangen, das heißt die Absolvierung der Untersekunda, wodurch die gesellschaftliche Dienstpflicht, die bei der Infanterie zwei Jahre, bei einer berittenen Truppe drei Jahre umfasst, auf ein Jahr gekürzt wird.

Die jüdischen Schüler waren nicht ungern gesehen. Durch ihren Fleiß trugen sie zum gegenseitigen Wetteifer bei.

Vom Konfessionellen abgesehen bestand auch kein Gegensatz zwischen den Schülern. Die Dorfjuden standen mit ihrer christlichen Umgebung in guter Nachbarschaft. Sie hatten alle ein Geschäft oder trieben Handel, daneben aber führte jeder von ihnen seine bäuerliche Wirtschaft für den Eigenbedarf der kinderreichen Familien und atmete damit dieselbe wirtschaftliche Lebensluft wie der christliche Nachbar. Das Judentum wirkte sich nicht als Gegensatz aus. Es blieb in seiner religiösen Betätigung auf den Familienkreis beschränkt. Es hatte keinerlei politische Ambitionen, wie die beiden christlichen Konfessionen, die sich in einer Konkurrenzeinstellung befanden, die in den Gemeinderatswahlen, in der Besetzung des Bürgermeisterpostens zum Ausdruck kam.

Als sich die ersten jüdischen Familien, unter ihnen die Brüder Simon und Oskar Weil aus dem nahen Nonnenweier, in Lahr niederließen, wurden sie nicht unfreundlich aufgenommen. Mit einem Teil der Altersgenossen waren sie seit der Gymnasialzeit und dem Einjährigenjahr gut bekannt.

Lahr war um diese Zeit erst im Beginne der Beamtenstadt. Der Handwerker und kleinbürgerliche Kaufmann gab den gesellschaftlichen Stempel. Katholik und Protestant waren in beiden Schichten ungefähr gleich stark vertreten und lebten in Frieden miteinander, wenngleich zwischen ihren Geistlichen kein Konnex bestand. Für das gesellige Zusammentreffen gab es den sogenannten „Bürgerverein", der jedem zum Eintritt offen stand, und von dem sich nur wenige Familien fern hielten, nämlich einige akademische Beamtenfamilien, die in der letzten Zeit von der Großstadt hierher versetzt, sich von der Allgemeinheit etwas absonderten.

Der tägliche gesellige Treffpunkt der Männer war der Stammtisch, für dessen engeren Kreis mehr das Lokal oder eine spezielle selbstgebraute Biersorte maßgebend war, wie etwa berufliche oder gesellschaftliche Schichtung.

Es war zwar den „Akademikern", dem Richter, dem Medizinalrat, den Professoren vom Gymnasium stillschweigend der höhere Rang zugebilligt, und es fügte sich, dass sie beisammen saßen oder sich verabredeten. Es bestand aber keine Exklusivität, und der Kaufmann oder Handwerker fühlte sich nicht in besonderer Weise geehrt oder verstummte, wenn er einen dieser Herren zum Nachbarn hatte, noch fürchtete dieser, seiner Würde etwas zu vergeben, wenn er mit einem Schlosser, Kaufmann oder Bäcker politisierte. Die Brüder Weil, von zuhause aus auf nachbarlichen Verkehr eingestellt, waren von Anfang an wohlgelittene Gäste. Sie hatten Humor und sie besaßen eine unaufdringliche Gescheitheit. Der eigentliche Bildungsfaktor war für sie die Frankfurter Zeitung, dieses demokratische Blatt, das wie eine Volkshochschule dem, der es zu lesen versteht, ein gutes Niveau von Kenntnissen wie von Gesinnung verleiht.

Wie sie wieder einmal kamen, mussten sie am Professorentisch Platz nehmen. Dort sprachen sie gerade von ihrem besten Schüler, den das Gymnasium bisher hatte, jenem Nonnenweirer Judenbub namens Ludwig Frank. Sie wollten den Brüdern Weil etwas verwandtschaftlich Gutes tun – Juden sind ja alle miteinander verwandt –, indem sie sie zu dieser Unterhaltung heran riefen.

Dieser Bub war ein oftmaliger Unterhaltungsgegenstand für seine Lehrer. Er war der Primus von den Sexta ab, aber nicht etwa als

scheuer Musterschüler, sondern eines der hellköpfigen wilden Kinder, denen das Wissen zufliegt, die ihre Schulaufgaben bis zu dem
Augenblick, wo der Lehrer die Klasse betritt, abschreiben können
um beschlagen zu sein, als hätten sie die ganze Nacht über ihren
Aufgaben geheckt.

Es herrschten armselige, enge Verhältnisse im Elternhaus. Die
paar jüdischen Familien in Lahr gaben Freikost und so aß er sich die
Woche über, die Monate, die Jahre von Tisch zu Tisch herum.

So lange er klein war, nahm er es schüchtern hin. Mit der Zeit
empfand er es als Gnadenbrot. Armut war für ihn nichts Ehrenrüh-
riges, da seine Eltern fleißig und rechtschaffen waren. Reichtum
kann daher auch nicht nur mit Fleiß und Charakter zusammenhän-
gen. Die Gespräche, die er an den Tischen hörte, waren bei den
Reichen nicht anders als daheim. Deshalb hätten seine Eltern gerade
so gut reich sein können. Es bleibt also nur die Ungerechtigkeit des
Schicksals, und er frägt sich, was ist Schicksal? Das, worein man geboren ist? Lässt sich das Schicksal ändern?

Sein Nachdenken wurde gewaltig angefacht, als er zu den Sitzungen des „Lessingvereins" eingeladen wurde.

„Goethe- und Schillervereine" gab es allenthalben, sie sind zu
einem Kulturring verknüpft. Der Lessingverein in Lahr stand für
sich allein. Er war in kein Register eingetragen und von seinem Bestehen wussten gerade so viele Menschen, als er Mitglieder zählte,

vielleicht acht, vielleicht zehn: ein junger Volksschullehrer, der ihn gründete, ein von Norddeutschland zugezogener junger Drucker an der katholischen Lahrer Zeitung, verbotener- und insgeheimerweise angefüllt mit der in Lahr nur vom Hörensagen bekannten und mit drei Kreuzen versehenen Lehre des Karl Marx, einige junge Arbeiter, denen das katholische Denken einer Zwangsjacke glich, das protestantische militaristisch erschien und die das sozialistische, das Bismarck mit Bann belegte und das Bürgertum mit Unverständnis, Schmähen und Angst von sich ferne hielt, mit religiösem Ethos lockte.

Diese jungen Menschen nannten ihr privates Zusammenkommen Lessingverein, denn das bekannte Wort Lessings war für sie ein Programm: *„Wenn Gott in seiner Rechten alle Wahrheit und in seiner Linken den einzig immer regen Trieb nach Wahrheit, obschon mit dem Zusatze, mich immer und ewig zu irren, verschlossen hielte und spräche zu mir: Wähle! Ich fiele ihm mit Demut in seine Linke und sagte: Vater gib! Die reine Wahrheit ist ja doch nur für Dich allein!"*

Wenn in einem solchen Kreis, wo schon die Anwesenheit zu einem heimlichen revolutionären Kämpfer stempelt, ein Schüler geladen und geworben wird, so muss man sich etwas von ihm versprechen. Der Beitritt ist ein verbotenes Wagnis.

Dafür erschließt sich dem Siebzehnjährigen der Sinn der Geschichte und erschließt mehr, als die Bescheidenheit des Namens Lessing vermuten lässt, nämlich doch die reine und absolute Wahrheit.

Jetzt versteht der Schüler den Freitisch! Es ist der Kapitalismus, der seine Schuld abtragen will für seine Ausnützung der arbeitenden Klasse! Jeder Tag und jedes Freimahl macht ihn klassenbewusster und sein Stolz wächst mit dieser Erkenntnis, die er nicht laut werden lassen darf, um seine Kameraden nicht zu gefährden.

Aber was er nun hört und liest von den Triebkräften der Geschichte, von den Hintergründen der Kunst, der Literatur, des wirtschaftlichen Lebens, das gibt ihm die Überlegenheit gegenüber den Erklärungen seiner Professoren. Wo immer das Recht zur Frage und zur Diskussion im Unterricht eingeräumt wird, macht er davon heißblütig Gebrauch.

Sein Klassenlehrer, zugleich sein Lehrer in Deutsch und Geschichte, liebt diesen Feuerkopf, der den Kampf mit seiner professoralen Weisheit aufnimmt, und dem, wie er glaubt, er selbst die geistigen Waffen geschmiedet hat, um von ihm besiegt zu werden.

Er freut sich schon auf die Abitursrede, die sein diesjähriger Primus halten wird. Die Lehrer werden es dann verstehen, warum er sich den Bart streicht, wenn er im Lehrerzimmer eine Bemerkung seines Schülers zum Besten gibt, einen Teil seines Aufsatzes vorliest.

Jugendbildnis von Ludwig Frank, von A. Person, Fotograf aus dem badischen Lahr.

Man ist als Lehrer, der seine Schüler liebt, wirklich halb ihr geistiger Vater, und vor Goethe, Schiller, Plato, Pericles, den Gracchen hat die Betrachtungsweise katholisch, evangelisch, jüdisch, keinen Platz.

Dass es zum ersten Mal ein Judenbub, eines kleinen Händlers und Hausierers Sohn ist, der den Schriftgelehrten der Lahrer Tempelweisheit predigt, freut ihn auf besondere Weise

Wenn dieser Bub so redet, wie er überzeugt ist, dass er es tun wird, dann mag er seinen Kollegen, die sich schon besannen, ob es richtig sei, einem Juden diese Ehre teilhaftig werden zu lassen, seine Meinung über humanistische Bildung und humanitas etwas schärfer und unverblümter zum Ausdruck bringen, wie er es bereits besorgte. Und wenn der Ministerialrat von Karlsruhe, der zur Schlussfeier anwesend ist, ihm zu diesem Schüler Glück wünscht, wird jener sich sagen müssen, dass auch ein Lahrer Lehrer Resultate erzielt, die es mit einem großstädtischen Erzeugnis aufnehmen können, das heißt, wenn er es sich zuschreiben soll und darf, wo er doch nur höchstens lenkte und leitete.

Der Schluss jeder Abitursrede ist der Dank an die Lehrer. Man spürt es den Schülern an, wie schwer ihnen das Lob fällt, wo sie spotten möchten.

Wie wohl dieser Schüler sich dieser kitzligen Aufgabe entledigt? Ob er wohl von ihm ein bisschen Liebe bekommt, wo er sie ihm so reichlich zuteil werden ließ, nicht mit sichtbarer Anerkennung, mehr mit mildem, bremsendem Tadel, um die Anderen nicht eifersüchtig zu machen. Bei dem Gedanken an die Rede ist der Lehrer mehr aufgeregt, als es der Schüler ist, der sie verfasst.

Das Thema darf der Schüler wählen.

„Bedeutung Lessings für seine Zeit", schlägt Ludwig Frank vor. Der Lehrer ist einverstanden. Das Thema fällt nicht aus dem Rahmen der Schule und – eigentlich wundert er sich – auch nicht aus dem Schülerrahmen. Bedeutung Lessings für seine Zeit: das ist das deutsche bürgerliche Drama im Gegensatz zu den höfischen und Schauerdramen. Das ist der Durchbruch des deutschen Geistes im Gegensatz zum französischen oder französisierenden. Es ist ein Thema, das in der Literaturstunde eingehend behandelt wurde. Gerade deshalb hätte der Lehrer von diesem Schüler eine andere Wahl erwartet. Doch als der Schüler das Konzept zur Zensur unterbreitet, wozu er verpflichtet ist, hatte er seinen Lehrer nicht enttäuscht. Das war kein Widerkäuen des Unterrichts, sondern neu und selbständig durchdacht. Das war nicht der Aufsatz eines Schülers, sondern eines reifen Mannes mit dem Schwung der Jugend.

Gewiss, es gab manche Ausdrücke zu mäßigen, rot anzustreichen, um Anstoß und Missfallen zu vermeiden. Der Professor tat es zögernd, vor jedem Federstrich sich die Zweckmäßigkeit, die Notwendigkeit überlegend, denn schließlich, wann kann man sich das holde Übermaß gestatten außer in der Jugend? Liegt nicht der Hauptreiz jugendlicher Ausdrucksweise mit ihrem Wahrheitsdrang gerade darin, dass die Worte nicht auf die Goldwaage gelegt sind? Die ganze Rede ist in kämpferischem Sinne und damit schon in Lessing'schem Sinne gehalten, wenn er es zum Beispiel unverblümt *„eine Kriecherei vor den Höfen"* nennt, dass Gottsched, der Literaturgewaltige seiner Zeit seine poetischen Werke einteilt in

a. auf hohe Häupter und fürstliche Personen

b. auf gräfliche und adelige

c. auf die übrigen Menschen.

Natürlich hat er recht mit seinem Ausdruck der Kriecherei. Aber angenommen, der Großherzog wäre anwesend – ein Ministerialrat kann viel empfindlicher sein –, das Wort könnte unangenehm berühren. Er streicht es an. Er soll es mildern.

Etwas unbehaglich ist ihm an der Stelle, wo der Schüler Lessings Schriften über die dogmatischen Religionen erwähnt, die er für sich studiert haben muss, denn das ist kein passender Stoff für den Unterricht. *„Dass Lessing hier im Sinne der Aufklärung wirkte, brauche ich nicht besonders zu betonen. Die Gegner, die er natürlich fand, waren teils ungeschickt, teils unverschämt, teils beides zusammen.“* Die Gegner, sagt sich der Professor, das waren der Hamburger Pastor Götze und andere kirchliche Würdenträger. Der hiesige Stadtpfarrer wird aus Kollegialität einen roten Kopf bekommen. Der Professor streicht den Passus. Er liest weiter. *„Und er predigt das neue Evangelium, die konfessionslose Menschenliebe.“* Machen wir ein Fragezeichen über „Evangelium“. Er soll etwas anderes wählen, vielleicht „Lehre“ oder es ganz weglassen. Evangelium, das kann er nicht wissen, klingt christlichen Ohren anders und für den Herrn Prälat wird „konfessionslose Menschenliebe“ schon genügend ausreichen. Wie hübsch ist dagegen die Formulierung bei Nathan dem Weisen, wo er bestreitet, dass es sich um eine Verherrlichung des Judentums handle: *„Er wusste ganz gut, dass die Juden auch nur Menschen seien, aber er wusste auch, dass sie Menschen sind.“*

Ist aber der nächste Satz nicht wieder ein bisschen undiplomatisch: *„Eine andere Frage wäre, ob der Charakter des Nathan, des verfolgten, gepeinigten und doch selbstlosen Juden, wahrscheinlich sei, ob er im Leben vorkomme. Da antworte ich allerdings: Nein!“* Wie mögen darauf wohl die Brüder Weil reagieren? Es ist nichts Böses gesagt. Trotzdem, käme es von einem christlichen Schüler, würde er es unbedingt streichen. Aber auch hier. Jeder soll an der Rede Freude haben, keiner missgestimmt sein und die Juden empfinden es peinlich, wenn wir Andern drum herum sitzen. Es dürfte eigentlich kein Grund zur Kränkung sein, weil er fortfährt: *„…denn auf dem Boden der Knechtung und Verachtung gedeiht die Menschenliebe sehr schlecht; weit leichter wird dort die Giftblume des Hasses aufsprießen.“*

Nicht beanstanden wird er, großherzoglich badischer Professor, eine politische Stelle, wo sein Primus über Minna von Barnhelm, das erste nationale Lustspiel, sich äußert: *„National nenne ich das Stück nicht etwa deshalb, weil preußische Uniformen darin auftreten und tapfer auf die Franzosen geschimpft wird, nein, deshalb, weil ein großdeutscher Geist aus ihm heraus spricht.“* Schade, sagt er sich, dass dieser Satz nur in Lahr und nicht in Berlin gehört werden kann.

Das ist eigentlich alles, was es zu beanstanden gibt. Und schon regt sich das philologische Gewissen. „Beanstanden?“ Das Wort kommt von Anstand. Ist es Anstand, die Wahrheit zu schminken, wie es die Streichungen tun? Er steht vor einem Gewissenskonflikt. Er wird väterlich sprechen, die Zweckmäßigkeit der Änderung darlegen. Er liest ein zweites, ein drittes Mal den Aufsatz durch und verweilt bei den letzten Sätzen: *„Verehrte Herren Professoren! Wir können Ihnen für Ihre jahrelange Sorgfalt nicht besser danken, als durch unser Versprechen: Lessingscher Wahrheitsdrang soll unser Banner sein auf der Walstatt des Lebens".* Ist das nicht ein schöner Lohn für einen Lehrer? Matur, das heißt Reife. Es ist im Grunde genommen das erste Mal, dass er das Wort „Reifezeugnis" mit vollstem Bewusstsein unterzeichnen wird.

Als er dann den Schüler zu sich in die Wohnung bestellte, ihm ein Glas Wein anbot und seine Korrekturen in halber Entschuldigung vorbrachte, war er angenehm überrascht über das sofortige Einverständnis, und man schied in herzlicher Zugetanheit. Der Primaner aber eilte schnurstracks zu seinen Freunden vom Lessingverein: *„Alles bleibt bestehen! Der Alte hat nichts bemerkt!"* frohlockte er.

Es kam Ludwig Frank nicht auf die drei oder vier Ausdrücke an, die abgeschliffen werden sollten. Es war ihm in seiner Rede um etwas ganz anderes zu tun, nämlich um sein und seiner Freunde sozialistisches Credo, das er hineingeschmuggelt hatte, und das er Lessing unterschob, als ob der Dichter den Karl Marx gelesen hätte und sein treuester Schüler wäre. So wird behauptet: *„Lessing, der Kritiker, zeigt die Irrungen in der Dichtung. Sie sind abhängig von der ökonomischen Entwicklung."* Oder: *„Wer erklärt uns die Wirkung eines so langweiligen Stückes wie Miss Sara Sampson: die materialistische Geschichtsauffassung löst das Rätsel. Es bedeutet eine soziale Tat, das erste Lebenszeichen des erwachenden Bürgertums. Die Dichtung solle eine Waffe sein im Emanzipationskampf der unterdrückten Klassen!"* Oder: *„Warum ist Lessing ein begeisterter Anhänger von Diderots bürgerlichen Dramen – ein neuer Beweis für die Stärke seines Klassenbewusstseins, das ihn vor dem Chauvinismus gerettet und zur Internationale geführt hat, wie jedes Klassenbewusstsein zu jeder Zeit notwendig zur Internationale führen muss!"*

Ökonomische Entwicklung, materialistische Geschichtsforschung, Klassenbewusstsein, Emanzipationskampf, Internationale! Es fehlt nur noch die Schlussfolgerung, das sich Einsetzen für die arbeitende Masse.

Diesen Passus unterbreitete er nicht. Es werden seine Schlussworte sein, mit denen er die Zwangsjacke des Pennals abwirft.

Es ist der große Tag. Die Aula ist überfüllt. Eine besondere Atmosphäre schwebt im Raum.

Sonst waren die Gäste die offiziellen Persönlichkeiten und die Eltern der preisgekrönten Kinder. Heute dagegen: *„die halbe Synagoge"*, sagte der Pedell.

Jede jüdische Familie war vertreten. Nonnenweier schickte seinen ganzen Gemeindevorstand. Für diese kleine Gemeinde war es ein hoher Tag, ein Tag der Ehre und der Anerkennung.

Die Eltern Frank, der große Vater und die kleine rundliche Mutter, zaghaft daherkommend, wurden vom Rektor begrüßt und erhielten in der ersten Reihe den Platz angewiesen, den sie schüchtern einnahmen.

Im Hintergrund des Saales stand ein Häuflein Menschen, die der Pedell nicht kannte und die nicht herzugehören schienen. Sie sahen aus wie Arbeiter im Sonntagsstaat. Ein Volksschullehrer war mitten unter ihnen. Der wurde unlängst auf der Straße gesehen. Er ist neu hierher versetzt, angeblich ein „Roter".

Was hat diese Gesellschaft in seinem Gymnasium zu suchen?

Der Schülerchor beginnt mit einem Choral.

Der Rektor gibt den Überblick über das abgelaufene Jahr. Es folgen die Deklamationen der Schüler, die Prämierung. Den Schluss krönt die Abitursrede.

Der 18-jährige Jüngling besteigt behend das Podium.

Von der hinteren Saalwand kommt ein leises Klatschen, so dass der Abiturient zuerst nach dort wie zu Altvertrauten leicht nickt, bevor er seine tiefe Verbeugung zu den vordersten Reihen macht, wo das Lehrerkollegium mit der Geistlichkeit, die den Religionsunterricht erteilt, der Bürgermeister, einige andere Beamte, vor allem aber der Rat vom Karlsruher Ministerium sitzen.

„Jude?" frägt der Ministerialrat leise den Rektor zu seiner Linken, wie er den glutäugigen, schwarz gelockten Jüngling sieht. „Aber weitaus unser bester Schüler", ist die Antwort.

Der Jüngling dort oben verstand die Frage von den Lippen abzulesen und bekam einen roten Kopf. Er fasst sein Gegenüber ins Auge, ballt langsam die Faust und blickt hernach auf jene Gruppe im Hintergrund, die einzig zeitweise seine Blicke zu halten vermochte.

Nachdem er die Begrüßungsworte gesprochen und noch immer das Manuskript nicht vor sich hinlegte, fürchtete sein Lehrer schon, er habe es vergessen. Doch siehe, der Junge sprach völlig frei und wie wenn er Wort für Wort erst schüfe.

„Schöpfungen des poetischen Genies sind ewig jung und zeitgemäß", hub er an.

„Denn die Gesetze der Harmonie, durch die unser Gefallen an einem Kunstwerk bedingt ist, haben sich im Laufe der Jahrhunderte kaum merklich verschoben. Anders ist es mit der literarischen Kritik, die sich darauf beschränkt, den Dichter vor den Klippen des künstlerischen Schaffens zu warnen, ihn aus offenbaren Irrwegen herauszuleiten."

Sein Lehrer, der heute von ihm Abschied nimmt, sitzt in seinem

Stuhl zurückgelehnt, die Arme verschränkt. Die Worte dieses jugendlich kräftigen Organs mit dem leichten musikalischen Singen der badischen Sprechweise wirken auf ihn wie die ersten Akkorde einer Ouvertüre.

„Aber die Irrungen in den Dichtungen einer jeden Periode sind wesentlich abhängig" – er macht eine kaum merkbare Kunstpause, ein feines Lächeln umspielt seine Lippen und er wendet den Blick dem Freundeskreis zu – *„sind wesentlich abhängig von der ökonomischen Entwicklung."* Er legt Nachdruck auf das Wort „ökonomisch", so dass der Ministerialrat aufhorcht und sich fragt: was ist das für ein Bursche? Was hat das Wort ökonomisch in einer Abiturientenrede in Zusammenhang mit Lessing zu suchen?

„Folglich ist die Kritik ein Kind der Zeitverhältnisse, deren Aufgabe und Bedeutung aufhört, sobald jene Verhältnisse beseitigt sind."

Die Zuhörerschaft steht im Banne dieses jungen Menschen, der zum ersten Mal die Kraft des Redners verspürt, so dass der Begriff Schüler abgefallen ist, und alles, was da sitzt, ihm zu Füßen sitzt. Mit dieser Minute hat die Schuldisziplin für ihn geendigt, und es gibt nur eine Disziplin, die Gedanken deutlich und wahr auszudrücken. Bisher war er seinem Klassenlehrer unterstellt, jetzt unterstellt er sich dem Gesetz ungeschminkter Wahrheit. Und er fährt entschlossen weiter: *„Mit dem französischen Klassizismus hielt ihren Einzug in die deutsche Literatur die Kriecherei vor den Höfen. In der hohen Tradition traten Könige und Fürsten bis zum Grafen abwärts auf. Ehrsame Bürgersleute durften sich nicht in das Trauerspiel wagen. Sie waren verwiesen auf die Komödie, d.h. die Posse, wo sie als lasterhaften Narren oder – noch schlimmer – als steifleinene Tugendbolde herumstolperten. Also in beiden Fällen erhalten wir Karikaturen, nur mit dem Unterschied, dass die fürstlichen Kreise viel zu erhaben gezeichnet wurden, während man die bürgerlichen lächerlich zu machen sucht."*

Der Klassenlehrer lächelt. Sind das nicht seine gestrichenen Worte, gut und geistreich formuliert? Schade, wenn sie unter den Tisch gefallen wären. Man darf die Jugend nicht mit Altersbedächtigkeit messen. Es ist doch objektiv richtig, was dieser Bub da sagt, dieser hübsche Feuerkopf mit seiner hohen Stirne, seinen Funkenaugen, aus denen bald Zorn, bald Spott und Humor leuchtet. Wie er wohl auf den Ministerialrat wirkt? – Er wirft einen Blick nach jener Seite und sieht, wie jener ein Notizbuch zieht und unter missbilligendem Kopfschütteln etwas notiert. Das macht den Professor unsicher und er hört nur mit halbem Ohr hin, bis ihn das Beifallklatschen aufhorchen lässt. Es kommt aus dem Hintergrund des Saales und folgt den Worten: *„Die Dichtung soll durchtränkt werden mit dem Geiste der Zeit, sie soll eine Waffe sein im Emanzipationskampf der unterdrückten Klassen!"*

Der Ministerialrat beugt sich zum Direktor, der sich auch nach der Quelle des Beifalls wendet, um achselzuckend dem hohen Gast anscheinend mitzuteilen, dass ihm die Leute fremd sind.

„Mit Minna von Barnhelm", fuhr der Vortragende fort, „ist das Problem des ernsten Lustspiels gelöst und zugleich das nationale Drama geboren."

Als jetzt die Worte kamen: „National nenne ich das Stück nicht deshalb, weil preußische Uniformen darin auftreten und tapfer auf die Franzosen geschimpft wird", ergreift die Beifallswelle das ganze Auditorium, dessen süddeutsches Bewusstsein wachgerufen ist, so dass erst nach einer Pause fortgefahren werden kann: „nein, deshalb, weil ein großdeutscher Gedanke aus ihm herausspricht."

Und nun wartet die Menge, bis sie wiederum die Hände in Bewegung setzen kann und findet bald die Gelegenheit: „Lessing weiß das Gute auch an unserm westlichen Nachbarn zu finden und zu schätzen." Wiederum ist es die badische Seite, die sich gegen die preußische erhebt, und die nun dem Redner eine Spannungspause gewährt, bis er fortfährt. „Er ist ein begeisterter Verehrer von Diderots bürgerlichen Dramen, – ein neuer Beweis für die Stärke seines Klassenbewusstseins, das ihn vor dem Chauvinismus gerettet und zur Internationale geführt hat."

Jetzt wagt sich der Lessingverein kräftig mit seinem Beifall heraus und steckt von Neuem die andern damit an, so dass der Redner mit der Kraft seiner Stimme die Kraft der Hände zu übertönen hat: „… zur Internationale geführt hat, wie jedes Klassenbewusstsein notwendig zur Internationale führen muss."

Dem Klassenlehrer kommt kalter Schweiß.

Das klingt ja wie sozialdemokratisch. Hat er das übersehen? Sollte in seinem Schüler etwas anderes stecken als nur der Primus? So etwas durfte er nicht dulden.

Die Zuhörerschaft klatscht, angesteckt, sich selbst ansteckend. Sie steht der sozialistischen Bewegung fern, kennt nicht ihre proletarische Wurzel. Diese süddeutschen Landstädtchen kennen kein Proletariat. Die braven Bürger hier vermuten nicht, dass das dasselbe sein könnte wie das, was ihre Presse als furchtbares heim- und vaterlandzerstörendes Schreckgespenst darstellt. Sie hören ein Credo. Und sie klatschen dem schwärmerischen Credo ihren aufmunternd harmlosen Beifall.

Der Redner aber, angespornt durch den Beifall, gereizt durch ein böses Stirnrunzeln des Rates und eine fühlbar abweisende Kälte, sagt sich, wer nicht für mich ist, ist wider mich, und – nunmehr Lessings Schriften über die dogmatischen Religionen erwähnend mit seinem Kampf gegen die Theologen, spricht er von diesen Gegnern, die ihm plötzlich von Angesicht zu Angesicht gegenüberzutreten scheinen, ohne Blatt vor dem Mund, wie auch Lessing keine gerade Derbheit scheute, und bezeichnet sie „teils ungeschickt, teils unverschämt, teils beides zusammen." Sowohl dem evangelischen wie dem katholischen Pfarrer sieht man den Ärger an, und sie sind sich einig über das Urteil, das diesen Judenjungen betrifft, der es gerade wagt, *„von einem neuen Evangelium zu sprechen, dem Evangelium der konfessionslosen Menschenliebe."*

Ob er sich wohl einbildet, er könne den schlechten Eindruck ausradieren mit dem Satze: *„Eine andere Frage wäre, ob der Charakter des Nathan im Leben vorkomme? Da antworte ich allerdings: Nein!"* – Er wird nichts ausradieren, obgleich er das erste zustimmende Nicken ihres Kopfes erntet.

Den Juden dagegen tut dieses scharfe NEIN weh. Es ist auch nicht berechtigt. Mendelsohn ist für sie das lebendige Ja.

Und selbst, wenn er es nicht wäre, so soll man es nicht schmälern, wenn sich einmal ein Christ offen und deutlich einsetzt. Sie lassen sich ihren Nathan nicht nehmen, und der Schüler, ohne Lebenserfahrung, hat kein Recht, es zu tun.

Doch die Rede geht weiter. Der Klassenlehrer hört wie aus tiefem Nebel die Dankesworte, das Versprechen zu Lessing'schem Wahrheitsdrang.

Doch wohin flog seine Beglückung? Ein Kollege reicht ihm zur Weitergabe einen Zettel des Direktors. „Auf Veranlassung des Herrn Ministerialrates. Sofortige dringende Lehrerkonferenz." Mit Todesbangen hebt er seinen Blick nach vorne, wo sein Unglücksschüler das Podium verlassen müßte.

Der Jüngling Ludwig Frank hat wohl das Pensum des Themas hinter sich. Seine Jugend hält er damit für abgeschlossen. Nun, an der Schwelle des Mannesalters gilt es das Programm des Lebens aufzustellen: *„Liebe Kommilitonen, wenn wir ganz im Geiste des großen Reformators aufgehen wollen, müssen wir die Wahrheit nicht bloß suchen, sondern auch die praktischen Folgerungen aus ihr ziehen: Wir müssen gerecht werden, wir müssen ein Herz haben für die Leiden der Tieferstehenden. Wir dürfen uns nicht rüsten zu einem roh egoistischen Interessenskampf, nein, unser Streiten sei ein Streiten um das Wohl aller, im Dienste der Allgemeinheit…"*

Der Beifall über diese Worte, die er keiner Vorzensur unterbreitet hatte, war kaum zu beschwichtigen. Doch übertönte seine Stimme den Lärm und erzwang sich nun Stille: *„Wir haben in den letzten Tagen nach dem Examen scherzend gesagt: Selig der Mann, der die Prüfung bestanden. Nach Jahren, wenn die Schule des Lebens hinter uns liegt, wollen wir einer den andern fragen: Hast du im Geiste Lessings gelebt und gewirkt? Bist du den Unterdrückten und Notleidenden beigesprungen und hast du ihnen die helfende Hand gereicht? Und doppelt wird dann jenes Wort gelten: Selig der Mann, der d i e Prüfung bestanden!"*

Die Konabiturienten stürmten auf ihn zu und drückten die Hand. Das Publikum hatte sich erhoben und klatschte stehend Bravo, die Freunde im Hintergrund strahlten.

Man erwartete nun allgemein, dass der Ministerialrat die bescheidenen, weinenden Eltern beglückwünschte. Die eigene Rührung benötigt das Echo dieser Geste.

Stattdessen besteigt der Direktor, ohne den Schüler eines Blickes zu würdigen, das Rednerpult:

„Die Feier ist leider nicht in dem Sinne verlaufen, wie sie geplant war. Die Verteilung der Reifezeugnisse kann erst morgen stattfinden. Wir schließen die Feier mit DEUTSCHLAND, DEUTSCHLAND ÜBER ALLES. *"*

Was ist geschehen? Niemand begreift es.

Noch nie hat eine Abitursrede die Herzen in dieser Weise entzündet. Noch nie ist ein solches Bekenntnis zur Tat abgelegt worden.

Ludwig Frank ist inzwischen zu seinen Gefährten vom Lessingverein getreten. Er und sie verstehen. Was ihnen bisher Erkenntnisdrang war, Lektüre, Diskussion, wurde plötzlich Leben, wurde Front. Wie im Rütlischwur drücken sie sich die Hand. Jeder weiß, jeder von ihnen ist von jetzt ab gefährdet: der Volksschullehrer, der in den Brennpunkt rückt, der Drucker, angestellt unhaltbar für das Zentrumsblatt, der Bankangestellte; jeder muss mit Kündigung oder Versetzung rechnen.

In der Lehrerkonferenz ließ sich der Rat das Wort erteilen und verlangte, dem Schüler Ludwig Frank wegen Mangel der notwendigen sittlichen Reife, Mangel an Vaterlandsgefühl und Verletzung des religiösen Empfindens die Reife abzusprechen.

Als der Klassenlehrer sich für den Schüler einzusetzen wagte und ein gut Teil der Schuld auf sich nahm, dass er manches gar nicht als politisch oder gar parteipolitisch bewertet habe, anderes wohl beanstandet, aber nicht mit dem nötigen Nachdruck gerügt habe, da der Schüler bereits das Examen mit Auszeichnung bestanden und eigentlich damit schon entlassen sei, da erhob sich eine Philippika gegen den Lehrkörper, der blind sei gegen die politische Gefahr, die alles unterminiere, was dem Deutschen heilig zu sein habe.

Keiner der Lehrer wagte einen weiteren Einwand, um die eigene Existenz nicht zu gefährden. Jeder verspürte mit Bangen einen preußischen Wind, der bislang ihr Badnerland verschont hatte. Ludwig Frank wurde das Zeugnis der Reife entzogen.

Es herrschte große Aufregung unter der Zuhörerschaft und von ihr ausgehend in Lahr.

Am aufregendsten aber war, dass niemand genau wusste, was geschehen war, selbst nicht die Lehrer, die zu Schuldbeladenen gestempelt, sich keiner Verantwortung bewusst waren, und die zum Teil nur mit gelockerter Aufmerksamkeit hingehorcht hatten, nachdem für sie mit dem Gedichtvortrag des Schülers der eigenen Klasse die eigentliche Spannung genommen.

So waren es im Wesentlichen Gerüchte, die herumschwirrten: er habe für die Roten geworben, oder er habe gegen die Staatsgewalt aufgereizt, oder er habe eine Majestätsbeleidigung gesagt. Aber jeder fügte ausdrücklich hinzu: soweit es ihm erzählt worden sei.

Die Anwesenden kamen sich wie vor den Kopf geschlagen vor. Den Satz: *„National nenne ich ein Stück nicht deshalb, weil preußische Uniformen darin auftreten und tapfer auf die Franzosen geschimpft wird"*, haben viele auswendig behalten.

Sollte daraus ein Delikt gedreht werden, so gehören sie durch ihre Zustimmung ebenfalls auf die Anklagebank.

Dass dieser durchtriebene Kerl aber für die Roten geworben habe, ohne dass sie es merkten, ja, das wäre ein reiner Schwabenstreich, während sie doch von Bretten und Pforzheim ab bereits Badner sind. Man neigte viel mehr zum Lachen als zur Empörung. Oder höchstens Empörung darüber, man könnte in ihrem demokratischen Musterländle preußischer sein als die Preußen.

Mit dem Nonnenweirer Bub, über den all die Jahre nie Klagen, nur Lob zu hören war und mit seinen braven armen Eltern hatte man nur Mitleid. Die Bevölkerung war selbst misstrauisch, ob nicht von irgendeiner Seite her Judenfeindschaft mitspiele. Tränenden Auges kommt der Vater zu den Brüdern Weil. Sie, die Angesehendsten, möchten zum Rektor gehen, dass man dem Sohn das Zeugnis gebe, damit der studieren könne.

„So güet hat er gesprochen, so schön. Und da kommt ein Rusche[1] *und will ihm die Zukunft stehlen."*

Die Brüder sahen sich in zwiespältiger Lage. Sie mussten zugeben, sie waren dem Zauber der Rede erlegen, ja, sie waren sogar stolz auf den Erfolg gewesen.

Doch kam die Ernüchterung, und wie sie nun sich bemühten, die einzelnen Ausdrücke zu rekapitulieren, so war doch manches Mal, nicht nur bei der Bemerkung über Nathan den Weisen, ein Mangel an Takt nachweisbar, an Takt, zu dem man als Jude doppelt und dreifach verpflichtet ist, zumal in den letzten Jahren im Zusammenhang mit dem Kampf gegen die Sozialdemokratie bald hier, bald dort eine kleine Judenhetze ausbrach, die bisher ihre Heimat glücklicherweise verschonte.

In charakteristischer Weise brachte schon das katholische Morgenblatt den Vorfall „über einen Schüler des Gymnasiums, Sohn des Handelsmannes Moses F." Da ist mehr als deutlich das Wort *Jude* zum Ausdruck gebracht, auch wenn das Ziel des direkten Angriffes

[1] Jiddisch für Antisemit.

72

nicht dem Schüler, sondern dem Lessingverein galt, der so ins Licht der Öffentlichkeit gezogen und vernichtet werden sollte.

Die Brüder Weil besprachen ihre Bedenken mit dem Vater, zeigten ihm auch den Artikel, und der Vater ergriff wie einen Rettungsanker die Angabe der Zeitung, dass der unmündige Schüler verführt worden sei.

„Nach seiner Rede zu urteilen, ist er keineswegs unmündig", sagte der ältere Bruder.

„Rettet meinen Sohn! Wie ihr es macht, ist eure Sache."

„Schickt ihn her," sagte der Jüngere. *„Wir müssen zuerst mit ihm sprechen, bevor wir zum Rektor gehen."*

Der Jüngling kam. Er war ein anderer als zuvor, nicht mehr der bescheidene Kostgänger.

„Mein Vater schickt mich. Sie wollen ihm helfen?!" Der Ton klang mehr angreifend als bittstellend.

„Dir müssen wir helfen. DU brauchst die Hilfe". Das Du der ganzen Schuljahre war bis zu diesem Tag beibehalten.

„Ich brauche keine Hilfe. Ich weiß mir selbst zu helfen."

„Nur nicht zu stolz, Ludwig."

„Ich bin nicht mehr Schüler, Herr Weil, was haben Sie mir zu sagen?"

„Wir sind doch alte Freunde, so wollen wir auch miteinander reden. Eine Zigarre gefällig?"

„Ich rauche nicht."

„Danke schön", sagte der Ältere lächelnd. *„Deine Rede als solche war übrigens ausgezeichnet. Es wird etwas aus dir."*

„Danke schön. Und das Negative?"

„Wärest du nicht Jude, so könntest du sagen, was du willst."

„Ich bin Deutscher, so gut wie jeder andere."

„Nur mit dem Unterschied, dass für deine Worte nicht nur du, sondern auch wir den Kopf hinhalten müssen."

„Ich verlange das nicht."

„Es hängt nicht davon ab, ob du es verlangst oder nicht verlangst."

„Ich habe mich nicht nach der Dummheit der anderen zu richten."

„Aber wir!"

„Das ist Ihr Privatvergnügen, das mich nicht zu kümmern hat."

„So kommen wir nicht weiter", nahm nun der jüngere Bruder das Wort. *„Es heißt, dein Lehrer habe manches gestrichen und du habest es dennoch gesagt."*

„Wir sind kein Polizeistaat."

„Aber du unterstehst noch der Schuldisziplin."

„Das ist vielleicht mein Fehler. Ich dachte, mit dem bestandenen Examen ist sie erloschen und bin auch nicht sicher, ob das nicht so ist. Übrigens, das Politische wurde nicht beanstandet."

„Dein Lehrer hat es vielleicht nicht verstanden."

„Dann ist es Zeit, dass er es lernt."

„Auf den Mund bist du nicht gefallen", sagte der Ältere. „Willst du Anwalt werden?

„Jedenfalls das Unrecht angreifen, wo ich es treffe."

„Weißt du, dass es sozialistische Gedankengänge sind, die du vertrittst?"

„Halten Sie mich für dumm?"

„Sind sie auf deinem Mist gewachsen?"

„Nein, auf dem Mist von Karl Marx. Haben Sie das bemerkt?"

„Hältst du uns für dumm?"

„Weil Sie geklatscht haben."

„Denken im Lessingverein alle so wie du?"

„Was hat das mit meinen Freunden zu tun?"

„Schau, mein Lieber, wir wollen dir helfen. Wenn wir sagen können, du wurdest beeinflusst und warst dir nicht bewusst, dass es parteipolitische Doktrinen sind, dann…"

„…dann heißt das", unterbrach der Jüngling und sprang auf, „ich gebe meine Freunde preis und erkläre mich für einen gesinnungslosen Idioten. Danke, meine Herren, für Ihre Hilfe. Zu Ihrer Informierung: ich denke wie meine Freunde und meine Freunde denken wie ich. Dass diese Gedanken Parteidoktrin sind, veranlasst mich, der Partei beizutreten, sobald sie mich aufnimmt. Für die Befreiung des Proletariats zu kämpfen ist ein heiligerer Kampf als der für das Lahrer Abitur."

„Schön, aber vergiss nicht, dass du Jude bist!"

„In der Weltbrüderschaft der Arbeiter löst sich die Judenfrage von selbst."

„Wann? Nach tausend Jahren?"

„Nach tausend Jahren oder nach dem nächsten Krieg!"

„Eine schöne Idee, aber lass die andern sie auskämpfen!"

„Wenn der Kaiser einen Krieg vom Zaune bricht, werdet ihr als Jude mitmachen, damit man euch nicht für feige hält! Wenn es sich aber um ein Gut der Menschheit handelt, soll ich mich drücken, damit ein minderwertiger Gegner mich nicht Jude schimpft. Ist das eure ganze Schlauheit?!"

„Junger Mann", fuhren die Brüder auf, verärgert über den ungeziemenden Ton, „wir sind nicht miteinander per du!"

„Ich habe nichts dagegen, wenn Sie mich siezen."

„Ist das der Dank für das, was Sie in all den Jahren bei uns genossen?"

„Schicken Sie mir die Rechnung, damit ich es abtragen kann!"

Die Brüder erhoben sich. „Das eine möchte ich Ihnen zum Schluss unserer Bekanntschaft noch sagen", bemerkte der Jüngere der Brüder, „für uns ist Deutschland unser Vaterland."

„Mein Vaterland ist die Menschheit!"

Zwei Tage hernach kam der Vater, ob sie etwas erreicht hätten, der Sohn schweige sich aus, und ob er sich auch gebührend bedankt habe?

„Gebührend?" meinte der Ältere, „wir fanden ein bisschen zu reichlich" und erzählte den Hergang.

„Tragt's ihm nicht nach, tragt es uns nicht nach. Wir verstehen das Ganze nicht. Es muss purer Risches[2] sein. Die Mutter weint sich die Augen aus."

„Euer Sohn macht's uns nicht leicht. Wir sind für ihn, glaube ich, auch schon die Kapitalisten. Ich will es mir zurechtlegen, was ich sagen kann. Ich tu's für Euch und Eure Frau:"

„Was Ihr sagt, ist recht", sagte der alte Frank. „Eilet Euch nur." Doch kamen die Brüder nicht dazu, das kühl Überlegte vorzubringen.

„Ich bin so froh, Herr Weil, dass Sie gekommen sind, damit ich mit jemand offen sprechen kann", schnitt der Professor jede Entschuldigung ab. „Mein Schüler sagt: wir müssen die Wahrheit nicht bloß suchen, sondern auch die praktischen Folgerungen aus ihr ziehen. Wir müssen ein Herz haben für die Tieferstehenden! – und statt ich ihn dafür an mein Herz ziehen darf, soll ich ihn für sittlich oder geistig unreif erklären! Dann sollen sie einen preußischen Unteroffizier zum Professor ernennen! Ich habe an das Ministerium geschrieben und kein Blatt vor den Mund genommen. Ich entziehe ihm das Zeugnis nicht. Ich gebe meine Unterschrift nicht dazu her. Sollen sie mich pensionieren!"

Das Geschehnis hat noch manchen Staub aufgewirbelt. Der „Vorwärts" schrieb einen Leitartikel. Die Witzblätter griffen es auf: ein Schüler, der mit Federhalter und Feder den Zähringer Löwen, das badische Wappentier, zur Strecke bringt.

Die Angelegenheit drang bis vor den Großherzog, einen liberalen und humorbegabten Fürsten.

„Wollen wir uns wegen eines Mulus[3] lächerlich machen? Sparen wir uns das für eine würdigere Gelegenheit auf. Geben wir unserem treuen Ministerialrat eine Beruhigungskur im schönen Badenweiler und beerdigen damit die Staatsaffäre!"

Das Reifezeugnis wurde Ludwig Frank nachträglich und auf dem Gnadenweg erteilt.

———————

Fünfundzwanzig Jahre später. 1914. Der Erste Weltkrieg.

Die kaiserliche Regierungsdiplomatie brachte es fertig, dem Volke die Andern als Angreifer, Deutschland als das Angegriffene darzustellen. Millionen von Freiwilligen meldeten sich zur Front. Unter ihnen als einer der ersten: Ludwig Frank.

2 Antisemitismus.

3 Mulus (lat. Maultier – weder Esel noch Pferd) war die Bezeichnung für einen Abiturienten mit Reifzeugnis, der noch nicht Student war.

Reichstagsabgeordneter Dr. Frank, Mannheim
geb. am 23. Mai 1874
gefallen als Kriegsfreiwilliger am 4. September 1914 bei Luneville.

Am 4. September kam das Regiment, dem Dr. Frank als Flügelmann der 1. Kompagnie angehörte, ins Gefecht. Nach zweistündigem Schießen wurde um 2 Uhr nachmittags Befehl zum Sturmangriff auf die feindlichen Stellungen gegeben. Als Flügelmann seiner Kompagnie eilte Dr. Frank einige Schritte voraus, wurde aber leider durch einen Schuß in die Schläfe niedergestreckt. Die Auffindung der Leiche war erst nach einigen Tagen möglich. Dr. Frank wurde unter militärischen Ehren bei Baccarat beerdigt.

Todesanzeige für Ludwig Frank, die in Mannheim gedruckt wurde.

Sein Jahrgang, er ist bereits über die Vierzig, ist noch nicht aufgerufen. Als Mitglied des Reichstags wäre er von der Gestellung befreit.

Nicht *„für Kaiser und Reich!"* – Für *„Vaterland in Not!"* Diesem Ruf glaubt er Folge leisten zu müssen – trotz aller Menschheitsverbundenheit.

Und als Sozialist? Wo seine Arbeiterbrüder ungefragt ins Feld ziehen müssen, losgerissen von Weib und Kind, verschmäht er, ihr jüngster und erklärter Führer, für sich ein leichteres Los.

Kaum jenseits der Grenze seiner badischen Heimat, an einem der ersten Kampftage, trifft ihn der Tod.

76

Die Itins

Von der Mutter den Kindern erzählt,
vom Vater aufgeschrieben.

Zum 15. Juli 1945

Gregorij Kononowitsch Itin

Sein Werdegang war nicht einfach. Sein Vater Konon Josipowitsch, zehnter Sohn, wurde durchs Los sofort nach seiner Bar Mizwah zum Militär eingezogen und musste 25 Jahre lang dienen. Er machte den Krimkrieg mit, 1856, und war bei der Belagerung von Sewastopol.

Während eines Urlaubs heiratete er. Seine Frau, mit Namen Raissa, war von zierlichem Wuchs, hatte einen zarten blassen Teint, dunkle, ein wenig geschlitzte Augen und schwarzblaues Haar. Ihre Familie kam aus Woronesch am nördlichen Don und stammte angeblich von den Chasaren ab.

Die Chasaren, so sagt die Geschichte, waren ein skythischer Volksstamm mit Einschlag mongolischen Blutes, der im frühen Mittelalter zum Judentum übergetreten sein soll. Neuere Forschungen dagegen glauben, die Chasaren als versprengten jüdischen Stamm ansehen zu dürfen, der die umliegende christliche und mohammedanische Bevölkerung in sich und seinen Glauben aufgesogen haben soll.

Als Gregorij Kononowitsch geboren wurde, starb seine Mutter. Wenige Wochen später folgten ihr seine einzige Schwester Sarah und der Vater nach, Opfer der Cholera. Sie liegen in Bachmut, einer Stadt in der Ukraine, begraben.

Aaron Josipowitsch, der jüngere Bruder Konons, und seine Frau Anna Lasarowna nahmen sich des verlassenen Wurmes an, dessen Vater durch sein vergeudetes Soldatenleben ihnen ein geordnetes ermöglicht hatte, denn zur damaligen Zarenzeit war es so, dass mit dem erzwungenen 25jährigen Dienst des einen die anderen Brüder von dieser lebenszerstörenden Pflicht befreit waren.

Es ist nicht wahr, dass dieser Onkel Aaron den kleinen Grischa nur als mittelloses Waisenkind aufgenommen hat, so dass es nur für den Cheder reichte, statt des Gymnasiums in Charkow, wonach das

Verlangen Grischas stand. Er hatte, das erzählte ihm später einmal der Großvater, ein für die damalige Zeit beträchtliches Vermögen vom Vater ererbt. Außerdem hinterließ Konon Josipowitsch den Zaren-Ukas, der all seinen Nachkommen Freizügigkeit verbürgte. Er hinterließ ferner einen schwarzen Säbel, eine Platinmünze von drei Rubel und ein kleines Daunenkissen, das ihn von seiner Kindheit an, seit dem Abschied vom Elternhaus, begleitet hatte.

Wenn der Onkel zu allem Lernbegehren des kleinen Grischa immer wieder nein sagte, dann weinte das Kind in das blaue Kissen hinein, und wenn Grischa wieder einmal nachts aufstand und dem Onkel entgegenhielt: *„Ich habe von meinem Vater Geld, zu lernen, lass mich lernen"*, dann zog der Onkel den Riemen vom Gürtel, schlug auf das Kind ein, bis es in sein Bett zurücktaumelte und in sein Kissen hineinschluchzte: *„Meine Kinder dürfen lernen. Sie müssen alles lernen, was ich nicht lernen darf."* Er packte dann den schwarzen Säbel und sagte zu ihm: *„Du wirst mich beschützen, wie du meinen Vater beschützt hast. Ich will doch ein guter Mensch werden."*

Es ist ein fast unwirkliches Bild, wie das Bübchen den Säbel, den niemand achtete, da der Besitzer schon längst tot war, und der nur versehentlich in der Kinderstube verblieben war, mit der zitternden Hand packt, den Säbel, so groß wie das ganze Kerlchen selbst. Es scheint dem kleinen Grischa, als ob der Säbel nickte: *„Ja, ich werde es tun. Wir bleiben zusammen."*.

Wer hätte ahnen können, dass dieser Säbel mehr als ein Menschenalter später, nachdem er den angesehenen Gregorij Kononowitsch auf vielen Lebensfahrten begleitet hatte, von ihm selbst in einer Grube unter dem Getreidespeicher in Nachitschewan versenkt wurde, damit er nicht als verbotene Waffe bei einer drohenden Hausdurchsuchung für den 15jährigen Sohn Kolja verhängnisvoll würde, als er im Revolutionsjahr 1905 auf den Barrikaden des Rostower Arbeiterviertels kämpfte.

Wer hätte wissen können, dass die kleine Platingedenkmünze, die Nikolaus der Erste seinem Soldaten schenkte, eines Tages von seiner Enkelin Raitschka im fernen Deutschland zur Inflationszeit nach dem Ersten Weltkrieg für eintausend Papiermark hergegeben wurde.

Nur einer der drei Gegenstände lebt noch: das blaue Kissen, in das sich das Kind Grischa nach den Schlägen des Onkels wie in den Arm der Mutter verkroch. Er nahm es auf all seinen Reisen mit. Er gab es seiner erstgeborenen Tochter Raitschka in die Mitgift, und es begleitete eure Mutter, meine Kinder, auf ihrer Wanderung von Rostow nach Süddeutschland zu eurem Vater und zog gemeinsam mit uns nach Erez Israel.

Die Itins kamen als sephardische Juden im letzten Viertel des 18.

*Adrianopel, heute die türki-
sche Stadt Edirne, vor dem
Ersten Weltkrieg.*

Jahrhunderts zusammen mit serbischen und griechischen Familien aus Adrianopel, um nach dem Plan der Zarin Katharina den damals entdeckten Süden Russlands zu kolonisieren. Die Itins waren nicht Händler im üblichen Sinne, wie man damals die Juden bezeichnete. Wohl betrieben sie späterhin vor allem Getreidehandel, bedingt durch ihre Niederlassung in der so genannten Kornkammer Russlands; in der Familie von Grischa herrschte eine andere Tradition. Sie waren ursprünglich Handwerker, und zwar in einem Fach, das besondere Eignung und Hingebung verlangte. Sie waren Ziseleure und Sticker des heiligen Gewandes der Tora. Manche künstlerische Begabung der Nachkommen hat wohl darin ihren Ursprung. Sie ließen sich in den kleinen ukrainischen Dörfchen nieder, freiwillig oder zugewiesen lässt sich heute kaum entscheiden. Konon lebte die kurze Zeit seiner Ehe in Bachmut, Aaron in Iwanowka.

Aaron Josipowitsch hatte zwei Töchter, aber keinen Sohn. Vielleicht hatte er deswegen den kleinen Jungen aufgenommen, um ihn an Sohnes Statt zu erziehen. Schon mit sechs, sieben Jahren musste Grischa dem Onkel in der Mehlhandlung helfen. Der Großvater, Josef war sein Name, hielt, so weit er etwas zu sagen hatte — es war sehr wenig und er war hochbetagt (er wurde 102 Jahre alt) — seine schützende Hand über den Enkel, den er beinahe wie einen kleinen Heiligen betrachtete und dem er das Opfer, das sein Vater als Kantonist[1] für die ganze Familie gebracht hatte, nie vergaß.

Aber auch die Frau des Onkels, Anna Lasarowna, war dem Jungen

1 Im zaristischen Russland waren Kantonisten Kindersoldaten, die in einer bestimmten Quote zum Militärdienst eingezogen und auf Staatskosten erzogen wurden. Für jüdische Kinder bedeutete das nicht selten Zwangschristianisierung. (Nach JÖRN HAPPEL: Handbuch des Antisemitismus Band 4. Berlin 2011).

wohlgesinnt, und als „Mutter Anna Lasarowna" lebte sie zeitlebens in seiner dankbaren Erinnerung. Sie stammte aus Taganrog. Die Tatsache, dass ein Bruder, Rafael Lasarowitsch Saprewitsch, schon vor fast hundert Jahren in Petersburg Medizin studieren und sich in Rostow als Arzt niederlassen konnte, ist ein Zeichen des Wohlstands der Familie. Dass die schöne Anna Lasarowna von der Stadt in das kleine Dorf heiratete, ist für die damalige Zeit nichts Auffälliges. Das jüdische Schicksal, Freiheit und Unfreiheit, Armut und Reichtum, sind weder an Stadt noch an Dorf gebunden. Und für den Juden gab – und vielleicht auch gibt es nur einen festen Wohnsitz: die Familie.

Mit 14 Jahren kam Grischa in das Getreidegeschäft seines Onkels Isaak Josefowitsch Itin, der das Ansehen eines Hofjuden bei den Großgrundbesitzern genoss. Grischa wurde bald zur Abnahme des Getreides auf die Güter geschickt mit der strengen Anweisung, nur das Getreide abzunehmen, das nach den Grundsätzen des anständigen Handels gekauft wurde und in Qualität den Vereinbarungen entsprach. Grischa widmete sich mit Eifer und Freude dem Geschäft, und der Onkel war mit den Leistungen des jungen Menschen zufrieden. Doch musste Grischa durch Erfahrung lernen, dass die Durchführung der Anforderungen eines reellen Geschäftes keineswegs immer auf Gegenliebe stößt. So kam er einmal zu einem reichen Bauern. Grischa fand sein Getreide nicht erstklassig und verweigerte den Kauf. „*Was! Mein Getreide willst du nicht nehmen?! Komm einmal, Jud, ich will dir etwas Besseres zeigen!*" Der Bauer ging in die Scheune, den Heuschober hinauf. Grischa ging vorsichtig nach. Wie er auf der Leiter steht, sieht er auf einmal eine Sense blinken, die der Bauer ihm über Kopf und Hals schlagen wollte. Grischa konnte sich gerade noch bücken und Reißaus nehmen. „*Das war das erste Mal*", meinte Vater Grischa zu seinen Kindern, wenn er ihnen diese Begebenheit zu erzählen pflegte, „*dass der Sensenmann knapp an mir vorüberging.*"

Grischa war 18. Er besuchte das Gut eines Generals in der Nähe von Lugansk. Das Getreide entsprach nicht den vertraglichen Abmachungen. Die gute Sorte war mit zweiter Qualität und sonnenverbrannten Körnern vermischt. Grischa verweigerte die Abnahme. Der General befahl, den jungen Burschen vor ihn zu bringen. „*Du Bengel, du willst mein Getreide nicht annehmen? – Du musst es!*"

Grischa blieb ruhig mit entblößtem Haupt, verneigte sich. „*Eure Exzellenz, mein Onkel Isaak Josefowitsch Itin hat mich beauftragt, nur das Getreide erster Sorte abzunehmen. Es tut mir leid, Eurer Exzellenz Befehl nicht ausführen zu dürfen.*"

„*Ich glaube, du bist von Sinnen, du Judenbengel! Das ist mir noch nicht widerfahren, dass man mir mein Getreide nicht abnimmt!*"

„Exzellenz, ich darf es nicht."

„Ich schicke dich in den Pferdestall und lasse dir eine Tracht Prügel verab-reichen!"

Noch lebte in den Köpfen dieser Exzellenzen die Zeit der Leibeigenschaft, die kaum zwanzig Jahre zurücklag[2].

„Ich kann es nicht abnehmen."

„Das ist mir noch nicht vorgekommen, dass ein Mensch keine Angst vor meinen Drohungen hat. Komm her, du bist der erste Jude, dem ich die Hand reiche. Komm, ich stell dich meiner Frau vor und du bist bei uns zu Tisch geladen."

Tatsächlich wurde er ins Speisezimmer geführt. Der Tisch war gedeckt mit altem Porzellan und Silberbesteck. Auf dem Gesims standen Vasen mit Blumen. An den Wänden hingen Gemälde. Die Spätsommersonne durchleuchtete den Raum, der in all seiner Einfachheit Wohlhabenheit zeigte und den Stempel vergangener und gegenwärtiger Kultur trug. Ein Diener meldete den Besuch. Er wusste nicht recht, wie er ihn eigentlich zu melden hatte, ihn, der kurz zuvor in Anwesenheit des Gesindes selbst wie Gesinde angefahren wurde und nun plötzlich zur Tafel sitzen sollte.

Gregor Kononowitsch Itin strich sich über das glatt gescheitelte Haar und gab seinem Schnurrbärtchen eine kleine Aufwärtsbewegung. Er war wie immer sorgfältig gekleidet.

Als er in den Saal trat, erhob sich eine hübsche, stattliche Dame. Er verbeugte sich unter der Türe, unsicher, wie er sich weiter zu benehmen hatte. Doch die Dame kam auf ihn zu:

„Sie sind unser Gast, nehmen Sie bitte Platz." Er setzte sich, wagte aber keine Unterhaltung zu beginnen.

Die Hausherrin sah in freundlich an, lächelte sogar: *„Sie sind der Neffe von Isaak Josefowitsch Itin. Wir schätzen Ihren Onkel sehr. Nicht wahr, seine Töchter sind doch in einem Pensionat in Charkow? Wir haben ihn empfohlen. Er kann zufrieden sein."* – *„Er ist sehr zufrieden, Eure Exzellenz."*

Die adligen Gutsbesitzer, die ferne der Stadt wohnten, pflegten ihre Töchter zur Ausbildung und vor allem zur Beherrschung der gesellschaftlichen Formen in ein städtisches Internat zu schicken, und diese Gepflogenheit wurde allmählich von den bürgerlichen Kreisen übernommen.

In diesem Augenblick kam der Hausherr, räusperte sich ein wenig und schien das Rencontre vergessen zu haben. Er stellte Fragen über die Ernte, die Aussichten des Weiterverkaufs. Grischa gab knappe Antworten und fügte bescheiden hinzu: *„Soweit es mir bekannt, Eure Exzellenz."* Die Art zu antworten und das ganze Benehmen machte einen guten Eindruck. Grischa bemühte sich auch, sich nicht zu blamieren und gute Manieren zu zeigen, Manieren, die er sich im Haus

2 Die Aufhebung der Leib-
eigenschaft in Russland
erfolgte im Jahre 1861.

81

Синагога

Synagoge in Taganrog. Postkarte um 1910.

seiner Tante, der einzigen Schwester des Vaters, angeeignet hatte. Diese Tante, mit einem jüdischen Majoratsherren bei Taganrog verheiratet, hatte für ihre Kinder eine deutsche Gouvernante. Grischa verbrachte dort öfters einige Wochen zu Besuch und vernahm mit eigener Nutzanwendung die Anweisungen, die Vettern und Basen von der Erzieherin erhielten.

Als die Unterhaltung ein bisschen auftaute und der Hausherr von Krieg und Dienst erzählte, streifte er den jungen Gast mit seinem Blick: *„Nun, natürlich, Sie wissen nicht, wie schwer es ist beim Militär. Bis man aus ihnen einen Menschen gemacht hat, vergehen Jahre und unsereins ist froh, wenn er sich ins Privatleben zurückziehen kann. Sie werden das kaum verstehen. Sie kommen von Kreisen, die nie etwas mit Militär zu tun haben.“*

„Eure Exzellenz, wenn Sie gestatten, so darf ich sagen, mein Vater war Kantonist.“

„Was heißt das,“ fuhr der General auf, *„hat Ihr Vater 25 Jahre dem Zaren gedient?“*

„Jawohl, Exzellenz. Er war auch bei der Belagerung von Sewastopol. Ihm verdanke ich auch das Freizügigkeitsrecht und die Ehre, hier an Ihrem Tische sitzen zu dürfen.“

„Was Sie sagen! Bei Sewastopol! Da sind wir ja beinahe Kameraden“ lachte die Exzellenz. *„Ich war auch dabei. Vielleicht habe ich deinen Vater gekannt!“*

82

Inzwischen servierte der Diener, und zum ersten Mal sah sich Grischa Itin von einem Lakaien mit Tressen bedient. Nach dem Mahle erhob sich der General. Grischa betrachtete es als Zeichen der Entlassung und verbeugte sich. Er wagte nicht, der gnädigen Frau die Hand zu küssen, was ihm beklommen als eine geziemende Form der Verabschiedung vorschwebte.

Plötzlich sagte er, etwas verwirrt: *„Exzellenz gestatten, dass ich jetzt aufstehe und sehe, ob die Arbeiter die Fuhren aufgeladen haben? Exzellenz gestatten, dass ich die Abrechnung sofort mache und das fehlende Getreide in der nächsten Woche abhole?"*

Der General nickte, reicht die Hand. *„Erledigen Sie alles, wie Sie es für richtig halten. Ich bitte den Onkel, Sie wieder zu schicken. Ich glaube, wir werden gut miteinander auskommen."*

Als Gregor Itin in der nächsten Woche kam, war alles zur Ablieferung bereit und in Ordnung.

Wohl wurde er nicht zu Tisch geladen. Aber als er die gnädige Frau im Garten Blumen pflücken sah, wurde sein höflicher Gruß freundlich erwidert. Und als er sie fragte, ob er ihr eine besonders schöne Rosenart aus seinem Garten verehren dürfe, wurde das gern angenommen. *„Ich hoffe"*, sagte Ihre Exzellenz lächelnd, *„wenn Sie einmal eine nette junge Frau haben, die schönste Rose, so kommen Sie und ich werde mich freuen, Sie und Ihre Frau als Gäste zu sehen."* Wohl vergingen bis dahin noch Jahre. Aber das Versprechen sollte eingelöst werden.

Trotz der schweren Kindheit und trotzdem sein vererbtes Vermögen ihm zeitlebens verschwunden blieb, fühlte sich Grischa allmählich wie ein Sohn mit der Familie seines Onkels Aaron verbunden. Von seinem Verdienst gab er der Mutter Anna Lasarowna, damit sie die älteste Tochter nach Petersburg auf die Hebammenschule schicken konnte. Er gab einen Zuschuss, damit die zweite Tochter, die sehr hübsche Wera, ebenso wie die Töchter von Onkel Isaak das Institut in Charkow besuchte.

Er selbst blieb bescheiden, hatte keine kostspieligen Neigungen. Sie galten dem Schach, von Zeit zu Zeit einem bescheidenen Préference. Was er sich ersparte, ließ er im Geschäft des Onkels stehen. Auf die Dauer wollte er aber nicht der Angestellte des Onkels bleiben. Als er 25 Jahre alt war, fuhr er nach Rostow, um sich selbständig zu machen.

Rostow war damals eine Art russisches Chicago. Man entdeckte das Dongebiet mit seinen Kornfeldern und das Donezgebiet mit seinen großen Erz- und Kohlelagern. Alles war noch in den Händen der ansässigen Kosaken. Die Bauern waren von den Kosaken nur geduldet. Es gab dort auch einige Juden. Aber kein Jude durfte nach dem erst seit zehn Jahren befriedeten Kaukasus noch in das

РОСТОВЪ н д. Наплавной мостъ
Rostow a/D. Die Naplawno Brücke.

Rostow am Don mit der Naplawno-Brücke auf einer handkolorierten Postkarte.

Kubangebiet[3], das, wie die Ukraine, eine zweite Kornkammer für Russland werden sollte.

Dieses Gebiet war außerhalb des so genannten Ansiedlungsrayons, d.h. nur der jüdische Akademiker, der Kaufmann erster Gilde, der 5000 Rubel jährlich Steuern zahlte und der Jude mit „ererbtem" Recht, nämlich gewesene Soldaten und Soldatensöhne hatten dort Wohnrecht.

In Rostow hörte Grischa von seiner Kusine Ester Itin, die den reichen Mühlenbesitzer Ryss geheiratet hatte, dass ihr Mann und sein Geschäftsfreund gerne den Getreideeinkauf im Kaukasus übernehmen würden, hätten sie einen zuverlässigen Menschen, der dort Wohnrecht besitzt. Da Grischa diese Voraussetzungen erfülle, solle er es sich überlegen, ob er es nicht auf sich nehmen wolle.

Die Itins waren im allgemeinen große, schöne Menschen. Ester galt in ihrer Jugend als die Schönste. Sie hatte zwei Freundinnen, die mit ihr an Anmut und Wohlgestalt wetteiferten, so dass der Spruch im Umgang war: „Wenn die drei Grazien baden, da lacht das Meer in Taganrog." Einer solchen Fürsprecherin Wort und Vorschlag findet nicht schwer Eingang in das Männerherz. Grischa leuchtete der Vorschlag ein. Die Beiden seien bereit, sagte Ester, je tausend Rubel ins Geschäft zu stecken. Grischa wollte jedoch nicht als Angestellter, sondern als gleichberechtigter Teilhaber fungieren und machte deshalb seinerseits eine Einlage von 500 Rubel.

3 Gebiet im Norden des Kaukasus.

Man entschloss sich, die Niederlassung in Bjelaia Glina, im Gouvernement Stawropol im Kaukasus zu gründen, das damals etwa 10000 Einwohner hatte. Bjelaia Glina war ca. 70 km von der damals letzten Bahnstation der Rostow-Kaukasus-Linie entfernt, und man konnte es nur mit Pferd und Wagen erreichen.

Der größte Teil der Einwohner von Bjelaia Glina waren Raskolniki, d.h. Abgesplitterte. Sie gehörten der altgriechisch-katholischen Kirche an, die sich weigerte, den Zaren statt des Patriarchen als oberste kirchliche Behörde anzuerkennen, wie es Peter der Große beschlossen hatte. Sie wurden deshalb von der rechtgläubigen Synode verfolgt und nach dem Kaukasus verbannt. Es waren saubere, fleißige Bauern mit großem Bestand an Vieh und Boden. Sie bearbeiteten ihr Feld in Einzelwirtschaften, im Gegensatz zu dem sonst üblichen Mir, den bäuerlichen Gemeindewirtschaften, wo der Boden in der Dorfgemeinde verbleibt, jährlich neu aufgeteilt wird, um Ungleichwertigkeit der Parzellen auszugleichen – zum Nachteil einer intensiven Bewirtschaftung infolge der nur vorübergehenden Bearbeitung durch ein und dieselbe Hand.

Gregor Kononowitsch fuhr zuerst zur Orientierung hin. Da er mit einem günstigen Bericht zurückkam, konnte das Geschäft starten. Grischa mietete vom Kolonialwarenhändler Schikaroff einen geräumigen Hof mit Wohnhaus, Kontor und Getreidespeicher. Frau Schikaroff lächelte, als ihr eines Morgens der neue Mieter einen Besuch machte. *„Na, Gregor Kononowitsch, jetzt haben Sie alles in Ordnung. Jetzt brauchen Sie nur eine nette, junge Frau, und dann werden Sie hier in diesem Bjelaia Glina nicht verloren sein."*

Eine nette junge Frau – daran dachte Grischa schon lange, schon seit der Begegnung mit der Generalin. Aber wo findet man ein nettes junges Mädel, das die Unternehmungslust hat und nach diesem gottverlassenen Bjelaia Glina zieht? Die Bauern haben ihre Arbeit, die paar Beamten trinken und spielen Karten, ein Hasard, bei dem man manchesmal das Vermögen und beinah die Frau mit verspielt. Das ist kein Umgang für ihn, der andere Geselligkeit und Gastfreundschaft liebt.

Ihm gegenüber wohnt der kleine, listige Sawiloff, ein reicher Getreidehändler, ein Rechtgläubiger im Gegensatz zu den Raskolniki, mit seiner ganz gescheiten, ganz gerissenen Frau und ihrem Mieter (für Frau Sawiloff ist er mehr und ihr Mann ist großzügig), dem Distriktmilitärarzt Lawrentij Nikolajewski Nawizki, ein Pole. Sein Studium fiel in die Zeit der furchtbaren Unterdrückung des polnischen Aufstandes durch den Grafen Murajow in den 60er Jahren des 19. Jahrhunderts. An sich hätte man ihm nicht einmal als Arzt, geschweige denn als Militärarzt in Polen die Niederlassung erlaubt. Da man ihm aber nichts Verdächtiges nachweisen konnte und der

Kaukasus Ärzte benötigte, wurde er statt nach Sibirien hierher verschickt mit dem Auftrag, für die nötigen hygienischen Maßnahmen zu sorgen und außerdem die herumziehenden Nomadenstämme, Kirgisen und Kalmücken zu beobachten und besonders ihre Augenkrankheiten zu bekämpfen. Er war ein Mensch, der Grischa freundschaftlich näher trat. Landschaftlich bot Bjelaia Glina wenig Reize. Es ist flach, nur Steppe und Kornfelder. Es ist kein ukrainisches Dorf mit Hügeln, Wald, Fluss und Bach.

Eine nette junge Frau ... Gregor Kononowitsch fuhr zurück nach Rostow. Sein Onkel Aaron war inzwischen ebenfalls dorthin übersiedelt. Grischa wollte mit der Mutter Anna Lasarowna die Möglichkeit der Heirat besprechen. Seine Cousinen kamen für ihn nicht in Frage. Paraskowja, die Hebamme, war älter als er. Die jüngere, die sehr hübsche Wera, hatte kurz zuvor den bedeutend älteren und sehr vermögenden Kaufmann Aptekman aus Asow geheiratet. Er fuhr weiter nach Iwanowka, um für sein geschäftliches Unternehmen den Rat seines erfahrenen Onkels Isaak Josefowitsch einzuholen. Als der Onkel von sich aus die Rede aufs Heiraten brachte, bemerkte Grischa: *„Eure Töchter, lieber Onkel, kommen für mich nicht in Betracht. Sie sind im Pensionat und fürs Höhere erzogen. Ich wäre für sie der arme Vetter.“*

„Versuch doch einmal dein Glück in Tschernowgorowka[4]*“*, sagte der Onkel. *„Dort kenne ich eine befreundete Familie Meeroff. Die Mutter Ewgenja Moisewna, eine Porta, ist eine tüchtige Frau: Sie haben vier Söhne und vier Töchter. Die Töchter können nicht nur weben und stricken. Sie wissen im Garten Bescheid, können mit dem Pferd pflügen, können gut kochen. Daneben haben sie richtige Schulkenntnisse, nicht nur den äußeren Glanz unserer Töchter. Es ist kein großer Wohlstand in der Familie. Aber die Töchter wissen zu arbeiten. Die Älteste ist, glaube ich, schon verheiratet. Die zweite, Katjuscha, wenn sie dich nimmt, kannst du von Glück reden.“*

Am nächsten Morgen spannte Grischa ein. Er kutschierte selbst und fuhr nach Tschernowgorowka zu der Familie Meeroff.

„Hätte mir Großmutter Ewgenja Moisewna nicht ständig den Teller mit ihren wunderbaren Wareniki[5]* aufgeladen, es ist eine große Frage, ob ich eure Mutter Katjuscha geheiratet hätte“*, pflegte Vater Grischa seinen Kindern zu erzählen, wenn sie wissen wollten, wie er zu ihrer Mutter kam.

Tschernowgorowka verdankt seinen Namen den „schwarzen Bergen“, den dunklen Waldhängen an zwei kleinen fisch- und krebsreichen Flüsschen, dem „schwarzen und dem weißen Wasser“, die irgendwo in den großen Bruder Donez einmünden. Schon damals wusste man, dass unter den Hügeln Kohle und Eisen lagert. Die großen Bergwerke aber, wohin die Bauernsöhne die Woche

4 Der Ort liegt östlich von Lugansk.
5 Gefüllte Teigtaschen.

86

über auf Außenarbeit fuhren, waren zu der Zeit eine Stunde Weges entfernt. Das Dorf mit seiner breiten Straße lag im Tal zwischen den beiden Flüsschen. Es hatte vielleicht 50 Bauernhäuser, die zumeist aus einer großen Stube bestanden, welcher der Kuh- oder der Pferdestall angebaut war. Sie waren aus Granit oder Lehm gebaut und mit Strohdach breit und tief bedeckt. Die Fenster hatten rote, blaue oder grüne mit Blumen bemalte Läden. Vor jedem Haus stand eine Bank, und es war umrankt von großen Nelken, violetten Begonien und der Fülle der Rosen und Sonnenblumen der Ukraine.

Dort, wo die Flüsschen zusammenstoßen, steht eine Mühle. Sie wurde vor vielleicht hundert Jahren von Moisje Sankt Piter erworben oder gebaut. Er war der einzige Jude in diesem Dorf von vielleicht 200 Bauern, das damals eben von der Leibeigenschaft loskam. Moisje Sankt Piter verdankte seinen eigentümlichen Namen der Tatsache, dass er, mit dem napoleonischen Heere eingewandert, nicht über Moskau, sondern Sankt Petersburg kam. Im Laufe langer Wanderungen hatte er sich in der Ukraine niedergelassen und geheiratet. Er war ein sehr freundlicher Mensch, der ein kleines Ladengeschäft, Landwirtschaft und die Mühle betrieb. Obgleich er sein Käppchen trug und die jüdischen Gebete verrichtete, hatte er sich bei jeder Gelegenheit ein russisches Buch angeschafft, was zu seiner Zeit schon als Zeichen der Abtrünnigkeit galt, und hatte allmählich eine recht ansehnliche Bibliothek, so dass er bei den jüdischen Familien der Nachbardörfer den Namen Apikores, „Abtrünniger" bekam. Seine Frau Sarah war tüchtig in der Wirtschaft und im Haus. Kinder waren ihnen nicht beschieden. Jüdisches Schicksal – dem einen zum Leid, dem andern zum Segen – nahm ihnen das Bangen vor der Verlassenheit des Alters.

Ewgenja Moisewna
Über ihre Jugendgeschichte hat die Großmutter mit der Enkelin Rajtschka nie gesprochen, so sehr sich die Beiden zugetan waren.

Ewgenja Moisewna war eine geborene Porta, deren Familienname den sephardischen Ursprung erweist. Sie kamen ebenso wie die Itins mit der Einwanderungswelle der Balkanbauern aus Serbien und Griechenland zur Zeit Katharinas der Großen. Die Mutter von Ewgenja starb früh. Ob der Vater gestorben, verschollen, in einem Pogrom umgekommen, im Krieg gefallen, ist nicht bekannt. Jedenfalls kam an einem Winterabend elend und verfroren die 14jährige Ewgenja Porta in Tschernowgorowka an und wurde von dem kinderlosen Paar wie ein Segen des Himmels aufgenommen. Sie wurde wie eine Tochter in alle Arbeit eingespannt und ging der Mutter in allem willig und verständig zur Hand, sei es in Küche, Feld, Stall oder beim Nähen, Weben und Stricken. Sie hatte eine stille beobachtende Art, die ihr die Herzen der neuen Eltern wie der bäuerlichen Umgebung rasch gewann.

Als Ewgenja 15 Jahre alt war, sagte Moisje zu seiner Frau: *„Ich glaube, noch ein Jahr, und wir müssen daran denken, unsere Genja zu verheiraten."*

Und wirklich, nach einem Jahr, an einem Schabbatausgang, rief Moisje seine Tochter ins Zimmer: *„Genja, jetzt bist du 16. Wir werden älter. Wer weiß, wie lange es uns beschieden ist, zusammen zu sein. Schon einmal bliebst du allein, und jetzt wollen wir dich nicht schutzlos lassen. Wir müssen daran denken, dir einen Mann zu geben, der dich beschützen kann. In unserer Nachbarschaft wohnt die Familie Meeroff. Ein Sohn ist ihnen weggegangen. Auch in uns Juden brodeln bisweilen abenteuerliche Gedanken: Er hat sich dem Grafen Woronzow Daschkow angeschlossen, den Kaukasus zu erobern. Sie haben nichts mehr von ihm gehört. Aber der zweite Sohn Leon ist ein einfacher, ordentlicher Mensch. Ich glaube, wir sorgen gut für dich, wenn wir dich ihm zur Frau geben."*

„Ja, Vater, wenn ihr es für richtig haltet."

Die Hochzeit fand ohne Gepränge statt. Nach einem Jahr kam das erste Kind, Marusja, zur Welt. Nach zwei Jahren kam Katjuscha. Und nun folgten sich in knappem Abstand von eins bis zwei Jahren die weiteren Schwangerschaften. Leon Moisewitsch war gut zu seiner Frau: Er führte das Geschäft des Schwiegervaters weiter, vergrößerte es, fuhr zweimal des Jahres auf die Messe nach Charkow, verstand es auch, die Mühle zu führen.

In seinen Abendstunden war aber für ihn die größte Freude, ein Buch nach dem andern aus der Bibliothek seines Schwiegervaters zu lesen, dass es anfangs schien, als ob er weniger durch die Mühle und den kleinen Besitz zur Ehe veranlasst worden sei als durch seine Wissbegierde und seine Liebe zu den Büchern. So gut er zu seiner Frau war, an diesem geistigen Genuss ließ er sie anscheinend nicht teilhaben oder verstand es nicht, sie teilhaben zu lassen.

Stumpf ging Ewgenja an diesen Büchern nicht vorbei. Sie hatte ein Verlangen, mehr zu wissen von dem, was anfing, das so lange verschlafene Russland zu bewegen und was in diesen Büchern lebendig wird. Aber merkwürdigerweise hatte der Vater, der sonst Bildung liebte, keine Zeit gefunden, sie russisch zu lehren. Er hatte sich damit begnügt, dass sie hebräische Gebetbücher las und jiddische Briefe mit hebräischen Buchstaben schreiben konnte. Erst mit 60 Jahren war es ihr beschieden, diesen Wunsch in Erfüllung zu bringen. Ihre Tochter Katjuscha wurde ihre Lehrerin und die Mutter wurde Katjuschas beste Schülerin. Die 60jährige lernte mit jugendlichem Eifer russisch, um ihren Enkelkindern schreiben und mit ihnen lesen zu können.

Und nun – Wendung des Schicksals – ist ihre Lieblingsenkelin Raitschka, die russisch wirklich beherrscht, nahezu 60 und wird mit ihren eigenen Enkelkindern mit jugendlichem Eifer beginnen müssen, hebräisch zu lernen.

Im Lauf der Jahre erwarb sich Ewgenja Moisewna einen untrüglich klaren Blick für die Menschen und die Dinge. Nicht nur, dass sie Kinder und Haushalt betreute, sie überschaute auch die Notwendigkeiten des Geschäfts sicherer und rascher als der etwas verträumte und in sich gekehrte Mann. Sie konnte es manchmal nicht verstehen, wie der Mann in Ruhe ihr die Fülle der Arbeit überließ und sich an seine Bücher zurückziehen konnte. Aber es gab und sie veranlasste darüber keinen Streit.

Kindersegen ist ein arbeitsbeladener, mühsamer Segen, aber ein Segen. Bäuerliche Tätigkeit fiel nicht schwer und erlaubte kein Nachdenken. Die bäuerliche Umgebung wurde ihr ebenso Lebensinhalt wie die eigene Familie. Zur Linderung dieser bäuerlichen Nöte war sie Tag und Nacht bereit. Tschernowgorowka war weitab von Arzt und Hebamme. Kam der Bauer und bat Ewgenja Moisewna, mit ihm zu seinem Weib zu gehen, sei es im tief verschneiten Winter oder in der sommerlichen Hitze, in die dürftige Behausung oder hinaus aufs Feld, wo die Bäuerin bis zum letzten Augenblick schuftete wie die Kuh, die in den Pflug eingespannt ist, so wusch sich Ewgenja die Hände, gab den Töchtern die Anweisung für den Haushalt, nahm aus altem Linnen gezupfte und in Karbolwasser getränkte Charpie – Watte gab es noch nicht –, die sie stets vorrätig in ihrer kleinen Hausapotheke hielt und begleitete den Bauern.

Aber es kamen die Leute auch einfach, um sich Rat zu holen. Durch ihre Hilfsbereitschaft, ihre Unerschrockenheit vor dem Alltag, ihr Verständnis für diese noch kaum an Freiheit gewohnten früheren Leibeigenen, verschaffte sie sich die allgemeine Achtung. Es war kein Einzelfall, wenn die Moisewna zur Schlichtung von Familienstreitigkeiten, die in ein bäuerliches Drama auszuarten drohten, zu Hilfe geholt wurde.

Unvergesslich blieb es ihrer Tochter Katjuscha, wie die Mutter ihr die Küchenschürze zuwarf und fast im Laufschritt mit dem Kind des Nachbarn Wassily an der Hand davon lief. Sie stand im niedrigen Eingang, als der Bauer mit erhobener Hand gerade auf die im Wochenbett liegende Anjuta losgehen wollte. Der Mann erstarrte, als er die Moisewna vor sich stehen sah. Sie packte ihn am Arm. *„Wassily"*, sagte sie ruhig, *„wieder deine Unbändigkeit! Bist du denn nüchtern? Willst dich an deinem Weib vergreifen, drei Tage nach der Geburt und blutet noch! Geh raus, sonst übertret ich nimmer die Schwelle deines Hauses!"*

„Moisewna", beschwichtigte die Bäuerin, *„sei gnädig zu meinem Wassily, so ist seine Natur."* Der Mann packte seine Mütze, zupfte an

seinem Bart und meinte für sich: *„Nu, d e r Frau muss man folgen.“* Er hatte nicht einmal gewagt, *„tfu“* zu sagen und auszuspucken und war schon draußen.

Ewgenja Moisewna ordnete das Bett der Wöchnerin, gab ihr zu trinken, schaute sich nach dem Säugling um, während die Bäuerin sich bekreuzigte. Sie wagte nicht über der Moisewna das Kreuz zu schlagen, um auf diese Weise ihren rechtgläubigen Dank auszudrücken. Ein paar Tage später kam Wassily in den Laden. Als er Moisewna erblickte, lachte er übers ganze Gesicht, das heute vom Schnaps gerötet war: *„Nu, nu, Moisewna, du hast mir doch einen Schreck eingejagt! Du willst nicht mehr über die Schwelle meines Hauses treten! Hm! Was soll ich denn ohne dich bei der Frau und den vielen Kindern anfangen!“*

Ein Gegensatz zu ihrem Manne, Leon Moisewitsch, brach für Ewgenja auf, als die Knaben größer wurden und die Frage sich erhob, was sollen die Kinder lernen? Was gibt man ihnen in diesem engen dörflichen Leben? Sie waren Juden, aber es war kein tief religiöses Leben, selbst nicht bei dem Großvater Sankt Piter, dem seine russischen Bücher so nahe standen wie die Heilige Schrift.

Am liebsten hätte Ewgenja Moisewna ihre beiden ältesten Söhne Abraham und Isaak nach Charkow aufs Gymnasium geschickt. Dieses Streben nach Kenntnissen, nach Bereicherung seines Wissens, dem jüdischen Volke immer zu eigen, war aber für die damalige russische Generation charakteristisch, wo man dem erwachsenen Volke Kenntnisse bringen wollte, wo man „ins Volk“ gehen musste, wie die Losung lautete. Für den Juden aber bedeutete Studium Freizügigkeit, nicht die enge Begrenzung als kleiner Kaufmann oder Pächter einer Schnapsschenke im Ansiedlungsrayon, und nicht die ungeheuerliche steuerliche Schröpfung, wenn man als Kaufmann einigermaßen frei atmen wollte.

Die Bitte von Ewgenja, Leon möge die beiden Söhne auf seiner Reise nach Charkow dorthin ins Gymnasial-Internat geben, wurde zurückgewiesen: *„Sie sollen im Geschäft helfen!“* Dieses Nein hinzunehmen, war für die Frau schwerer als eine persönliche Entbehrung. Doch sie wollte keinen Streit. Die Kinder durften nicht in einer durch die Eltern verursachten feindlichen Luft aufwachsen. Sie sorgte auch dafür, dass die Geschwister untereinander hilfsbereit waren und zueinander hielten.

Was die Schulbildung ihrer beiden ältesten Töchter Marusja und Katja anbetraf, so gab es keine Konflikte. Den ersten Lese- und Schreibunterricht erhielten sie von Großvater. Katjuscha erzählte ihren Kindern gerne von diesem Unterricht, wie geheimnisvoll ihnen die Buchstaben erschienen. Es war gegen Abend, im Winter. Kerzen waren zu teuer. Man brannte Kienspan. Katjuscha saß neben

Die Agrarbank und Moskauer Kaufmannsbank in Charkow auf einer Feldpostkarte der deutschen Bugarmee aus dem Ersten Weltkrieg.

dem Großvater und lernte Lesen. Marusja schrieb bereits ganze Seiten ab. Als Katjuscha schon Silben und ganze Worte lesen konnte, marschierte der Großvater, taktmäßig mit jeder Silbe von einer Ecke des großen Zimmers in die andere. Wenn sie dann ans Rechnen kamen, ließ er sich erzählen, wie viele Säcke Mehl sie heute in der Mühle gesehen habe, wie viele noch angefahren wurden und wie viel sie dann zusammen sah. *„Und wenn in der Mühle nur zwei Säcke waren?“* Da lachte Katjuscha: nur zwei Säcke hat sie in der Mühle nie gesehen. Aber der Großvater fuhr fort: *„Nun, da waren in der Mühle vielleicht nur zwei Säcke, und einen Sack hat man dem Wassily gegeben für seine sieben Kinder. Was ist dann der Katjuscha geblieben?“*

Aber am schönsten war es, wenn es einen Teller voll gerösteter Maiskörner gab und das Kind zwischen dem Knabbern das kleine Einmaleins lernte, denn sie durfte sie unter die Geschwister teilen, und wenn sie damit fertig war, wurden noch die Nachbarkinder geholt, bis alles aufging – oder: *„Wie viel bleibt übrig?“*

Der Großvater war es, der eines Tages erklärte, es sei Zeit, einen Hauslehrer zu nehmen, *„aber nur keinen Melamed[6]“* und sich einem jüngeren Menschen aus Charkow verschrieb, der einmal die Jeschiwa[7] besucht, aber dann das Gymnasium beendet hatte. Er unterrichtete die beiden Mädchen und späterhin die älteren Knaben und wurde wie ein Sohn im Hause behandelt. Er lernte mit den Kindern die Gebete, unterrichtete aber im Wesentlichen russische Sprache, lehrte sie Rechnen, Geschichte und Geographie. Als dann die Jun-

6 Jüdischer religiöser Lehrer.
7 Jüdische Hochschule.

91

gens bis zur ungefähren Sekundarreife vorbereitete waren, erklärte Ewgenja ihrem Mann, dass die Knaben bis jetzt im Geschäft geholfen hätten und es genüge, wenn Abraham beim Vater bleibe. Auch die Bauernsöhne gingen in die Stadt. Leon sei verpflichtet, wenigstens den zweiten und den dritten nach Jekaterinoslaw[8] zu schicken. Dort wurde ein Technikum errichtet, und da sich bei ihnen eine zeichnerische Neigung und Begabung herausgestellt hatte, sollten sie dort ihre Ausbildung als technische Zeichner erhalten. Das aufblühende Industriegebiet hatte danach Bedarf. Der Großvater trat seiner Tochter energisch zur Seite und so gab Leon Moisewitsch endlich seine Zustimmung.

Marusja

Als Gregor Kononowitsch kam, war Marusja gerade zu Besuch in Tschernowgorowka. Sie hatte vor kurzem geheiratet. Sie wollte unter keinen Umständen einen jüdischen Bauern oder Kaufmann heiraten. Am liebsten hätte sie studiert und wäre eine Revolutionärin geworden. Ob sie allerdings eine Revolutionärin zuinnerst war oder nur ein bisschen spielen wollte, war ihr nicht klar. Jedenfalls ging es ihr sehr tief nach, als Paraskowja Aronowna, die Kusine von Grischa, die in Petersburg als Hebamme studierte und die sie sehr gut kannte, erzählte: In der Nacht nach dem Attentat auf Alexander II. am ersten März 1881, wurde sie geweckt und gefragt, ob sie Platz für eine durchreisende Studentin hätte? *„Es war dunkel"*, erzählte Paraskowja ihr, der Gast nannte keinen Namen, ließ kein Licht anzünden, fragte nur, woher sie, Paraskowja, käme. Als sie zur Antwort gab: *„Aus Rostow"*, sagte sie: *„Ach, da sind Sie eine Juschanizka – eine Südländerin."*

Das Datum und das Geheimnisvolle machten es wahrscheinlich oder sicher, dass der Besuch die Perowskaja war, die Generalstochter, die zusammen mit dem Studenten Scheljabow das Attentat verübte. Die russische Jugend vergötterte den Namen der Perowskaja, er wurde der Inbegriff der Selbstaufopferung fürs Volks, des Heldentums und der politischen Romantik, so dass die Vorstellung, dass die Perowskaja bei ihr, Paraskowja Aronowna, übernachtete und eine Frage und ein Wort an sie richtete, auf sie selbst einen Abglanz warf und eine Marusja bewundernd zu ihr aufblicken ließ.

Lag es im Rahmen des Revolutionären, dass sie keinen Kaufmann heiraten wollte und dass ihre Wahl auf den ersten und einzigen jüdischen Lokomotivführer, Viktor Zapp aus Bjelgorod fiel? Sein Vater war auch Kantonistensohn, hatte demzufolge Freizügigkeit und konnte in dem judenfreien Bjelgorod das große Kreidewerk kaufen.

8 Heute Dnepropetrowsk am Dnepr.

Viktor, sein ältester Sohn, hatte kein Interesse für das Werk. Lokomotivführer sein, das zog schon die Jungen leidenschaftlich an. Es wurden damals die großen Bahnlinien in Russland gebaut. Eisenbahn bedeutete Kulturfortschritt, bedeutete letzte technische Errungenschaft, Überwindung des Raumes. Lokomotivführer damals entspricht heute dem Pilot, dem U-Boot-Führer, ist Verkörperung von Mut und Männlichkeit. Auch so mag es sich erklären, dass Marusja aus dem üblichen Berufsfamilienmilieu eines jüdischen Heimes in die Wohnung eines Lokomotivführeres an einer kleinen Station in die Nähe von Lugansk zog. War das Leben auch bescheiden, musste sie doch keine Kühe mehr melken, musste nicht mehr am Ladentisch stehen. Ein Hausmädchen konnte sie sich immerhin leisten und fand Zeit, recht viele Romane zu lesen. Aber es war doch ein enges Dasein unter diesen kleinen russischen Beamten, und so kam Marusja recht oft nach Hause zu den Eltern, wo es trotz vieler Arbeit und vieler Kinder stets heiter und angeregt zuging.

Nach Jahren, als die Lokomotive doch nur eine Lokomotive blieb, die Geleise mehr als eingefahren waren, das Gehalt auf dem Gehalt eines Lokomotivführers beharrte, Bahnstation den Schimmer verlor, Kinder kamen, die großgezogen werden mussten und sich herausstellte, dass die berühmte Familieneigenschaft der Zapps, gut und reichlich zu essen, sich auch auf die Kinder vererbte, da wurden für Marusja und ihren Mann kaufmännischer Verdienst und Einkommen Ziel und Streben einer neuen Romantik, und sie kehrten reuig in die einst verschmähte jüdische Berufswelt zurück.

Marusja erkundigte sich bei Grischa sofort ausführlich und lebhaft nach seiner Cousine Paraskowja Aronowna, wie es ihr geht, was sie treibt, ob sie sich intensiv revolutionär betätigt und Grischa gab, so weit er konnte und von den Dingen wusste – es war nicht allzuviel – Bescheid. Auf einmal war es ihm aber, als ob ihn jemand blass aus weiter Ferne Belangloses gefragt hätte, als ob jemand blass aus weiter Ferne Leeres geantwortet hätte, denn auf einmal kam herein: die jüngere Tochter. Die Augen der beiden jungen Menschen trafen sich, und – so wird erzählt – die schönen grauen Augen Grischas verdunkelten sich, Katjuschas goldbraune Augen erstrahlten.

Katjuscha

Schon als kleines Kind war sie der ausgesprochene Liebling des Großvaters, und abgesehen von einem sehr ernsten Zerwürfnis mit der Vierjährigen wurde die Liebe nicht getrübt. Das war aber Folgendes: Obwohl nicht naschhaft und im Essen nicht launisch, mochte sie keine gekochten Zwiebel. Aber dieses Mal verstand der Großvater keinen Spaß: *„Du musst!“* – *„Ich mag nicht, ich esse nicht!“*

93

Da hat der Großvater den Knecht gerufen: „*Nimm die Katjuscha! Sie soll mit dem Pferd zusammen zum Pflügen eingespannt werden!*" Der Knecht machte große Augen. So hat der Großvater noch nie mit seiner Enkelin gesprochen. Man band ihr das rote Kopftüchlein nach russischer Art ums Kinn und stellte sie neben das Pferd. Aber dieses Mal bekam sie nicht die Peitsche in die Hand, um das Pferd zu führen, nein, sie sollte selbst eingespannt werden. Ein Glück, dass rechtzeitig die Großmutter erschien: „*Lass die Katjuscha*", sagte sie zu dem Knecht, „*vielleicht verzeiht noch dieses Mal der Großvater.*" Als das Kind mit gesenktem Haupt wieder neben dem Großvater saß, streichelte es über seine Hand und sagte halb bittend, halb weinend: „*Großvater, die Zwiebel esse ich doch nicht.*" Vor- und nachher waren sie aber gute Freunde.

Kaum konnte sie richtig gehen, ging sie mit ihm Hand in Hand zur Mühle, setzte sich auf die Säcke, bis er mit dem Richten des Rades fertig war, scheute sich nicht, sich unters Wasserrad zu stellen und jauchzend sich bespritzen zu lassen. Als die Brüder heranwuchsen, beteiligte sie sich an allen Bubenspielen, kletterte, schwamm, rodelte, und als sie mit 67 Jahren ihre Enkelkinder in der deutschen Kleinstadt[9] besuchte und der erste Schnee fiel, da erinnerte sie das hügelige Städtchen an ihr Tschernowgorowka. Sie holte den Schlitten heraus, zog ihn den kleinen Berg hinauf und kutschierte, die Enkel auf dem Schoß, mit ihren Beinen rechts-links steuernd lachend herab, bei weitem jeden Altersrekord schlagend und den zahmen Bürgern Schreck einjagend über die Vehemenz bolschewistischer Revolutionäre, wie diese glaubten, es deuten zu müssen.

Von Jugend an hatte sie alle Arbeiten des Feldes und des Hauses gelernt. Sie mähte den Flachs, half beim Walken am Flusse mit, entfaserte ihn, trocknete, sortierte und hängte ihn auf den Speicher und spann ihn im Winter zu Linnen, gemeinsam mit ihrer Lehrmeisterin, der Mutter Ewgenja. Eines Tages brachte Leon seiner Frau aus Charkow die erste Nähmaschine nach Hause. Ohne besondere Anweisung verstand Ewgenja bald, mit ihr umzugehen und zeigte die Handhabung ihren Töchtern, vor allem der interessierten und anstelligen Katjuscha. Sie ließ sich sogar jedes Jahr für einige Wochen eine Schneiderin aus Lugansk kommen, damit die Töchter Nähen und Zuschneiden lernen und sich ihre Aussteuer und Kleider selbst anfertigen konnten. Freude und Begabung zeigte Katjuscha auch zur Handarbeit. Sie beherrschte bald die verschiedensten Stiche, den Durchbruch, das Sticken. Sie verstand, die Muster zu entwerfen und aus einem natürlichen Empfinden heraus die Farben zusammenzustellen. Auf eine Bluse, die sie mit 14 Jahren verfertigt hatte – sie sollte 60 Jahre später ihre Enkelin Jael beglücken – war sie besonders stolz: Das Leinen selbst gewoben, der Zuschnitt mit den

9 Heppenheim an der Bergstraße, der Wohnort von Fritz und Raissa Frank ab 1919.

breiten russischen Ärmeln selbst gemacht, die vielen Rosen selbst gezeichnet und gestickt. Sie trug dazu ein selbst gesticktes Kopfband und hatte bunte Glasperlen um den Hals geschlungen. Wenn sie dann die Gitarre spielte und auf der Fensterbank sitzend mit ihrer dunklen Stimme schelmisch ein Volkslied sang, kein Wunder, dass sich die Bauernburschen nach ihr umdrehten und unversehens eine zweite Stimme den Gesang begleitete. Aber keiner kam ihr zu nahe, der Tochter der Ewgenja Moisewna.

Ewgenja konnte ihre Tochter loben, wenn sie sie mit einer Arbeit zufrieden gestellt hatte: *„Das ist gut, Katjuscha, leg das in den Schrank. Wenn du größer bist, freust du dich, die Sachen wieder zu sehen.“*

Als der Vater einmal mit Katjuscha in Charkow war, kaufte er zwei große Truhen: *„Die eine für Marusja, die andere für dich!“* – *„Vater, du willst mich doch nicht schon verheiraten. Ich bin doch noch so gerne mit dir auf der Messe und höre dem Petruschka zu.“*

Aber sie lachte nicht nur zu dem russischen Kasperle, sondern sie half dem Vater, die Bude aufzuschlagen, half tüchtig beim Verkaufen und wurde mit den Bauern und Bäuerinnen, Juden und Jüdinnen, in froher Laune handelseinig. Die Mutter freute sich sehr mit dem Mitbring der beiden Truhen. Marusja nahm es hin, wenn die Mutter etwas hineinlegte, es schien ihr selbstverständlich zu sein, andererseits war sie erhaben über diese alltäglichen Dinge, nicht zu vergleichen mit einem Buch und seinen modernen Ideen. Katjuscha tat von allein freudig ein schönes Stück hinein, ein Tuch, ein Stück Linnen, eine Handarbeit, rote und schwarze, gelbe und blaue Stickereien.

Die Jahre vergingen. Die Truhen füllten sich mit praktischen und mit schönen Dingen, einzeln und zu Bündeln gepackt, mit farbigen Bändern gebunden, selbstgefertigte Handtücher zum Gebrauch und zum Schmuck, gestickte Tischtücher. Auch die Rosenbluse fand ihren Platz in der Truhe. Wirkliche Stütze wurde Katjuscha der Mutter. Sie teilten zusammen die Arbeit ein. War Ewgenja im Geschäft nötig, versorgte Katjuscha das Haus und die jüngeren Geschwister. War die Mutter bei den Kleinen unabkömmlich und der Kunde rief im Laden, so bediente ihn Katjuscha. Ewgenja Moisewna konnte ihre stundenlange Gänge zu den Bauersfrauen machen, weil sie das Heim in zuverlässigen Händen wusste.

Großvater Moisje Sankt Piter hatte Katjuscha nicht nur lesen und schreiben gelehrt, er lehrte sie auch seine Bücher lieben, die Fabeln von Krylow, die er ihr erzählte, späterhin die Geschichte eines Jägers von Turgenjew [10], mundgerecht für das horchbegierige Kind, bis es selber an die Bücher gehen konnte und gehen durfte, was ja viel mehr bedeutete.

Aber auch der Vater Leon, zwar wenig mitteilsam, der sich aber

10 Aufzeichnungen eines Jägers. Geschichten von Iwan Sergejewitsch Turgenjew, die 1852 in Buchform erschienen.

von frommem Lernen jüdischer Kreise die große Sehnsucht zum Buche bewahrt hatte, duldete es und hatte es gern, wenn Katjuscha, still in ein Buch versenkt, neben ihm saß und wenn er bei einer gelegentlich prüfenden Frage merkte, wie die Gedanken Wurzeln schlugen.

Erste Begegnung

Dem Gast, Gregorij Kononowitsch, reichte Katjuscha ohne Ziererei und Verlegenheit die Hand, die Grischa – eigentlich etwas zu viel für das erste Mal – mit beiden Händen umfasste und drückte. Er wurde nach der langen Fahrt sogleich zu Tische geladen. Katjuscha setzte sich neben den Gast und reichte jeweils seinen Teller der Mutter. Kein Wunder, dass ihm das Mahl mundete. Als dann zum Schluss die Wareniki kamen, eine Nudelteigtasche mit Weißkäse gefüllt, mit Butter und dicker Sahne serviert, die Wareniki, heute besonders sorgfältig zubereitet und die drei Ecken zu besonders zierlichen Öhrchen gedreht, und ihm abwechseln von der Mutter und von Katjuscha auf den Teller gelegt wurden – kein „genug!" wurde gelten gelassen – da lachte Grischas Gesicht: Ja, so etwas Gutes hat er sich immer gewünscht.

Nach Tisch, die Töchter räumten flugs ab, setzte man sich auf die Bank vors Haus. Doch Mutter und Marusja rief bald die Küche und den Vater ein Kunde. Plötzlich waren Grischa und Katjuscha allein. Merkwürdig, Grischa, sonst ein bisschen unsicher im Umgang mit jungen Mädchen – später sollte sich das verlieren – sprach jetzt von seiner Übersiedlung nach Bjelaia Glina, dem fruchtbaren Boden, den tageweiten Kornfeldern, dem grenzenlosen Himmel. Es war auf einmal, als ob es kein schöneres Fleckchen Erde gäbe. Er erzählte von den Menschen, ihrem Leben, den Raskolniki und ihrer Geschichte, von seinem Geschäft und der Wohnung und der lebensklugen Frau Schikaroff und ihren vernünftigen Ansichten. Warum kam wohl dabei ein Lächeln in seine Züge, das Katjuscha, angesteckt, genauso unmotiviert erwiderte? Sie hatten sich schon längst erhoben und wanderten auf den nahen Hügel. Katjuscha hatte nicht viel gesprochen, selten nur eine kleine Frage dazwischen geworfen. Von seiner Jugend sprach er schließlich, von seinen Anfängen, von dem Abenteuer beim General, von der Generalin und der Rose.

„Jekatarina Leontowna, betrachten Sie das bitte nicht als Aufdringlichkeit, aber Sie haben auf mich einen tiefen Eindruck gemacht. Ich weiß, ich darf noch nicht hoffen, aber – vielleicht werden Sie mich verstehen – wenn Sie gestatten, bin ich in einer Woche wieder da."

Pjotr, der 40jährige Knecht, das wusste niemand, lag die ganze Zeit hinter dem Hügel. Schon während des Essens fiel ihm auf, wie

96

lange die Tafel dauerte und wie fröhlich es zuging. Ganz anders als sonst, was schon öfter der Fall war, wenn jemand kam, der nicht nach Katjuschas Herz war. Wenn dann die Pferde des mutmaßlichen Freiers eingespannt vor dem Tor standen, genügte ihm ein Blick auf seine Katjuscha, um zu wissen, woran er hielt, und er warf mit Lust den bereitgestellten Kürbis, Zeichen des Abgeblitztseins, in das abrollende Gefährt. Hernach wandte er sich befriedigt und bedächtig mit seinem breiten Bauernschritt an seine andere Arbeit.

Trauer schlich sich in das Herz von Pjotr. Dieses Mal scheint es keine Arbeit für ihn zu geben. So bei Sonnenuntergang mit einem jungen Manne dazustehen, das machen die Mädels vom Dorf, wenn sie nachher Arm in Arm mit ihrem Burschen heimkehren. Pjotr ahnte, vielleicht muss er bald ein anderes Fuhrwerk einspannen, eines, das die große schöne Truhe, von Ewgenja Moisewna schon fast bis obenhin gefüllt, an die Bahn zu bringen hat. Als gegen zehn Uhr abends Grischa in den Stall gehen wollte, das Pferd einzuspannen, stand der kleine Scharaban[11] bereits vor der Tür. Pjotr daneben schaute Grischa nicht feindselig an und zerknitterte verlegen die Mütze. Grischa warf ihm einen Rubel hinein und fuhr ab, von der ganzen Familie herzlich verabschiedet.

Sonst pflegte Pjotr zu zwinkern: *„Nicht wahr, Katjuscha, das ist nicht der Rechte? Er hat was im Wagen."* – *„Heute hat sich Pjotr nicht mit mir beraten"*, lachte Katjuscha und sprang leicht die Treppe hinauf. Sollte Ewgenja der Tochter nachgehen, gute Nacht sagen – oder sie lieber alleine lassen? *„Er ist auch ein Waisenkind"*, sagte Ewgenja Moisewna. *„Unsere Katjuscha wird mir fehlen"*, erwiderte Leon Moisewitsch.

An einem Frühlingsmorgen, es war genau eine Woche vergangen – Leon Moisewitsch hatte die notwendigen Erkundigungen eingezogen, die alle gleich günstig lauteten – da klopfte es und der Vater kam mit Gregorij Kononowitsch. *„Nun, Katjuscha, Gregor Kononowitsch kommt, um dein Jawort zu holen."*

Grischa stand vor ihr, den Hut in der Linken und hielt ihr die Rechte zögernd entgegen. Wortlos, zum großen Erstaunen des Vaters, umarmte sie Grischa und küsste ihn. Die beiden jungen Menschen lachten, und Hand in Hand gingen sie zur Mutter. Ewgenja Moisewna schaute sie an, fasste Grischas Haupt zwischen ihre Hände zum Kuss und sagte: *„Grischa, geh und hilf mal Katjuscha und deckt den Tisch drunten im Garten unter dem Kirschbaum. Katjuscha hat ihn gepflanzt."*

Man verbrachte den Tag im Freien unter dem schönen blauen Himmel. Zum Tee, am Nachmittag, bot die Ukraine ihre Köstlichkeiten aus den großen schwarzen Kirschen, den gelben Stachelbeeren, dem frisch geschleuderten Honig, der selbst gestoßenen Butter,

11 Zweirädrige Kutsche.

97

den frisch gebackenen, frisch gerösteten Brotscheiben. Aber was auch immer geboten wurde, die Liebe ging nicht durch den Magen, heute ging der Magen durch die Liebe. Es war nicht die Stimmung einer feierlichen Verlobung, sondern die Herzlichkeit und Wärme eines längst vertrauten Besuches. Nach dem Tee gingen die Beiden Arm in Arm – auch hier wie längst vertraut, den Fluss entlang zur Mühle. Unter einer Akazie mit ihren weißblühenden Dolden setzten sie sich ins Gras. Dieses Mal war es Katjuscha, die erzählte: Vom Großvater Sankt Piter, der schon längst verstorben war, von der Mühle, von seinem Unterricht und seinen Büchern, deren Pflege der Vater übernommen hatte. Von der Mutter Ewgenja sprach sie, ihrem Sein, ihrem Tun, ihrem Wirken. Daraus erstrahlte so viel Wärme, so viel Liebe, dass Grischa Katjuscha an sich zog und ihr ins Ohr flüsterte: *„Eine nette junge Frau: …“*. Heute durfte er ihr erklären, was er vor acht Tagen noch nicht wagte, worin die Vernünftigkeit und die Lebensklugheit der Frau Schikaroff bestand und was es für eine Bewandtnis hatte mit der Rose und der Frau des Generals. *„Auf unserer Hochzeitsreise müssen wir sie besuchen.“*

Das Wort Hochzeitsreise war ein verhängnisvolles Wort. Es überfiel Grischa, dass er Katjuscha umschlang und sie heiß auf den Mund küsste. Wie es bei solchen ersten Liebesküssen ist, sie verlangen dauernde Wiederholung, und wenn du glaubst, dieser ist der Inbegriff alles Süßen, der nächste hat ihn vergessen sein lassen, und wenn du glaubst, dieser erschöpft deine Liebe, der nächste zeigt, dass überhaupt noch kein Anfang war.

Eine nette junge Frau? Grischa hielt plötzlich inne in seiner Leidenschaft und betrachtete Katjuscha mit ruhigen Augen: *„Du bist mehr, Katjuscha. Du wirst mir viel mehr sein, Katjuscha.“*

Auf dem Nachhauseweg gingen sie die Dorfstraße entlang. Sie sahen sich plötzlich von den Bauersfrauen umringt, welche Grischa und Katjuscha die Hand drückten: *„Gott segne dich, Katjuscha. Möge die Heilige Mutter Gottes dir so viel Glück bringen, wie Ewgenja Moisewna uns allen Gutes getan hat.“*

Am Abend besprachen die Eltern mit Beiden das Materielle. Jede Tochter bekam ihre Aussteuer und eine Mitgift von 1000 Rubel, von denen in erster Linie die Wohnungseinrichtung bestritten werden sollte. Katjuscha war für Grischa nichts, über das man in Rubeln rechnet oder rechtet. Er nannte die 500 Rubel seines Vermögens, die als Geschäftsbeteiligung arbeiteten, berichtete über die wirtschaftlichen Aussichten, das Leben und die Menschen in Bjelaia Glina, wie sie wirklich waren.

„Ich hoffe, es wird meiner Katjuscha nicht zu schwer fallen.“ – *„Sie kann sich mit anderen Leuten verstehen,“* sagte die Mutter.

Grischa, durch Katjuschas Gegenwart beschwingt, entwarf ein

vielversprechendes Zukunftsbild. *„Wir wollen über unser Leben noch keinen festen Plan machen"*, sagte Katjuscha. *„Wir werden schon für uns einstehen."*

Die Hochzeit sollte in sechs Wochen im Juni stattfinden. Im Mai erkrankte Katjuscha an schwerem Typhus, so dass die Hochzeit auf Ende Juli verschoben werden musste. Es war eine schlichte Trauung. Katjuscha hatte sich noch nicht völlig erholt und Grischa gewährte seiner Frau noch zwei Monate bei der Mutter – sehnsuchtsvoll lange Monate. Ewgenja Moisewna vergaß das ihrem Schwiegersohn nie.

Die Neuvermählten machten, entgegen der üblichen Gewohnheiten, nur wenig Besuche.

Man fuhr nach Iwanowka zu Onkel Isaak Josefowitsch, den eigentlichen Stifter der Ehe, besuchte einige Nachbarn. Dann aber beschloss Grischa, auf das Gut des Generals zu fahren, der seit dem ersten Zusammentreffen ihm ein steigendes Wohlwollen entgegenbrachte. Das Gut war eine Tagesreise entfernt. Pjotr stand schon seit dem frühen Morgen im Stall, striegelte die Pferde, putzte das Glockengeschirr blank, zog sich eine schön gestickte Bluse an, nahm seine neue Schildmütze, setzte sich gewichtig auf den Bock und schnalzte die Pferde in kräftigen Trab.

Der Hausmeister war ein wenig erstaunt, als er den einfachen Wagen sah. Die Ankömmlinge schienen nicht zu den nachbarlichen Gutsherrschaften zu gehören. Reisenden Kaufleuten oder emporgekommenen Kleinbürgern glichen sie ebenfalls nicht. Mit gefälligem Kennerblick musterte er Pferd und Kutscher. Seine Exzellenz waren gerade verreist.

Gregorij Kononowitsch Itin mit seiner jungen Frau ließ sich bei der Generalin melden.

„Ihre Exzellenz lassen bitten." Sie empfing das junge Paar inmitten einer Fülle von Teerosen. Sie reichte beiden huldvoll die Hand, musterte mit raschem Blick die junge Frau, die nach der Krankheit zart und reizvoll aussah mit ihren kastanienbraunen Locken, die ihr über die Schultern fielen. Die schweren Zöpfe waren dem Typhus zum Opfer gefallen. Sie bot freundlich Platz an. Der Samowar stand auf dem Tisch. Der Diener wurde entlassen. Es machte der Generalin Freude, selbst ihre Gäste zu bedienen.

„Es ist schön von Ihnen, Gregorij Kononowitsch, dass Sie Ihr Versprechen einhalten. Es müssen doch fast zehn Jahre sein." – *„Es sind genau zehn Jahre, Eure Exzellenz."*

„Ich glaube, ich sprach damals von der schönsten Rose. Auch dieses Versprechen scheinen Sie eingehalten zu haben", sagte sie mit freundlichem Seitenblick. – *„Ich tat mein Bestes, um dem Befehl zu gehorchen."* Ach, wie konnte Katjuscha erröten!

„Es ist doch schön, jung zu sein. Sie sind aus Tschernowgorowka?“, wandte sie sich an Katjuscha. „Ich kenne das Dorf. Es gehörte einst meinem Onkel. Er war ein junger Hauptmann in Petersburg, hatte Schulden gemacht und den ganzen Besitz mitsamt den Leibeigenen in einer Nacht verspielt.“ Es trat eine Stille ein.

Diese Pawlenkos – das war ihr Familienname – waren Menschen mit Wallungen, unbeherrschte Naturen. Auch ihr Vater war kein guter Haushalter. Man hatte es in ihrer Familie als Glück betrachtet, dass sie kaum nach Absolvierung des Instituts den wesentlich älteren und vermögenden General heiraten durfte. Vielleicht wäre sie sonst zu ihren reichen Verwandten nach Petersburg gekommen, vielleicht hätte sie sich sogar den modernen Ideen angeschlossen. Man durfte zwar nicht wagen, den Namen der Perowskaja im Hause ihrer Eltern auszusprechen, aber es gab keinen Ort in Russland, wo er nicht zumindestens geflüstert wurde.

„Ich glaube, die junge Frau wird an Ihnen einen zuverlässigen Freund und einen lieben Menschen finden“, unterbrach sie die Stille. „Es ist nicht leicht, mit seiner Exzellenz auszukommen“, wandte sie sich an Katjuscha. „Aber von Ihrem Mann hat er die Überzeugung gewonnen, er kann nichts Unrechtes tun. Ich hoffe, so bleibt es auch in der Ehe. Aber –“, bemerkte sie plötzlich, „ich habe ja kein Hochzeitsgeschenk für Sie. Sie haben mich überrascht. Nehmen Sie das wenigstens zum Andenken.“ Sie hob ihre gepflegte Hand, löste aus ihrer Spitzenmanschette zwei goldgefasste Türkise und gab sie der jungen Frau: „Tragen Sie sie und denken Sie öfters an mich.“

Katjuscha wusste kaum, wie sich zu bedanken. Irgend eine Traurigkeit lag über der Szene.

Katjuscha erhob sich, verneigte sich tief und küsste in einheimischer Weise ehrfürchtig die Hand. „Seien Sie glücklich, meine Lieben.“ Es war wohl ein Abschied. Der Hausmeister führte sie an den Wagen zurück voller Höflichkeit und Wohlwollen. Pjotr straffte die Zügel. „Vorwärts, meine Täubchen!“ Das Geläut fuhr mit der sinnend nachdenklichen Katjuscha und Grischa durch das weite Korn.

Bjelaia Glina

Im August 1885 holte Grischa seine Frau nach Bjelaia Glina. Mit der Bahn fuhren sie nach Rostow, mit herzlichen Segenswünschen von der Mutter Anna Lasarowna und Onkel Aaron begrüßt. Dann ging es weiter mit dem Pferdegespann nach Bjelaia Glina. Es war ein weites, flaches Steppenland, kaum von kleinen Siedlungen und Gärten unterbrochen. Die Felder waren schon abgemäht. Nur der Mais stand noch teilweise, der als Viehfutter und dessen Kolben als Brennmaterial benutzt wurden.

Katjuscha freute sich, diese Weite zu sehen, einen Himmel ohne Ende. Sie machten kurze Rast. Grischa griff in die Erde, ließ sie durch die Finger rieseln: *„Riechst du die Erde? Spürst du den Duft? Es ist nicht Berg und Tal und Wald und Fluss wie in deiner Ukraine, aber schau, wie reich das Land, wie schön für den Bauer zu bearbeiten. Er muss nicht den Gutsbesitzer um jede Desitine[12], in die er seinen Fleiß versenkt, anbetteln. Die Regierung hat dem Bauer ein gutes Stück Land geschenkt, um ihn hierher zu locken. Weiteren Boden kann er sich dazukaufen, 50 Kopeken die Desitine. "*

„Wie kommst du mit dem Bauer zustande? " fragte Katjuscha.

„Ich behandle ihn ehrlich", erwiderte Grischa. *„Der Bauer ist misstrauisch. Er ist mit Vieh und Frucht auf den Händler angewiesen und fürchtet bei jedem Handel, übers Ohr gehauen zu werden, wird es auch vielfach. Er ist der Gerissenheit, dem Wortschwall der Griechen, Armenier, ja selbst unserer Russen kaum gewachsen, wird mürbe gemacht, im Gewicht betrogen. Nur wenige Bauern, Kosaken, oder gar mein guter Bekannter Masajeff, den wir noch besuchen werden, sind der Gerissenheit gewachsen, wissen sie gar zu übertrumpfen. Wenn ich als erster Jude hierher komme, will ich für sie nicht nur Gregorij Kononowitsch sein, ich bin für sie und will es auch sein, der Jude. Ich lasse mich nicht von ihnen betrügen und betrüge sie nicht, nicht in Ware, nicht im Preis, nicht im Gewicht. Ich verlange gute Ware und zahle für gute Ware. Schlechte Ware, daran haben sie sich schon gewöhnt, wollen sie mir schon gar nicht mehr aufschwatzen. "*

„Hoffentlich haben die Menschen ein Empfinden für deine saubere Art, Grischa" – *„Ich denke. Aber schließlich, ich arbeite ja nicht für sie, sondern für mich und von jetzt ab, Katjuscha, für dich",* – und er wandte sich um, ob in der menschenleeren Steppe kein fremdes Auge den heimlichen Kuss wahrnahm – *„und den guten Namen der Kinder. "* – *„Unseres ersten Kindes",* lächelte Katjuscha. – *„Aller, Katjuscha. "*

Den einzigen längeren Halt machte man bei Masajeff, dem Haupt

12 Altes russisches Flächenmaß, ca. 1 ha.

einer Siedlung der Malekaner, mit dem Grischa in geschäftlicher Beziehung stand. Die Bezeichnung Malekaner stammt vielleicht von dem Krimflüsschen Malokko, vielleicht aber auch von Malkake, denn sie sind Vegetarier. Da ihre religiösen Gebräuche von denen der rechtgläubigen Kirche abweichen – sie lassen die Taufe erst mit 15 Jahren vornehmen, sie beschränken sich nicht auf die Einehe – so werden sie im Innern Russlands nicht geduldet oder werden gar verfolgt, im Kolonisierungsgebiet aber, als fleißiger Bauernschlag, unbehelligt gelassen. Das ganze Dorf ist eine große Hausgemeinschaft. Masajeff selbst hatte 12 Kinder, aber gar manches andere Dorfkind trug sehr verwandtschaftliche Züge mit dem Haupt der Sekte, was das ganze Dorf als gottgegeben hinnahm, nicht jedoch Maria Iwanowna, die Hausfrau, so dass heftige Szenen gang und gäbe waren, an die sich aber alle Beteiligten mit der Zeit gewöhnten.

Masajeff hatte ein Anwesen von 1000 Desitinen, eigenen Wald, großen Viehbestand, 5000 Schafe mit einem eigenen australischen Züchter. *„Gutes Kommen, Gregorij Kononowitsch!"* begrüßte Masajeff das Paar. *„Wir haben schon viel von Ihnen gehört, Jekatarina Leontowna. Gregor Kononowitsch ist unser guter Berater. Sie werden an ihm eine gute Stütze haben. Aber du, Grischa"* – Masajeff betrachtete wohlgefällig die Frau – *„du hast fürwahr auch keinen schlechten Geschmack."*

Inzwischen ließ bereits Maria Iwanowna, mit weißer Haut und einem Teint, gepflegt mit den Schönheitsmitteln des Orients, mit breiten Armen, in weißer Bluse, mit blonden dicken Zöpfen und großer, kräftiger Fülle der ganzen Statur, auftischen: Frische Blunschki-Omelette mit Weißkäse gefüllt, mit Butter ausgelegt, dicken Rahm, der aus einem Kübel mit Suppenlöffeln geschöpft wurde und das köstliche Mus von Himbeeren und Erdbeeren. Man darf sich diese Vegetarier nicht als ausgemergelte Gestalten vorstellen.

Mit heiterem Gesicht konnte Maria Iwanowna die Teller füllen. Mochte auch Masajeff mit breiter Hand sein Gesicht streichen und den Bart nach beiden Seiten ausziehen: dieser Katjuscha, das fühlte sie, war ihr Alexander Pjotrowitsch Masajeff nicht gefährlich.

Heute erlebte Jekatarina Leontowna nur den herzlichen Empfang dank der Anerkennung, die dem Wesen Grischas gezollt wurde. Nach Jahren sollte sich in diesem anscheinend sorglosen reichen Bauernkreis eines der schwersten Geschehen abspielen, weil der Vater, sein Gut an andere Bindungen verschwendend, die Eifersucht der Frau und den Hass der Kinder steigerte, bis er vom eigenen Sohn getötet wurde.

Man hatte vor der Dunkelheit in Bjelaia Glina zu sein. Die Hausbesitzerin Frau Schikaroff hatte die Wohnung sauber und hübsch hergerichtet. Sie empfing das junge Paar mit Brot und Salz auf schön geschnitztem Teller, über den ein besticktes Handtuch gebreitet war. *„Guten Eintritt!"* Als die junge Frau die Küche betrat, wurde sie von einem *„Willkommen, Barina!"* von Naschinka, dem Hausmädchen, das die Schikaroff besorgte hatte, begrüßt. Katjuscha, von Tschernowgorowka aus nicht gewohnt, mit Barina – Herrin – angeredet zu werden, reichte Naschinka die Hand. *„Du hast ja tüchtig geschafft, es glänzt ja alles vor Sauberkeit!"* Am prüfenden Blick merkte Naschinka, dass ihre Herrin den Haushalt verstand.

Früh am nächsten Morgen wurde schon die geregelte Arbeit begonnen. Es war nach der Ernte und das Getreide wurde schon eingefahren. Zeitig war Grischa auf, zeitiger war schon Katjuscha auf den Beinen, richtete den Tisch. Als Grischa mit dem Anziehen fertig war, stand das Frühstück bereit. *„Guten Eintritt!"* lachte Katjuscha. Da strahlte das Gesicht des jungen Ehemanns beim Anblick der frischen jungen Frau, beim Anblick des – seines – schön gedeckten Familientisches. Er küsste zuerst die Hände seiner jungen Frau und dann ihre Augen: *„Guten Eintritt, Katjuscha!"*

Nach dem Frühstück begab sich Grischa ins Geschäft. Katjuscha wies Naschinka die Arbeit an, überall mithelfend. Naschinka sah, ihre Herrin war kein verwöhntes Stadtfräulein, bei ihr konnte sie lernen. Nach ein paar Tagen kam die große Truhe. Katjuscha ordnete die Sachen ein. Zum Schluss kamen gestickte Arbeiten, die geliebte Bluse.

„Wer kann so schöne Dinge anfertigen, Barina?" – *„Ich habe meine Aussteuer selbst gemacht."* – *„Gnädige Frau, Jekatarina Leontowna, das hätte ich gar nicht erwartet bei Ihrer Jugend."*

Am Samstagabend sagte Katja: *„Morgen früh gehst du zur Kirche, Naschinka."* Ihre Herrschaft sind Juden, fragte sich Naschinka. Sie hatte noch nie Juden gesehen. Sie hatte ein leises Grauen, das von der Heilandsgeschichte herrührte. Der Erlöser stammt aber doch selber von ihnen ab. Darüber hat sie eigentlich noch gar nicht nachgedacht. Gute Menschen sind ihre Herrschaft sicherlich. Sie bekommt gut zu essen, und als die Frau die Aussteuer einräumte, hat sie ihr ein selbstgesticktes Handtuch geschenkt.

Nach der Rückkehr aus der Kirche fragte Naschinka zögernd, ob ihre Schwägerin sie besuchen dürfe, sie habe das schöne Handtuch gesehen, ob sie die schön gestickten Sachen sehen dürfe? Und es kam nicht nur Matrona, sie brachte die Freundinnen mit, schön angezogen, mit bunten Tüchern, mehrfachen, bestickten Röcken, die Haare von Pomade glänzend und nach wohlriechender Seife duftend. Katjuscha lud sie zu einer Tasse Tee ein, zeigte, was sie sehen wollten und ließ sich von ihren Arbeiten erzählen.

„Im Sommer haben wir keine Zeit, das müssen wir den Männern helfen. Aber im Winter, an den langen Abenden" – und sie zeigten, was sie an

Saratow

Tschernowgorowka

Wolgograd

Don

Wolga

ostow a.D.

Astrachan

Bjelaia Glina

Armavir

Orte (rot), in denen MItglieder
der Familie Itin gelebt und
gearbeitet haben.
Erstellt auf der Grundlage
einer Karte von: http://d-
maps.com/carte.php?num_
car=30397&lang=de

sich trugen. Katjuscha bewunderte es mit Interesse. *„Vielleicht kommt ihr einmal zu mir und wir arbeiten gemeinsam."* Sie kamen. Katjuscha zeigte ihnen neue Muster, lehrte sie den Geschmack entwickeln, sorgfältig bedacht, ihnen alle Freiheit der Wahl zu lassen. In diesen volkstümlichen Mustern und Farben äußerte sich für die Bäuerinnen das Verlangen nach bescheidenem künstlerischem Ausgleich für ihre körperliche Tagesarbeit. Manches Stück glückte nach Katjuschas Anleitung so gut, dass man es in der Stadt verkaufen konnte und dafür ein Tuch oder ein Stück Leinwand einhandelte. Katjuscha selbst erteilte manches Mal einen aufmunternden Auftrag.

Als sie in der Schwangerschaft schon fortgeschritten war, gab sie einer der Frauen ein Stück Leinwand, um eine Decke für die Wickelkommode zu säumen. Nach ein paar Wochen brachte die Bäuerin die Arbeit zurück. *„Jekatarina Leontowna, Sie werden mir es nicht verübeln, aber es war so schön, auf Eurer Leinwand zu sticken. So habe ich mir erlaubt, ein paar Rosen darauf zu tun und zu jeder Rose ein Vögelein und zu jedem Vögelein ein Zweiglein. Und dann hat der Saum nicht dazu gepasst und ich habe noch Durchbruch gemacht und eine Spitze hinzugehäkelt."* Katjuscha bedankte sich und fragte nach den Kosten.

„Ihr werdet mir das doch nicht bezahlen wollen! Das ist doch für Euer Kind das erste Stück. Ihr werdet mich doch nicht beleidigen wollen!" Da musste sofort der Samowar aufgestellt werden. Katjuscha ging an ihre Truhe, holte ein Stück schöne Leinwand hervor und füllte es mit Äpfeln und Süßigkeiten.

An den Wintertagen kamen nun ziemlich regelmäßig Bäuerinnen mit vor Kälte geröteten Backen, die Arme über die Brust zusammenschlagend, den Schnee von den Füßen stampfend und sich bekreuzigend, ob Jekatarina Leontowna gestatte und sie sie nicht störten und ob sie die schönen Sachen betrachten dürften. Und Katjuscha fühlte sich als Tochter von Ewgenja Moisewna, sie zeigte und ließ sich zeigen, sie gab Ratschläge und bald beschränkten sich Frage und Rat nicht nur auf das neue Muster und andere Farben, sondern berührten Haus und Mann und Kinder und Schwiegermutter. Und wenn die Frauen dann weggingen und unter sich waren, schüttelten sie den Kopf: War diese Jekatarina Leontowna vielleicht doch eine der ihrigen, und die Leute erzählten das nur, dass sie nicht in die Kirche geht und nicht an Jesus Christus glaubt und die Mutter Gottes und den heiligen Geist?

Der Umgang mit dem einfachen Volk war mehr nach Katjuschas Herzen als mancher gesellige Verkehr, zu dem sich Grischa verpflichtet fühlte. Öfters war man in Kreisen der Familie Sawiloff. Dann hatte der russische Tisch seinem Namen Ehre zu machen mit Leckerbissen und allen Sorten Schnäpsen und Likören. Am gefährlichsten war dabei Frau Sawiloff, im allgemeinen eine zwar laute, aber hilfsbereite Seele. Sobald aber der Alkohol aufgefahren kam, fühlte sie sich im Kreise der Männer heimischer als bei ihren Geschlechtsgenossinnen, und gar manche dieser Sitzungen mündete in eine Kraftprobe mit Frau Sawiloff als Sieger oder gleichberechtigtem Partner, eine große Provokation oder gar Ehrenfrage für den russischen Mann. Das Sonderbarste war, dass dieser Frau nie die Spur eines Zuviel anzumerken war, bis Grischa wahrnahm, dass sie verstand, durch systematisches Zwischenschalten von scharfen Speisen die Wirkung des Alkohols abzudämpfen.

Das nächste Mal nun bot Keller und Likörschrank alles, was Grischa nur bieten konnte. *„Reg dich nicht auf, Katjuscha, es ist kein Schnaps, es ist nur eine Lehre!"* Speisen fehlten jedoch völlig, und siehe, die sieghafte Haltung kam in völliges Schwanken. Frau Sawiloff brach den Kampf mit Grischa ab und hat ihn nie wieder erneuert.

Ein mehr freundschaftlicher Verkehr bahnte sich mit dem polnischen Arzt Nawizky und dem neu hierher versetzten Friedensrichter Stepan Dschigirowitsch Saditow, einem Armenier an.

Mit ihnen gab es richtige Gespräche der Lebensbetrachtung, der Bildung, der Politik, der Kultur, an denen Katjuscha sich gerne beteiligte, die vielfach durch Katjuscha erst ausgelöst wurden. Ihr Interesse, ihre Fähigkeit, zuzuhören, zu fragen, selbständig mitzutun, gestalteten die Stunden anregend und, verquickt mit der stillen und bescheidenen Gastlichkeit, schenkten sie den Männern ein Bild von Häuslichkeit, das sie dankbar empfanden und das ihnen fremd war.

Manchmal entrang sich dem Arzt ein stiller Seufzer auf dem Heinweg. Die zarten Beziehungen mit der Frau seines Hausherrn, die er für geheim hielt, die aber in ganz Bjelaia Glina bekannt waren, ersetzten ihm weder Heimat noch Heim und – wie er sich an solchen Abenden ungern bewusst wurde – nicht die Frau, vielleicht gerade das Weib.

Aber auch für den Richter bot das Haus Itin durch Katjuscha eine besondere Atmosphäre. Er war verheiratet. Aber die armenische Frau, der Türkin gleich, war von der Welt abgeschlossen und begnügte sich mit den allerengsten Haushaltsinteressen. Mit Katjuscha aber war es möglich, über Tolstoj, über Dostojewski zu sprechen, und nicht nur obenhin, nicht nur als Büchertitel, sondern sie gab die Tiefe und den Ernst eines weiblichen Miterlebens der Schicksale, nicht weniger aber auch der Gedanken, die diesen Werken zu Grunde lagen.

Ohne es sich zuzugestehen, schloss diese drei oder vier Menschen noch ein anderes Band zusammen. Jeder von ihnen hatte seinen geheimen seelischen Sonderbezirk in diesem großen Russland, der Pole, der Armenier und der Jude. Gregor Kononowitschs Recht war ein Ausnahmerecht. Stepan Saditow war sich nicht im Zweifel, dass seine Gesinnungen und Äußerungen geheimer Beobachtung unterworfen waren. Verbannt im wahren Sinne war der Pole. Die Stunden in Grischas Heim ließen sie das vergessen, und Grischa erlebte mit Beglückung die biblische Wahrheit, dass der Segen des Hauses auf der Frau beruht.

Nicht nur der Segen des Hauses. Überall, wo das Geschäftliche eine menschlich persönliche Note erheischte, ein gar häufiger Fall, wurde Katjuscha Grischas Beraterin. Das Geschäft hatte sich sehr schön entwickelt, obgleich er andere als die üblichen Wege einschlug. Er stellte sich nicht auf die Straße wie die anderen Getreideaufkäufer, um die Bauern mit ihren Fuhren abzufangen: „Komm zu mir, ich zahl dir den und den Preis!" oder, um nicht von Konkurrenten übertrumpft zu werden: „Komm zu mir, ich zahl dir den höchsten Preis!" Sondern er wartete in seinem Kontor und ließ sich von dem Bauern aufsuchen. Gewann er von ihm einen vertrauenerweckenden Eindruck, so suchte ihn Grischa auf seinem Gehöft auf, und es gab ein redliches Geschäft und kein Übervorteilen. Dieselben Grundzüge verlangte er von seinen Angestellten, und es gab keine Durchstecherei an Maß und Gewicht, wie es damals gang und gäbe war. Kamen dann die Bauern zur Abrechnung, so wurden sie wie gleichwertige Geschäftsfreunde empfangen. Katjuscha reichte den Imbiss und die üblichen Getränke, wobei sich eine gelegentliche Frage von Seiten des Bauern an die junge Frau einstellte. Und aus der Frage entwickelte sich eine Gegenfrage, ein Gespräch und ein Rat. Und manchesmal lag ihnen an dem Rat der Jekaterina Leontowna so viel wie an dem Geld, das ihnen Gregor Kononowitsch in barer Münze auszahlte.

Sie waren die einzigen Juden am Ort. Sie bekamen es nicht feindschaftlich zu spüren, im Gegenteil, sie genossen die Achtung. Man hielt im Haus den Schabbat und die Feiertage, ohne orthodox zu sein. Ihr Judentum war ihnen Verantwortung, Verpflichtung den anderen und sich selbst gegenüber. Es war bei ihnen keine Spur von Überheblichkeit, und dem einfachen Volke gegenüber empfanden sie den Wunsch und die Pflicht zu helfen mit ihrem besseren Wissen, wo immer ihre Hilfe willkommen sein sollte. So schlugen sie schon im ersten Jahre Wurzel.

Inzwischen rückte langsam Katjuschas Zeit heran, eine Zeit stiller freudiger Erwartung für Katjuscha, zärtlicher Behutsamkeit und Rücksichtnahme von Grischa. Da er aber öfters verreisen musste, von Zeit zu Zeit bis Rostow zu fahren hatte, erschien es ratsam, die Geburt unter der Obhut der Mutter Ewgenja vor sich gehen zu lassen. Tat es Katjuscha auch leid, Grischa eine Zeitlang allein zu lassen – ihre junge Schwester Rosalie führte in der Zwischenzeit den Haushalt – so war es für sie doch eine köstliche Beruhigung,

Ewgenja Moisewna, ganz links, mit ihrer Tochter Katarina Itin und den Enkeln Mischa und Onja.

sich unter der Fürsorge der Mutter zu fühlen. Erst in diesem Jahr der Trennung lernte sie die Mutter verstehen und richtig schätzen, und sie genoss in diesen letzten Tagen es in doppelter Weise, als Kind gepflegt und fast wie eine gleichaltrige Freundin geschätzt zu werden. Denn schon setzte sich manchesmal die Mutter zu ihr, um zu hören, was ihre Katjuscha denkt über dies, über jenes, über die Erziehung der jüngeren Geschwister, über die geschäftlichen Pläne des Vaters, über alles, was der Tag bringt. Und darin lag wohl das ganze Lob. Die Anerkennung lag in der Liebe. Der Vater freute sich mit seiner Tochter. Er war aber durch geschäftliche Sorgen beschlagnahmt. Die jüngsten Geschwister, die 12jährige Dusinka und der 8jährige Dawidotschka waren etwas scheu. Sie wagten Katjuscha kaum als ihre Spielgefährtin wiederzuerkennen. Es war ihnen, als ob sie eine zweite Mutter bekommen hätten.

Die Geburt ging tapfer vonstatten. Niemand im Hause hörte Wehlaute. Es war ein zierliches Mädelchen, hatte schwarze Haare, dunkle, ein klein wenig geschlitzte Augen, so wie Grischas Mutter, die von den Chasaren abstammen sollte. Nach ihr bekam das Kind den Namen Raissa. Ewgenja Moisewna segnete, benschte Kind und Kindeskind. Es war der 15. Juli 1886.

Familie itin in Rostow am Don im Jahr 1905.

Die ganze Familie kurz vor der Abreise aller, außer dem Vater, nach Berlin. Von links:

Sohn Mischa, geb. 1896
Sohn Aaron, geb. 1890
Sohn Kolja, geb. 1888
Tochter Raissa (Asja), geb. 1886
die Mutter Katarina (Katjuscha) Itin, geb. 1850er Jahre
Sohn Schura, geb. 1904
Tochter Sarah, geb. 1897
der Vater Gregor Itin, geb. 1853
Sohn Mika, geb. 1900
Sohn Josef (Onja), geb. 1893

Die silberne Medaille[1]

Meinen Kindern von der Mutter erzählt, vom Vater notiert

Netanya 1945—1976

Raissa und Fritz Frank, 1946 in
Netanya, Israel.

Im Garten unter der Tamariske. Mutter im Liegestuhl, in der Tasche „Beard, Geschichte der Vereinigten Staaten" und „Krylow, Russische Fabeln", ein paar vielfach gestopfte und erneut stopfbedürftiger Strümpfe. Mutter greift zu den Strümpfen und diktiert dem Vater, im Liegestuhl daneben.

Lieber Vater, du hast mir heute ein herrliches Geschenk gemacht: Krylows Fabeln in der Übersetzung der Oxford-Presse. Du kennst die Bedeutung von Krylow wahrscheinlich erst aus dem Vorwort. Du weißt aber nicht, was Krylow jedem russischen Kind im Persönlichen seines Fühlens und Denkens bedeutet, angefangen von dem ersten Unterricht bei meiner Mutter. Kaum konnte ich lesen, bekam ich die Kinderzeitschrift „Igruschka", das heißt „Spielzeug". Die Mutter las mir vor und ich berichtete ihr wieder, oder wir spielten mit Kolja die Fabeln vom Wolf und dem Schäfer, und wir hörten, dass das Kutusow[2] war und Napoleon, der Russland auffressen wollte. Der Wolf versuchte eines Nachts, in die Schafhürde zu klettern und fiel neben den Hundezwinger. Die Hunde begannen ein heftiges Gebell, sie stürmten gegen ihr Verlies, um auszubrechen und den Wolf anzugreifen.

„*Holla, ein Dieb!*" schrien die Wächter und schlossen alle Türen. Sie brachten Fackeln und fanden den Wolf in eine Ecke verkrochen. Mit struppigem Fell, schrecklichen Zähnen und einen Blick im

1 Am Anfang leicht gekürzt.

112

Auge, der zeigte, er war bereit, die ganze Gesellschaft aufzufressen. Da er aber wusste, er war im Hundezwinger und nicht in der Hürde, schmeichelte er: *„Meine lieben Freunde, wozu all der Lärm? Ich bin euer alter Kamerad, euer Bruder, können wir fast sagen. Ich komme in Freundschaft her ohne den leisesten Gedanken an Böses, lasset uns Vergangenes vergessen und Frieden schließen. Ich werde kein einziges Schaf mehr holen, im Gegenteil – auf meine Ehre als Wolf –, ich schwöre, von jetzt ab ihr Verteidiger zu sein.“* – *„Höre, Wolf“*, unterbrach ihn der alte Schäfer, *„du hast einen grauen Pelz und ich habe weißes Haar. Aber ich kenne die Natur von euch Wölfen, deshalb, bis ich ihm nicht sein Fell abgezogen habe, mache ich keinen Frieden mit einem Wolf.“*

Diese Fabeln haben ihre zeitgebundene Note, aber viele gewannen allmählich für uns junge Menschen eine aktuelle und symbolische Bedeutung, obgleich sie schon zur Zeit Katharinas der Großen entstanden waren.

Eine Fabel – „Der Fuchs als Richter“ – betraf damals einen bestimmten Einzelfall. In unserer Jugend war dieser Richter ein Beispiel für Recht und Unrecht, das das geringe Volk zu ertragen hatte: Ein Bäuerlein klagte, dass ein Fuchs zweifellos ein Huhn gestohlen habe. Der Fall kam vor Gericht. Der Fuchs war Richter, das Bäuerlein erzählte, wie er an dem und dem Tag früh am Morgen die beiden Hühner vermisste. Nichts als Federn und Knochen waren übrig. Das einzige Geschöpf, das bei ihnen im Stall war, war das Schaf. Das Schaf führte selbst seine Verteidigung und sagte, es habe während der ganzen Nacht geschlafen und es wolle alle Nachbarn zu Zeugen rufen, dass es nicht schuldig sei eines solchen Diebstahls oder einer solchen Untat. Außerdem es habe noch niemals Fleisch gegessen. Der Fuchs hörte zu und gab den Spruch: *„Wir können die Ausreden des Schafes nicht anerkennen. Alle Schelme sind schlau genug, die Spuren ihrer Untaten zu verwischen. Das Schaf war zusammen mit den Hühnern in der fraglichen Nacht. Jeder weiß, wie köstlich Hühnerfleisch ist, und das Schaf konnte der Versuchung nicht widerstehen. Ich verurteile das Schaf zum Tode. Der Leib ist dem Hohen Gerichtshof auszuhändigen, das Fell soll der Bauer bekommen.“*

Die ganze Schulzeit hindurch begleiteten uns die Fabeln. In der pädagogischen Klasse mussten wir sie mit den Schülern vornehmen, im vaterländischen Sinne. Mein Abiturientenaufsatz lautete: „Die hohen Eigenschaften der Fabeln Krylows“.

Was bedeutet für euch Europäer ein Abitur? Man besteht es meistens, bekommt das Abgangszeugnis und wählt nach Belieben eine der zweiundzwanzig Hochschulen. Was bedeutete für uns Jüdinnen in Russland das Gymnasium und das Universitätsstudium? Die Frage ist beinahe so wichtig und so absurd wie unsere ganze jüdische Existenz. Dieses kleine Geschehen eines kleinen Gymnasium-

Der durch seine Fabeln berühmt gewordene Iwan Andrejewitsch Krylow, 1769–1844, nach einem Gemälde von Piotr Alexejewitsch Olenin (1794–1868).

2 Fürst Michail Illarionowitsch Kutusow-Smolenski war Generalfeldmarschall der russischen Armee. Kutusow (1745–1813) gilt in Russland als Held des Vaterländischen Krieges gegen Napoleon Bonaparte.

Mädchens ist der Leidensweg und der Kampf um die Möglichkeit, zu lernen. Um die Gleichberechtigung, sich mit seinen christlichen Gefährtinnen auf die gleiche Schulbank zu setzen, sich nicht als ausgeschlossen betrachten zu müssen als Arme neben den Reichen.

Ich kam erst mit zwölf Jahren aufs Gymnasium, bis dann hatte ich Privatunterricht bei meiner Erzieherin und bei Hauslehrern. Mit der Schule ging es mir wie meinem Sohn: jeder Tag, an dem ich nicht gehen musste, war für mich ein gewonnener Tag. Ich habe eigentlich in meiner Abwesenheit nie etwas versäumt. Leider hab ich infolge meiner Gesundheit wenig Veranlassung gehabt, wegzubleiben. Nur manchmal überkam mich von dem eintönigen Drill plötzlich ein Genug! – eine Abspannung, eine Hitzewelle, dass die Lehrerin sagte: *„Itina, es ist Zeit, gehen Sie nach Hause.“*

Der Unterricht dauerte meistens von halb neun bis drei Uhr. Der spätere Nachmittag war frei, da die Schülerinnen teilweise einen weiten Weg hatten. Die Schule machte mir keine Schwierigkeiten. Ich wurde jedes Mal mit Auszeichnung versetzt, und so war es meinem Vater, dem ich mit zwölf Jahren gesagt hatte, ich wolle studieren, eine Genugtuung zu sehen, dass ich zu den guten Schülerinnen gehörte. Meine Freundin Deborah Leibowitz – Bonja nannte man sie – begleitete mich bis zur pädagogischen Klasse. Diese letzte Klasse durfte sie nicht mehr besuchen, denn sie wurde kurz zuvor verhaftet. Sie war mit Juba befreundet, bei der illegale Literatur gefunden wurde.

Wir waren eng befreundet, Bonja und ich. Als wir uns in den unteren Klassen anfreundeten, sprachen wir wenig über das Gymnasium oder über die Lehrer – das bedeutete für uns von vorneherein eine unfreundliche Welt. Obgleich unser Gymnasium, das den Namen Katharina der Großen trug, ein gutes Lehrpersonal hatte. Aber es waren Menschen anderer Kreise, ängstlich und misstrauisch, die in jeder Schülerin eine angehende Revolutionärin sahen. In den Pausen gingen Bonja und ich zusammen, hörten einander ab, fragten einander leise: *„Hast du schon das letzte Buch von Gorky gelesen? Weißt du, dass Tolstoy in Erholung in der Krim ist?“* Das waren für uns furchtbar wichtige Angelegenheiten, wir hätten nicht gewagt, laut über diese unsere literarischen Interessen zu sprechen, die verboten und deshalb besonders bedeutungsvoll waren.

Bonja und ich gehörten zu den guten Schülerinnen. Bonjas Aufsätze waren besser als meine – selbständiger. Ich habe selten memoriert, aber ich konnte jeder russischen Grammatik folgen, mit Beispielen selbständig belegen, logisch erklären. Das ist im Russischen nicht leicht. In den oberen Klassen hatten wir schon Themen über Puschkin, Gogol und Krylow. Über Schukowsky, den Lehrer von Puschkin, der die indischen Epen übersetzt hatte, über den Historiker Karamassi, der erstmalig im Russischen versuchte, eine so ge-

Lew Tolstoi (1828–1910) und Maxim Gorki (1868–1936), in Jasnaja Poljana, dem Geburts- und Wohnort von Tolstoi, 1900.

nannte pragmatische Geschichte zu schreiben: Geschichte nicht nur chronologisch zu ordnen, sondern sich mit nationalökonomischen Themen zu beschäftigen und mit Fragen, die uns interessierten. Ich liebte Geschichte, sie bot mir von Jugend an die Möglichkeit, mehr und weiter zu sehen. Ich liebte auch Erdkunde. Sie öffnete mir die Fenster nach Westen, nach Europa, nach Amerika.

Wir hatten einen guten Literaturlehrer des Russischen – Ponjatovsky – ein vornehmer Pole, ein wirklicher Sprössling der polnischen Fürstendynastie. An ihm verstanden wir Juden die Tragik der polnischen Frage. Er war ein kleiner, stiller, feiner Mann. Um seinem Sohn das Studium in Moskau zu ermöglichen, wurde er griechisch-katholisch. Es ist ein Symbol tiefer Erniedrigung eines hochstehenden Menschen, wenn er bei den festlichen Anlässen dem Popen die

Hand zu küssen hat, diesem groben, ungebildeten und unkultivierten Vertreter der Kirche. Der Pope steht da, streckt die Hand aus, verlangt sein Recht. Da verstanden wir das revolutionäre Polen in seinen Aufständen. Im Unterricht wahrte er peinlich alle Kautelen[3], vermied es, irgendein Wort über das Erlaubte hinaus zu sagen, denn die Klassenaufsichtsdame kontrollierte nicht nur die Schülerinnen, sondern sämtliche Äußerungen der Lehrer, und als Pole war er wohl besonders gefordert. Wir wussten zum Beispiel, dass in der Stadt im Anschluss an die Gründung der Bibliothek eine kleine literarische Gesellschaft gegeben wurde. Und auch Ponjatovsky wurde zu einem Vortrag aufgefordert. Er sprach über die Zeit des Sentimentalismus und erlaubte sich zu bemerken, dass die Damen, die über das Schicksal von Schäferinnen weinten, sich aber nicht scheuten, ihre eigenen Leibeigenen zu ohrfeigen. Er wurde deshalb vor das Ministerium zitiert und man verbot ihm weitere Vorträge.

Er hat Bonja und mich gerne gehabt. Wir waren vielleicht nicht immer die Besten noch pflegten wir ständig die Finger zu strecken, aber er konnte ein Problem ernsthaft mit uns besprechen, und er verließ sich auf uns. Kurz vor dem Abitur hatte ich noch einen Aufsatz bei ihm: *„Demut ist die höchste Tugend, Gehorsam ist größer als Befehlen"*. Ich sagte mir, nein, und wagte zu schreiben: *„Nein, Gehorsam ist nicht die höchste Tugend, und auch der Gehorsam hat seine Grenze. Der Aufstand des Spartakus. In unserem Geschichtsbuch ist er in den kleinsten Lettern gedruckt und wird von den Lehrern kaum erwähnt und von den Schülern kaum gelernt oder gelesen. Grund genug, dass er für uns von größter Wichtigkeit ist. Der Aufstand des Spartakus ist ein Beweis dafür, dass selbst Sklaven nicht ständig gehorsam sein können. Wohl versteht man, dass die Religion des Gehorsams"* – Christentum zu schreiben, hatte ich doch nicht gewagt – *„in diesen Zeiten und Kreisen der Sklaven ihren Anklang gefunden hat, aber man muss auch zugeben,"* – und nun kam mein Marxismus zur Geltung – *„die Voraussetzungen waren dazu günstig."*

Ich glühte über meinem eigenen Aufsatz, mein politisches Bekenntnis, wie mir deuchte. Oder vielmehr meine rechte Wange glühte, die linke war bleich. In der folgenden Woche erwarteten wir die Zensur. Der Lehrer brachte den ganzen Stoß, gab ihn der Klassendame und bat sie, die Noten einzutragen. Und eventuell Fragen zu stellen, Bemerkungen zu äußern. Mein Heft war nicht dabei, ich wurde unruhig, denn jetzt kam mir zum Bewusstsein, dass ich mehr gesagt hatte, als erlaubt war. Und dass das Abitur in gefährlicher Nähe war. Als die Klassendame die Noten eingetragen hatte, verließ sie die Klasse. Jetzt kam Ponjatovsky her zu mir und sagte streng und laut und allen vernehmlich: *„Itina, hier ist Ihr Heft. Ich kann mich damit nicht einverstanden erklären, was Sie geschrieben haben. Ihre Ansichten sind falsch und unbegründet, ich habe Ihnen deshalb keine Note gegeben."*

3 Sicherheitsvorkehrungen.

Gut stand ich auch mit meinem Mathematik- und Physiklehrer, einem Armenier. Gab es einen geometrischen Lehrsatz zu beweisen, den er kurz zuvor erklärt hatte, so konnte ich diesen ohne Schwierigkeiten wiederholen. Die Lösungen in der Mathematik waren nicht immer die besten, und dennoch konnte ich nie abschreiben. Trotzdem – einmal, es war in der Obertertia, wir mussten jedes Quartal eine schriftliche und eine mündliche Prüfung ablegen – habe ich im letzten Moment vor dem Einsammeln in das Heft meiner Nachbarin geblickt und festgestellt, dass meine Lösung einen Fehler hatte. Plötzlich stand vor mir der Lehrer, nahm das Blatt der Nachbarin und sagte: *„Itina, Sie schreiben mir nicht ab, geben Sie her, was kann Ihnen schon geschehen. Sie bekommen keine Note dieses Mal, aber ich glaube, das ist gar nicht so schlimm."* Das war der Lehrer, dem ich später meine silberne Medaille verdankte.

Sehr einfach waren die Beziehungen zu den Sprachlehrerinnen, der Französin und der Deutschen. Während die Sprachen sehr viel Zeit bei den anderen Schülerinnen brauchten, benutzte ich diese Zeit, um mich auf die nächsten Stunden vorzubereiten. Diese Sprachen beherrschte ich, da ich mich mit meinen Erzieherinnen nicht nur während meiner Unterrichtsstunden auf französisch und deutsch unterhielt. Ich wurde deshalb von den Lehrerinnen gebeten: *„Itina, beschäftige dich ein wenig mit der oder mit jener"*, was ohne Überheblichkeit meinerseits geschah, und so hatte ich ein gutes Auskommen mit den anderen Schülerinnen.

Auch die Klassenlehrerin, die die Pflicht hatte, nicht nur die Schülerinnen zu beaufsichtigen, sondern auch darüber zu wachen, dass die Lehrer, was Gott behüte, irgendein unvorsichtiges Wort über politische Dinge äußerten, war Bonja und mir gegenüber sehr zurückhaltend, aber korrekt. Wir beide hielten uns vom Klassenschwatz fern, wir waren beide vorschriftsmäßig angezogen, braunes Kleid mit langen Ärmeln, kleine schwarze Pelerine und kleine schwarze Schürze, schwarze Schuhe und schwarze Strümpfe. Sonntags waren Pelerine und Schürze weiß und etwas gestärkt. Im Haar, zu einem Hängezopf geflochten, trug man eine schwarze und sonntags eine weiße Schleife. Diese Uniform musste auch außerhalb der Schule getragen werden. In der Pause gingen wir beide im langen Korridor und im Garten auf und ab. In der Klasse saßen wir in der vordersten Reihe. Wir beteiligten uns nicht an dem ausgelassenen Getue der Gefährtinnen, bis auf ein einziges Mal in der Quarta, als die ersten Siegesnachrichten über die Chinesen im Boxeraufstand kamen und es unter uns ein allgemeines Zöpfehaschen gab. Die Klassenlehrerin konnte nur mit Mühe die Autorität wieder herstellen und musste einen kleinen Teil der Mädchen wie die Kinder in die Ecke stellen.

Noch weniger fand man uns je auf der Haupt- oder Seitenstraße bei einem Flirt, der unter den 15- oder 16jährigen allgemein üblich war und wo sich die Gymnasiasten mit den Gymnasiastinnen trafen, um schnell zu verschwinden, wenn sie eine Lehrerin von weitem kommen sahen, die auch außerhalb der Schule eine Kontrolle über ihre Pfleglinge auszuüben hatte. Am nächsten Tag zog sie dann die errötenden und ableugnenden oder stummen Opfer zur Rechenschaft. Uns beiden lag noch jedes sexuelle Leben fern. Wir hätten das als unter unserer Würde angesehen und weit von uns gewiesen. Wir haben uns auch nie geküsst oder haben, wenn wir mit gleichgesinnten Freunden zusammen waren, je an etwas wie einen Flirt gedacht.

Es war im letzten Schuljahr, einige Monate vor dem Abitur. Plötzlich hieß es, die Schülerinnen hätten sich unter der Leitung ihrer Klassenaufseherinnen zu sammeln und in die große Aula zu kommen. Es würde eine kaiserliche Botschaft verlesen. Das war das Jahr 1904. Schon häuften sich die Attentate. In der studentischen Jugend brodelte es und schon griff die Unruhe auf die Höheren Schulen über. Wir mussten annehmen, dass es sich wieder einmal um eine Warnung handelte. Heute aber ging es gegen Leon Tolstoy. Er hatte eine Broschüre gegen den Krieg in Japan veröffentlicht. Er sah, wie das Volk in dieses Abenteuer hinausgeschleudert wurde und protestierte dagegen. Es sollte über ihn das Anathema[4] ausgesprochen werden.

In der großen Aula stand unsere Direktorin. Sie trug ein blaues Seidenkleid mit Schleppe. Ihre gepflegten Hände waren diamantengeschmückt. Sie lächelte leutselig, reichte ihre Hand dem hereinkommenden Direktor sowie dem Popen mit gepflegtem pomadisiertem Haar und lila Soutane. Sie trug außer ihrer kronengeschmückten Brosche zum Zeichen, dass sie Absolventin des adeligen Instituts Smolny war, mehrere Orden. Der Diakon intonierte schon in seinem Bass. Sonst waren wir Jüdinnen von diesen Messen befreit, heute gab es keine Ausnahmen. Nachdem alle Klassen voller Spannung vor den gestrengen Augen des gesamten Lehrerkollegiums standen und fast jede Schülerin einzeln von der Direktorin gemustert wurde, nahm sie ein gedrucktes Formular aus der Hand eines Professors und verlas: *„Auf Befehl unseres von allem Volk geliebten Kaisers und Herrscher aller Reußen wird heute über das Haupt des unbotmäßigen Sohnes Leopold Tolstoy, der trotz aller Warnung gewagt hat, seine Stimme gegen unsere Befehle zu erheben und die Jugend auf diese Weise zu beeinflussen, das Anathema ausgesprochen."*

Der Diakon erhob seine Stimme zu gewaltiger Wucht, so dass die Fenster erzitterten: *„Anathema – Anathema – Anathema"* und der

4 Verfluchung, Kirchenbann.

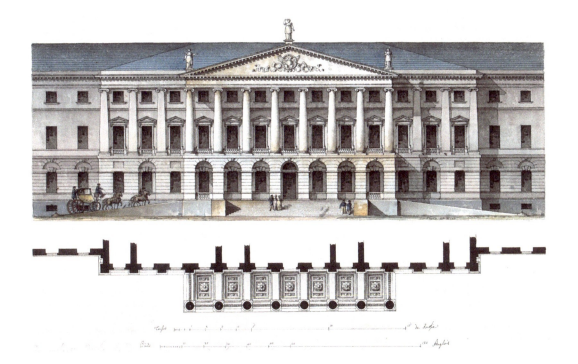

Pope schwang sein Kreuz. Die Mädchen waren niedergekniet. Mir
war es drückend zu Mute, ich fühlte mich schwach, hatte aber weder Kraft noch Willen, mich zu bücken. Ich glaubte, das Auge der
Direktorin, für die ich ein unzuverlässiges Element sein musste, auf
mich gerichtet zu sehen. Und schon stand meine Klassenlehrerin
neben mir, legte leicht ihre Hand auf mein Schulter, drückte sie –
ich glaube, am liebsten hätte sie mich gestreichelt – und sagte mir
ganz leise: *„Itina, nur noch drei Monate, du stehst vor dem Abitur."* Ich
musste mein Aufschluchzen unterdrücken. Es war sehr schwer, für
seinen Tolstoy nicht aufrecht stehen zu dürfen. Man durfte nicht
wagen, durch eine schlechte Note im Betragenszeugnis sein Abitur
zu riskieren.

Es trat aber noch eine andere Begebenheit dazu, die mir eine gewisse Besorgnis vor dem Schlussexamen einflößte, da ich als Jüdin
zumindest mit der „silbernen Medaille" abschließen musste, um in
Russland studieren zu dürfen. Es war kurz vor Weihnachten und
es lag noch ein ganzes Vierteljahr vor uns. Da wurde im Theater
von einer französischen Truppe ein Stück von Emile Zola geboten:
„Thérèse Raquant". Emile Zola war für uns der Revolutionär, der
sein „j'accuse" der herrschenden korrumpierten Militärgewalt ent-
gegenschleuderte, der Mann, der seinen Namen und seine Existenz
für Dreyfus einsetzte. Und wer von uns Juden hätte sich nicht als
Dreyfus gefühlt! Die Eltern hatten eine Loge im Theater, waren

aber irgendwie am Theaterbesuch verhindert. Ich musste das Stück von Zola unbedingt sehen. Für jeden Theaterbesuch war aber zuvor die Genehmigung der Lehrerin beziehungsweise der Direktorin erforderlich. Diese Erlaubnis wurde in einem besonderen Buch vermerkt. So wandte ich mich an die Klassendame, die es der Direktorin vorlegte. Die Klassendame kam zurück: *„Das ist kein Stück für junge Mädchen. Sie werden nicht hingehen. Es ist von Zola, der schlechte Romane schreibt. Es ist ein schlechtes Stück."* Von Zola, sagte ich mir, der schlechte Romane schreibt, weil es der bürgerlichen Welt die Maske vom Gesicht reißt. Ich war nicht gesonnen zu folgen.

Ich ging mit Mariechen, unserer Erzieherin. Ich saß vorne an der Brüstung und prüfte mit dem Opernglas, das mir der Vater kurz zuvor geschenkt hatte, vorsichtshalber Parterre und Logen, um vor unangenehmen Überraschungenn sicher zu sein. Ich durfte getrost dem Stück folgen. Der erste Akt war nahezu zu Ende, da hörte ich in der Nachbarloge Schritte, die ich kannte. Hörte eine Seidenschleppe rauschen, deren Rascheln mir nicht fremd war, hörte eine Stimme leise sprechen – es war die Stimme der Direktorin. In der Pause ging ich ins Foyer, und während der Diener mit der einen Hand unsere Tür öffnete, öffnete er mit der anderen die Nachbartüre. Die Direktorin kam würdevoll heraus in Begleitung des Bürgermeisters, mit dem sie, wie alle Mädchen des Gymnasiums wussten, in Beziehung stand. Die arme Raissa Gregorjewna machte einen tiefen Gymnasiastinnenknicks. Die Direktorin nahm sie nicht wahr. Am Ende der Pause erneute Raissa den Knicks, die Direktorin übersah ihn. Auch nach dem nächsten Akt traf sie kein Blick. Sie wohnte dem Stück bei bis zum Ende, aber der Inhalt entging ihr völlig unter dem Eindruck des Unbehagens, was der morgige Tag in der Klasse bringen würde.

Die erste Schulstunde verlief ordnungsgemäß. In der zweiten Stunde ging die Lehrerin hinaus und wir hörten die Stimme der Direktorin fragen und die Lehrerin antwortete *„Ja, sie ist da."* Die Tür ging auf und großartig wie eine Hofdame schritt die Direktorin herein. *„Itina!"* Ich stand auf, legte meine Hände brav ineinander und knickste. *„Sie haben sich erlaubt, gestern ohne meine Zustimmung, ja, gegen meine Erlaubnis in das Stück von Zola zu gehen. Natürlich dieser Zola, diese Nana und andere zweifelhafte Sachen. Sie haben natürlich kein Gefühl für das Unmoralische der so genannten modernen Dichtungen. Das sind keine Romane für eine russische Frau. Aber auch dafür haben Sie kein Verständnis, was Moral für eine russische Frau bedeutet."* Hinter jedem dieser Worte glaubte ich das Wort „Jüdin" zu fühlen. *„Itina!"* fuhr sie fort, *„Sie stehen vor dem Abitur mit seinem Führungszeugnis, Sie wissen, was es bedeutet und besonders für eine Jüdin. Ich hoffe, Sie kommen ohne Schwierigkeiten durch."* Sie grüßte kühl, die Klassendame begleitete sie zur Tür. Ich knickste und setzte mich. Es war eine Leere in mir, ich fühlte, ich hatte eine Feindin. Jetzt hieß es, sich für das Abitur zusammenzunehmen. Ich war zum ersten Male unsicher.

Es war selbstverständlich für mich, dass ich die Medaille haben musste. Das hieß, die Reifeprüfung so abzuschließen, dass ich die goldene, zumindest aber die silberne Medaille als Auszeichnung erhielt. Denn nur auf Grund dieser Auszeichnung bekam man das Recht, als Jüdin an einer russischen Frauenhochschule zu studieren.

Die ganzen Schuljahre über kam ich mit ein bis zwei Stunden Hausaufgaben aus. Doch jetzt stand das ganze Jahrespensum vor mir. Ich bat den Vater, dass Bonja für die Zeit dieser Examensvorbereitung bei uns wohnen dürfe, denn diese Vorbereitung konnte richtig nur in wechselseitigem Lernen durch Fragen und Antworten angepackt werden. Nach einem gewissen Zögern – es hatte vor kurzem zu Hause bei Bonja eine Hausdurchsuchung stattgefunden und die Eltern wollten mich durch zu häufige Besuche bei der Freundin nicht gefährden – gab der Vater seine Zustimmung.

Diese Vorbereitungswochen mit Bonja waren eine heitere, lernfreudige, lernwichtige Jungmädchenzeit. Um sechs Uhr begann der Arbeitstag und dauerte mit kleinen Erfrischungspausen bis in den Nachmittag hinein. Wir wurden von der ganzen Familie bis herab zum Kutscher und Stubenmädchen sehr ernst genommen und waren von unseren Kenntnissen durchdrungen. Wir hatten keinen Grund, uns vor dem Examen zu ängstigen. Gegen eine leichte Unsicherheit in der Mathematik hatten wir sogar einen Studenten als Hauslehrer extra dafür bekommen.

Das Examen kam. Die Mathematik bot keinerlei Schwierigkeit. Das Fach war die ganze Schulzeit über mein bestes Fach. Russisch wurde mir zum Verhängnis. „Die hohen Eigenschaften der Fabeln von Krylow" war das Aufsatzthema. Es lag mir ganz fern, ich wusste nicht, wie beginnen. In meiner Not schwebte mir das Lob vor, das mir meine Lehrerin in der Quarta über die stilistische und sprachliche Bedeutung der Grammatik Krylows erteilt hatte: *„Itina, ich gebe dir eine zwei! Weißt du, was das bedeutet? In der russischen Grammatik bekommt bei mir eine eins nur der liebe Gott! Mir selbst gebe ich auch nur eine zwei."* Und jetzt schrieb ich über dieses Thema und merkte plötzlich, wie ich mich verhaspelte und kam zu keinem Schluss. Bis die Lehrerin herantrat. *„Itina, Maria Iwanowna wünscht, dass Sie die Arbeit* *jetzt abgeben.*" Mit einem Seufzer musste ich gehorchen. Russischer Aufsatz war das Hauptfach!

Noch eine andere Tücke, wenngleich nicht so gefährlich, enthielt dieses Examen für mich. Unser Gymnasium war ein Mädchengymnasium. Es hatte uns demzufolge nicht nur Bildung, sondern auch weibliche Tugenden zu verschaffen. Und so war Handarbeit ein Examensfach. Und mich traf das Strumpfstricken. Ich will nicht sagen, dass das ein besonderes Verhängnis war und nicht behaupten, dass mich Sticken oder Häkeln weniger schwer getroffen hätte. Wie ich aber das Los zog: Strumpfstricken! da wusste ich, es war um meine Medaille geschehen. Und damit mit meinem Traum, zu studieren. Ich wusste gerade noch, vier Nadeln einzuspannen, aber dann kam die fünfte hinzu, und nun verwickelte sich alles und ich kam nicht über die zweite Reihe hinaus. Da kamen die Gefährtinnen, denen ich während des Jahres in Physik oder Mathematik oder Sprache geholfen hatte und strickten fast unter den Augen der Lehrerin drei weitere Reihen und wandten sich direkt an die Handarbeitslehrerin: *„Geben Sie ihr doch eine gute Note! Sie ist in allem hervorragend! Sie will doch studieren und Sie dürfen ihr die Silberne nicht verderben.*" Die Lehrerin kam auf mich zu, sah mein blasses Gesicht. *„Itina, ich mache Ihnen keine Schwierigkeiten. Allmächtiger, ich möchte nicht, dass auf meinem Gewissen die Last liegt, ich hätte Ihr Leben verdorben.*"

Nach zwei Wochen war das Resultat der schriftlichen Prüfung bekannt. Wir wurden bestellt und es wurde uns eröffnet, wer sie bestanden hatte und damit zum Mündlichen zugelassen wurde. Die Direktorin sagte: *„Folgende Schülerinnen haben die Prüfung bestanden…*", und mein Name war nicht dabei. Ich wurde beinahe ohnmächtig. so schwach wurde mir, als sie fortfuhr: *„Folgende Schülerinnen haben nicht bestanden…*". Auch dabei war mein Name nicht. *„Ach ja*", sagte sie dann, *„Itina, die ist auch zugelassen. Ihre Mathematikarbeit, das muss ich zugeben, ist die beste, wie unser verehrter Mathematiklehrer sagte. Aber das kann ich nicht von ihrem Aufsatz behaupten.*"

Als ich aufgewühlt nach Hause kam, hörte ich eine frische Kinderstimme. Mein jüngster Bruder Jura war auf die Welt gekommen, es war der 16. Mai 1904. In all der Zeit hatte ich weder gewusst noch wahrgenommen, dass meine Mutter schwanger war. Und selbst die Geburt, die der Mutter fast das Leben gekostet hätte, wusste sie vor den Kindern zu verbergen. Aber auch jetzt schien mir mein Schicksal schwerer zu sein als das der Mutter. Und ich fand kaum Zeit für sie noch beanspruchte sie Zeit von mir. Dagegen bot sich der Mutter eine rührende Aushilfe im zehnjährigen Onja. Er hatte die Mutter noch nie krank gesehen, er liebte das kleine Brüderchen und machte ihm und der Mutter, was er nur an Handreichungen machen konnte. Holte die Windeln, besorgte die Wiege und wich nicht von der

Seite der Mutter. Ich hatte dafür weder Zeit noch Aufmerksamkeit. Es kam jetzt die mündliche Prüfung. Ich sollte den Monolog von Boris Godunow aus dem Werk von Puschkin zitieren, das uns durch und durch vertraut war. Ich versagte.

„Maria Iwanowna", wagte der Mathematiklehrer einzulenken, *„Sie gestatten, sie scheint mir ein bisschen aufgeregt zu sein. Aber Sie gestatten, sie ist sonst eine gute, meine beste Schülerin."* Meine Rettung verdanke ich eben diesem meinem Mathematiklehrer. Er war fühlbar stolz auf mich. Ich hatte in der pädagogischen Klasse Unterricht in Algebra als Prüfungstest zu erteilen. Ich fühlte die Zufriedenheit meines Lehrers, sein Vertrauen auf meine Kenntnisse. Ich kam mit den Kindern mit Leichtigkeit zurecht, erledigte resolut meine Aufgabe und war überzeugt von den modernsten pädagogischen Methoden. Ich hörte mit halbem Ohr, wie mein Lehrer die Lehrerin fragte: *„Nun, was sagen Sie zu meiner Itina? Ob sie ihre Sache beherrscht? Das will ich meinen!"* Vielleicht trug zu meiner Sicherheit auch das Selbstbewusstsein bei. In der pädagogischen Klasse hatten wir nicht mehr die braune Schultracht, sondern ein schönes lila Kostüm, schon etwas auf Figur geschneidert. Wir kamen uns erwachsen vor und schon halb als Damen.

Die Eltern schenkten ihrer Tochter nach bestandenem Examen einen Aufenthalt in der Krim. Sowohl zum Dank wie auch zur Erholung von der körperlichen und seelischen Überanstrengung. Und als Pause zwischen Schule und Universität.

In der Wahl der Auslandsuniversität – eine solche nur kam in Betracht – standen Deutschland, dann Frankreich und die Schweiz. Man wählte Deutschland als das Land des Rechts, nicht Frankreich mit seiner schmählichen Vergangenheit des Dreyfus-Prozesses. Die Schweiz kam vorwiegend für Naturwissenschaft und Medizin in Frage. Raissa wählte sich das Rechtsstudium, um später in den rechtlosen Gebieten Mittelasiens oder Sibiriens ihre Lebensaufgabe zu suchen und zu finden. Und Deutschland hatte das unbestechliche Reichsgericht, es war für die russischen Juden *das* Land. Doch wer konnte in Russland in den damaligen Tagen einen genauen Zeitpunkt bestimmen für den Anfang eines geordneten Studiums? Das Land und das Volk standen am Vorabend einer Revolution. Die Revolutionierung seiner Geister, seiner Gemüter begann schon mit der Schuljugend, geleitet von älteren Schülern und Studenten. Sie begann mit geheimen häuslichen Lesezirkeln von so genannter illegaler Literatur, die jedoch nicht nur politisch-revolutionäre Schriften umfasste, sondern jede Form von Literatur, die sich kritisch mit Gesellschaft, Staat und Kirche befasste und als illegal gebrandmarkt und verfolgt wurde.

Hausmeister oder Hausangestellte dienten vielfach als Polizeispitzel, um Anzeige zu erheben, wo sich etwas derartig Verdächtiges regte. Eine Anzeige oder ein Hinweis führte unter Umständen zu einer sofortigen Hausdurchsuchung, noch bevor die Eltern überhaupt wussten, was sich in dem Freundeskreis ihrer Kinder zusammenbraute. Als der Bruder von Bonja verhaftet wurde und als Mitbeteiligter an einem Streik einen politischen Prozess zu erwarten hatte, als in der Wohnung von Bonja illegale Literatur entdeckt wurde, verboten die Eltern von Raissa ihrer Tochter die weiteren Hausbesuche in der Wohnung der Freundin, um sie selbst nicht zu verdächtigen und zu gefährden.

Man kann sich aber den Schreck vorstellen, als der Vater im Eisschrank der eigenen Wohnung zufällig die geheim ins Land geschmuggelte Schrift Lenins, „Iskra", entdeckte, die seine Tochter erhalten hatte. Welch kindlicher Irrtum des Gemüts, welch moralischer Abweg in den Augen der Erwachsenen! Sie trug Namen und Adresse der Erzieherin in der Vorstellung, im Falle einer Hausdurchsuchung die Eltern vor dem Verdacht schützen zu können. Es bedurfte nur des Hinweises des Vaters, um der Tochter die Gefährlichkeit, das verbrecherische Unrecht gegen die Erzieherin klar zu machen. Aber wie weit revolutionierende Kinder bereit sind, um ihrer Eltern willen von ihren „heilig" empfundenen Absichten und Wegen abzustehen, das wissen keine Eltern. Nicht einmal die Kinder selber. Jedenfalls war noch kein Unglück hereingebrochen.

Es sollte nicht lange auf sich warten lassen. Dem Vater Gregor Itin wurde vom Polizeioberst die Ehre einer Einladung zu einem gemeinsamen Abendbrot erteilt. Eine Ehrung von solch hoher Persönlichkeit einem Juden gegenüber – man nimmt sie mit größter Beunruhigung entgegen und überschlägt sich zuvor genau sein Bankkonto. Der älteste Sohn Kolja, ein Jahr jünger als Asja, war bei einer Demonstration von der Polizei geschnappt worden.

„Ich kann die Sorgen der Eltern sehr gut verstehen," sagte leutselig der Offizier, *„und ich will mich bemühen, dem Sohn ungefährdet das Studium vielleicht im Ausland zu ermöglichen, aber natürlich…"* – *„Selbstverständlich"* sagte Gregor Itin *„werde ich für alles aufkommen. Empfangen Sie meinen tiefsten Dank."* Und man hatte dankbar zu sein.

Bonjas Bruder wurde zu lebenslänglicher Verbannung verurteilt, in einem der Lager Sibiriens, wohin ihm später seine Schwester freiwillig folgte. Der junge Mathematiklehrer von Asja, Ruess mit Namen, und sein Bruder, beide in einem Streik-Kommitee der Arbeiter, wurden zum Tod durch den Strang verurteilt. Welche jüdischen Eltern denken da nicht voller Sorgen, wie sie ihr Kind aus dieser Gefahrenzone retten können? Welche Mutter wird von diesen Sorgen nicht aufs Tiefste betroffen? Katjuscha wurde herzleidend, nur

ИСКРА

Пролетарiи всѣхъ странъ, соединяйтесь!

«Изъ искры возгорится пламя!...»
Отвѣтъ декабристовъ Пушкину.

Центральный Органъ Россiйской Соцiальдемократической Рабочей Партiи.

№ 1   ДЕКАБРЬ 1900 года.   № 1

НАСУЩНЫЯ ЗАДАЧИ НАШЕГО ДВИЖЕНIЯ.

durch diese Sorgen. Außer Asja und Kolja waren von den Geschwistern schon Sara und Aaron so weit, von der Jugendpropaganda erfasst zu werden.

Unter Aufbietung aller seiner materiellen Kräfte entschloss sich Gregor Itin, die Familie wenigstens vorübergehend im Ausland in Sicherheit zu bringen und allein in Rostow für die materielle Existenz zu sorgen. Die Familie, Frau und Kinder, zogen nach Berlin. Asja hatte die kranke Mutter zu betreuen, hatte dafür zu sorgen, dass die Kinder eingeschult wurden und sie in ihren Hausaufgaben zu überwachen. Onja wurde dank seiner Begabung als jüngster Schüler in der Malakademie aufgenommen. Asja konnte sich wohl an der Universität immatrikulieren lassen. Für ein regelrechtes Studium blieb keine Zeit, auch keine Kraft. Als nach einem Jahr die Mutter, einigermaßen wieder hergestellt und vom Vater dringend benötigt, mit ihren Kindern zurückkehrte, konnte Asja mit ihrem Studium beginnen. Onja wollte sein Studium an der Kunstakademie nicht unterbrechen und Kolja studierte in Freiburg. Da führte Asja mit Onja einen kleinen Haushalt, und es entwickelte sich zwischen den beiden dabei die tiefe geschwisterliche und zugleich mütterliche Liebe, die sie sich ihr ganzes Leben lang bewahrten.

Nach einem Jahr erhielt Onja ein Stipendium zu seiner weiteren künstlerischen Ausbildung in Paris, der er Folge leistete, und Asja konnte sich nun voll und ganz ihrem juristischen Studium widmen. Berlin jedoch, das heißt Preußen, gewährte den russischen Studentinnen nur das Recht des Studiums, gestattete aber nicht das Examen. Auch nicht das Doktorat. Der badische Staat war in dieser Beziehung liberaler, und so war zur Vorbereitung für das juristische Doktorat die Umsiedlung nach Heidelberg erforderlich.

Erste Ausgabe der Zeitung „Iskra", die seit 1900 drei Jahre lang unter Federführung Lenins für die Sozialdemokratische Arbeiterpartei Russlands erschien. Die erste Nummer wurde in der Druckerei von Hermann Rau in Leipzig-Probstheida gesetzt und gedruckt.

Hier nun sollte durch die Gunst des Schicksals im Laufe der nächsten beiden Jahre ein Ereignis eintreten, das Raissa weitab von Mittelasien oder Sibirien führte, und auf das auch das Wort des Vaters zutreffen sollte: „*Gam su letova*" – „*Alles zum Guten*".[5]

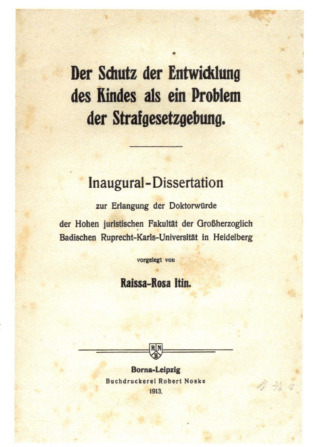

Der Schutz der Entwicklung des Kindes als ein Problem der Strafgesetzgebung.

Inaugural-Dissertation

zur Erlangung der Doktorwürde

der Hohen juristischen Fakultät der Großherzoglich Badischen Ruprecht-Karls-Universität in Heidelberg

vorgelegt von

Raissa-Rosa Itin.

Borna-Leipzig
Buchdruckerei Robert Noske
1913.

In Heidelberg promovierte Raissa Itin zum Thema „Der Schutz der Entwicklung des Kindes als ein Problem der Strafgesetzgebung". Ein Exemplar ihrer Doktorarbeit schenkte sie den Eltern von Fritz Frank mit der Widmung: „Hochverehrter Frau und Herrn Hugo Frank vom Verfasser zugeeignet. Heidelberg – Nachitschewan am Don, Mai 1913."

5 In Heidelberg lernte Raissa Itin Fritz Frank kennen, den sie 1914 heiratete.

Die beiden Torah

Dem Andenken der Eltern.

Vielleicht waren es die Tefillim seines Vaters – das einzige, was ihm aus dem Erbe wirklich ausgehändigt wurde –, die ihn, Gregorij Kononowitsch Itin, an die religiösen Gebräuche banden, soweit er sie hielt.

Diese Tefillim hatten Konon Josifowitsch während der ganzen Soldatenzeit begleitet. Er hatte sie täglich gelegt. Wenn andere jüdische Soldatenkinder allem möglichen Spott und Druck ausgesetzt waren, die zu manchem jugendlichen Selbstmord aus ratloser Verzweiflung, häufiger aber zur Taufe als Ausweg führten, schien der junge Konon bei der Ausübung dieser rituellen Handlung von so natürlichem Ernst durchdrungen gewesen zu sein, dass Hänselungen nicht aufkamen, und die niederen Vorgesetzten, wichtiger für ihn als der Leutnant und Hauptmann, ihn ungestört gewähren ließen.

Für den elternlosen Grischa lag auf diesen Tefillim die Vorstellung vom Vater und die Sehnsucht nach dem Wesen und dem Zusammenleben mit dem Vater.

Wenn er die symbolisch mystischen Umschlingungen vornahm – siebenmal um den linken Vorderarm, dreimal um den Mittelfinger, einmal um den Ringfinger und das Ende des Riemens um die Hand geschlungen, wenn er die beiden Lederkapseln zurechtrückte: die größere auf der Stirne, die kleinere am linken Oberarm, dem Herzen gegenüber, die „Häuschen", wie sie sich nennen, schmale Pergamentstreifen in sich schließend mit den Worten Gottes über den Auszug aus Ägypten, der Verheißung des Gelobten Landes, dem Segen Gottes, *„wenn ihr MEINE Gebote haltet"*, dem Fluch, *„wenn ihr davon abweichet und anderen Göttern dienet". „ER sperrt den Himmel, nicht gibt ER Regen mehr, die Scholle spendet nicht ihr Gewächs. Ihr schwindet rasch hinweg von dem guten Land, das ER euch gibt –",* wenn Grischa diese viereckigen Kästchen zurechtrückt, es sind nicht bewusst diese Worte, die er sich überkommen und vorschriftsmäßig um seine Hand knotet, und die ihm ein Gebinde zwischen den Augen sind, wie es die Heilige Schrift erklärt. Es ist noch weniger der Gedanke, den Grischa dabei in stummer Gebetsformel flüstert: GOTT möge ihm die Erfüllung dieses Gebotes des Teffilimlegens zugute buchen, als habe er alle 613 Gebote der Torah erfüllt – nein.

Während Grischa den kühlen schwarzen Riemen auf seinem Körper fühlt an Arm, Hand und auf der Stirne, verknüpft er ihn mit dem nie gekannten Vater, wo der Riemen in gleichen Knotungen, Windungen und Worten den ALLMÄCHTIGEN anrief.

Gewiss bedeutet der Brauch ein Verbundensein mit dem Göttlichen Wesen. Aber es ist wohl nicht dieses Mystische, das die Lippen des Beters still vor sich hinsagen, während der Riemen sich um den Mittelfinger schlingt: *„ICH verlobe dich MIR auf Weltzeit. ICH verlobe dich MIR in Wahrheit und Recht, in Holdschaft und Erbarmen. ICH verlobe dich MIR in Treue –".*

Grischa ist sich nicht bewusst, dass er damit GOTT jeden Morgen von neuem gemahnt an SEINE Angelobung an ihn, Grischa, und das ganze Haus Israel. – Nein –. Der Brauch und die Worte bedeuten für Grischa ein Einfacheres, dass nämlich die Hand, die Finger, die früh am Morgen den Riemen umschlingen, auch den Tag über das Unrecht nicht greifen; dass die Stirne, die täglich für eine kurze Viertelstunde in dem Würfel das Wort Gottes wie eine Krone oder wie ein Joch trägt, auch außerhalb dieser Spanne Zeit das Unrecht nicht denkt, nicht plant.

Es genügt Grischa der Winkel einer Ostwand seiner Stube, um sich zu versenken und sich abgesperrt zu halten von Kinderlärm und Geschäft.

In die Erinnerung der 60-jährigen Tochter Asja kommt der Ausdruck seines schmerzhaften Erwachens, da sie als kleines Kind den Vater während seines Gebetes um ein paar Kopeken anging. Der Vater, wie aus ferner Welt herausgerissen, brauchte eine Zeit, um zu sich zu kommen und sagte in Traurigkeit: *„Kind, wenn ich mit GOTT rede, – sprich mir doch jetzt nicht von Geld. –"*

Das Tefillimlegen war das einzige, das Grischa streng einhielt, vielleicht weil dieser Brauch von seinem eigenen Tun abhing, während viele der anderen Bräuche, wie die Speisegesetze, die Mitwirkung des Hauses, der Frau vor allem, erfordern, und es lag ihm ferne, einen Zwang ausüben zu wollen.

Seine Frau Katjuscha war von zuhause aus nicht an den streng orthodoxen Haushalt gewohnt, so dass man in Bjelaia Glina und Kawkaskaja als vereinzelte jüdische Familie in der christlichen Umgebung sich mit der durch Freitagabend, Schabbat und Feiertagen vertieften Häuslichkeit begnügte und die Gebete dem Vater überließ. Katjuschas Schwestern Marusja, Rosalie und Sonja hatten allmählich alle ins Geschäft geheiratet. Zapp, Marusjas Mann, erhielt die Filiale in Bjelaia Glina. Als Kantonistensohn hatte er keine Schwierigkeiten.

Als aber Brussilowsky, Rosalies Mann und der Mann von Sonja, ein Neffe Lasar Aptekmans, die beide nur Angestellte waren, sich die Möglichkeit zur selbständigen Leitung der Filialen in Gulkewitsch, 5 km von Kawkaskaja entfernt, und in Armavir, einem neuen Verkehrskontenpunkt des dortigen Gebietes, wegen des Hindernisses ihres Glaubens, den sie nur als ein lockeres Anhängsel mit sich zu schleppen schienen, nicht nehmen lassen wollten und deshalb die Taufe auf sich nahmen, wühlte dieser Schritt die Gefühle nicht auf. Die Frauen förderten die Männer in ihrem Entschluss.

Grischa enthielt sich jeden Rates: *„Ihr habt selbst zu wählen und zu entscheiden."*

Ein entstehendes und sich allmählich steigerndes Missbehagen und Entfremdung hatte die Wurzel weniger in dieser Maßnahme, die man aus Lebensnotwendigkeit erklärlich und berechtigt hinnahm, als darin, das Rosalie in halb lächerlicher und halb beschränkter Bigotterie sich dem salbungsvollen, ungebildeten Popen und seiner Frau eng anschloss, Ampeln, Bilder, Kerzen für die Kirche und das eigene Haus stiftete und eine richtige Betschwester wurde.

Es sollte aber nicht nur eine Mummerei sein, die sie sich umlegten; der tragische Kern, der sich häufig in diesem überzeugungslos lässig genommen Schritt versteckt, sollte sich später im Familienleben entwickeln.

Für Grischa kam ein Aufgeben seines Judentums nicht in Frage. Er hätte damit manche Schwierigkeiten umgehen, das teure Prozessverfahren in Petersburg über sein Freizügigkeitsrecht mit einem Schlage beseitigen können.

Er blieb seinem Gotte treu, oder, wie er es betrachtete, sein GOTT blieb ihm treu. Denn alles, was ihm im Leben zum Guten ausschlug, glaubte er IHM danken zu müsse. Nicht nur, dass ihm schließlich die Rechte erneuert wurden, oder dass er wunderbarerweise dem Tode entrann, als in einem Orkan das Dach des eigenen Hauses sich hob, auf die Straße gefegt wurde und sich dort über ihn stülpte. Nein, das ganze glückliche Leben, seine Frau Katjuscha, die gesund geratenen Kinder, der Erfolg im Geschäft –, geziemt es ihm nicht, seinem Gott dankbar zu sein, IHM eine Spende darzubringen? Aber was kann der Mensch seinem GOTT schenken? Eine Torah.

Mit der Übersiedelung nach Rostow, wo es Gemeinde und Synagoge gab, bot sich dazu die Möglichkeit.

Der Trubel des Umzugs, der neue Anfang, veränderte Verpflichtungen ließen den Vorsatz vergessen oder schoben ihn in den Hintergrund, bis die Mahnung kam: Der 10-jährige Kolja, leidenschaftlich ausgelassener Liebling von Lehrern und Mitschülern, erhielt beim Rodeln eine klaffende Wunde über dem rechten Auge. Was bei jedem andern schlimm verlaufen wäre, Kolja holte sich dabei ein paar schulfreie Tage heraus. Das hinderte aber nicht, dass Sachary Markowitsch seine ganze ärztliche Kunst anzuwenden hatte, und dass den Eltern ein Todesschreck in die Glieder gefahren war.

Es kam Grischa nun fast wie ein Versäumnis vor, dass er sein Vorhaben, die Torah der Gemeinde zu stiften, nicht ins Werk gesetzt hattte.

Eine Torah ist nicht gleich einem anderen Buch, das man aus der Druckpresse nimmt und auf das Regal stellt.

 Ein frommer Mann, der seine Zeit, wenn nicht sein Leben dieser Arbeit widmet, schreibt sie oder malt sie vielmehr, Buchstabe für Buchstabe, mit besonderem Gänsekiel, mit eigens zubereiteter Tinte auf das fleckenlose Pergament eines ausgewählten Tieres.

Die Raumeinteilung eines jeden Blattes ist bestimmten Vorschriften unterworfen. Die einzelnen Blätter werden zu einer fortlaufenden Rolle zusammengefügt, die auf zwei Walzen ruht.

Es ist eine jahrelange Arbeit – das Schreiben einer Torah. Es erfordert Versenkung und Kasteiung und wird einem gottesdienstlichen Leben gleich gewertet.

Im Rahmen eines Gottesdienstes werden die beiden Rollen von einer breiten linnenen oder seidenen Binde umwickelt. Die Mütter stiften diese Binde bei der Geburt eines Sohnes und sie trägt eingestickt seinen hebräischen Namen.

Ein samtener, seidener oder gar silberner Mantel umkleidet die Torah. Dieses Gewand ist verziert mit einer Krone als Zeichen der königlichen Würde, oder mit einem Löwen, dem Symbol der königlichen Kraft, oder den beiden Gesetzestafeln.

Ein Finger oder eine Hand aus edlem Holz oder Silber wird umgehängt. Der Vorbeter begleitet damit beim Vorlesen Zeile für Zeile. Eine wirkliche Krone aus getriebenem Metall mit Glöckchenverzierung krönt sie. Der Schrank, in dem die Torah ruht, heißt der Heilige Schrank. Ihn schmückt ein Vorhang mit ähnlichem Schmuck wie den Mantel der Torah. Und zum Lesen ausgebreitet, ruht sie auf Sammet oder Seide.

Ist schon die Umrahmung des BUCHES eine außergewöhnliche, so ist das Vorlesen erst recht mit besonderer Weihe umgeben und keinem anderen Lesen vergleichbar.

Der Geschichte des Volkes gleich, wird die Geschichte des Buches lebendig gehalten durch die feierlichen Worte des Vorbeters beim Öffnen des Schrankes:

„Und es geschah, wenn aufbrach die Bundeslade, da sprach Mosche: Er-

hebe DICH, EWIGER, dass sie sich zerstreuen Deine Feinde und flüchten Deine Hasser vor Deinem Angesichte. Denn von Zion geht die Lehre aus und das Wort der HERRN von Jerusalem. Gelobt sei der EWIGE, der die Lehre seinem Volke Israel erteilt hat in SEINER HEILIGKEIT."

Der Vorbeter entfaltet die Rolle, erhebt sie, weist sie der Gemeinde:

"Dies ist die Lehre, die Mosche den Kindern Israel vorlegte auf Geheiß des HERRN."

Es ist nun kein Lesen, kein Vortrag, der folgt und dem Vortragenden Ausdruck, Betonung, Inhalt und Umfang des Stoffes überlässt. Das Judentum der ganzen Welt, soweit es gläubig ist, vernimmt am selben Schabbat des Jahres denselben Abschnitt in einer gesungenen Form, die über die ganze Welt dieselben musikalischen Züge trägt, deren Elemente in kleinen Siegeln unter dem einzelnen Wort kenntlich gemacht sind.

Eine bestimmte Anzahl Männer, Sinnbild der Stämme Israels, werden "aufgerufen" und stehen in wechselnder Reihe zur Rechten und Linken des Vorbeters und sagen zu ihrem Abschnitte den Danksegensspruch "dass GOTT das Volk Israel aus allen Völkern erkoren hat und ihm SEINE Torah zuteil werden ließ."

Unter diesem Blickpunkt nimmt der gläubige Jude die Worte des Buches entgegen und in sich auf.

"Kostbare Lehre habe ich euch gegeben", singen der Vorbeter und die Gemeinde, und sie tragen das Buch in feierlichem Schritt in die Lade zurück:

"Ein Baum des Lebens ist sie.
Wer an ihr festhält und wer sie erfasst
ist selig zu preisen.
Ihre Wege sind Wege der Anmut.
All ihre Pfade sind Friede."

Es ist für den Rostower Rabbiner wie für seine Gemeinde eine Überraschung, als dieses neue Mitglied, Gregorij Kononowitsch Itin, der sein Judentum nur bescheiden zur Schau trug, sich wegen eines Torahschreibers an ihn wandte und das Werk in Auftrag gab.

Bald kündigte der "Sofer", der Schreiber, sein Kommen an, um wie üblich, im Hause des Auftraggebers die letzte Hand ans Werk zu legen.

Für die Kinder, die bisher mit der jüdischen Welt nicht in unmittelbare Berührung gekommen waren und die der Vater oder die Mutter in Rostow kaum in die Synagoge mitgenommen hatten, wegen der Weite des Weges, des anstrengend langen Gottesdienstes mit dem Unverständnis der hebräischen Sprache gegenüber – sie waren in der russischen Sprache erzogen, und die Erzieherin redete mit ihnen abwechselnd deutsch oder französisch –, für die Kinder war es ein aufregender Augenblick, als der junge Mensch aus Litauen ins Haus kam, von den Eltern mit einer gewissen Feierlichkeit empfangen.

Es wurde ihm das Arbeitszimmter des Vaters eingeräumt.

Auf Vaters großem Schreibtisch entfaltete sich nun dieses Walzenbuch, ein Buch so groß, dass nicht einmal der Tisch genügend Raum bot, und dass jedesmal das vorherige Stück eingerollt werden musste, wenn ein neues zu Gesicht gebracht wurde.

Der Fremde saß da, weiß gekleidet, kopfbedeckt, mit dunklem Vollbart und kleinen Schläfenlocken. Man sah ihn kaum Speise und Trank zu sich nehmen, die ihm die Mutter auf sein Zimmer stellte, da er es ablehnte, an den gemeinsamen Mahlzeiten teilzunehmen. Speise und Trank, die nach Art und Menge mehr einer Kasteiung als einer Ernährung entsprachen.

Meistens saß er da, tief über die Rolle gebeugt und malte die Buchstaben. Die Kinder durften ihn, so sehr die Neugier sie drängte, nicht stören noch daneben stehen.

Nur der siebenjährige Onja, der sich nicht von der Schwelle trennen konnte, und aus dessen Stille, wie aus seinen Zeichnungen der fromme Mann ersah, dass ihm wohl auch etwas Heiliges innewohne, durfte den Federkiel in Rot und Gold tauchen und handgeführt den letzten Schmuck dem letzten Worte geben.

Als dann das Werk fertig war, wurde es ein Mal die ganze Länge des Zimmers entlang entfaltet und wieder eingerollt.

Die Kinder wurden hereingerufen und von dem Fremden in Gegenwart des Buches gebenscht, das heißt gesegnet, so dass für die Kinder über dem Buche ein Glanz lag, als ob es selber von dem Berge Sinai berichten könnte.

Gregorij war allmählich selbst in eine Erregung geraten, der eines Künstlers vergleichbar, der sein Werk der Vollendung entgegeneilen sieht. Nicht weniger als die Kinder drängte es ihn, das Fertige zu betrachten, das eben Werdende zu begleiten und zu überprüfen.

Er entdeckte zum ersten Male die Kraft und die Schönheit sowie die strenge Rhythmik dieser hebräischen Schriftzeichen, von denen jedes einzelne die „Mizwah", das heißt zugleich das Gebot und die Ehre in sich trägt, GOTT zu dienen, den Namen GOTTES, seine Worte und Verheißungen ausdrücken zu dürfen. Und die Form jedes Wortes schien ihm für diesen Inhalt den sakralen Ausdruck zu geben.

Die Binde, mit der erstmal die Torah umwunden werden sollte, war von weißer Seide. Katjuscha stickte darauf den Namen Aarons, ihres ersten in Rostow geborenen Sohnes.

Der Mantel trug die goldgewirkte Inschrift:
„Auf sie stützt sich der Gerechte."

Der beste Ziseleur bekam den Auftrag, die silberne Krone zu treiben, eine Arbeit, die vor Generationen Grischas eigenen Vorfahren oblag, und deren Entwürfe und Fortschreiten er verfolgte, als ob die künstlerisch-handwerkliche Fähigkeit plötzlich in ihm wieder ans Tageslicht brechen wollte.

Je näher der Tag des Abschlusses heranrückte, desto mehr war Gregorij entschlossen, ihn zu einem Fest zu gestalten.

Er empfand mit einer leisen Traurigkeit, dass Katjuscha ihn darin nicht freudig unterstützte und mit einem gewissen Widerstreben von den Einladungen vernahm, die er einem weit ausgeholten Kreis der Gemeinde zugehen ließ, sowie an die gesamte Verwandtschaft, an alle Schwäger, die nicht getauften wie die getauften. Sie alle sollten am Feste teilhaben.

Katjuscha war keineswegs gegen Gastfreundschaft, aber sie war jeder Aufmachung abhold, wenn die Gäste nicht zugleich in ehrlicher Freundschaftsbeziehung standen, und sie empfand es als eine Störung, gerade um Grischas religiöser Grundstimmung wegen, auch die Schwäger und die getauften Schwestern dazu zu laden.

„Muss das alles sein?", versuchte sie einzuwenden.

„Warum willst du mir meine Freude verderben? Schließlich bin ich es doch, der alles geschaffen hat. Und die Ausgaben – es ist noch lange kein Zehntel", das Zehntel, das der Jude seinem Gotte opfern soll.

Katjuscha verstummte.

Da nun Grischa vermutete, Katjuscha könnte vielleicht vor der vielen Arbeit zurückgeschreckt sein, so bestellte er ohne Katjuschas Zutun ein kaltes Büffet mit allen notwendigen Getränken aus dem Klub, dem er angehörte, und mietete einige der dortigen Diener zum Servieren. Er überraschte mit diesen Vorkehrungen seine Frau, ohne die Freude zu ernten, die er für seine Vorsorglichkeit erwartet hatte.

Es gibt Worte zwischen Ehegatten – gesichtslos für einen Dritten – die zufällig fallen, nie wieder erwähnt zu werden brauchen und dennoch ein Dauerleben führen. Ein solches Wort war Grischas harmloses, „schließlich bin ich es doch, der alles geschaffen hat", in dem Katjuscha einen Stich fühlte, einen Vorwurf, während es in jenem Augenblick von Grischa mit einem gewissen Stolz gesagt war. Er sollte es später noch manchesmal mit Bitterkeit vor sich allein und zu sich selbst, nicht zu Katjuscha sagen. Aber jetzt war er stolz, dass er, das Waisenkind, aus eigener Kraft all das zu schaffen verstand. Es war ihm nicht nur geglückt, das eigene Heim, die eigene Familie zu gründen. Er, der vor 20 Jahren mit 500 Rubel begann, repräsentiert einen angesehenen Namen und ist Rückhalt der ganzen Familie. Er hatte dem Pflegevater Aaron – das Andenken des Verstorbenen um der Pflegemutter Anna Lasarowna willen ehrend – die harte Jugend nicht nachgetragen und wurde noch zu dessen Lebzeiten, erst recht aber nach dessen Tode, die Stütze der Familie.

Er ermöglichte der einen Tochter die Hebammenausbildung in Petersburg, dem Sohne Benjamin das pharmazeutische Studium, was Freizügigkeit bedeutete, auch wenn er den erlernten Beruf nicht ausübte, sondern vorzog, die rentablere Vertretung des Pariser Getreidehauses Dreyfus, eines Verwandten jenes Hauptmann Dreyfus, in Wladikawkas zu übernehmen. Den jüngsten Sohn Xenja, der sich in die revolutionäre Bewegung verstrickte, verstand er vom Gefängnis frei zu bekommen, ohne Rücksicht auf die großen Geldopfer, die er zu diesem Zwecke auf sich nahm.

Gregorij war erst recht die Stütze von Katjuschas Familie. Das Geschäft des Schwiegervaters benötigte zum wiederholten Male Grischas Einspringen. Dem Schwager Abraham leistete er Bürgschaft mit allen Konsequenzen. Dem Schwager Zapp, dessen Frau Marusja sich in ihrem Eisenbahnermilieu auf die Dauer unglücklich fühlte – Zapp hatte sich den Lokomotivführerberuf erwählt – übergab er Bjelaia Glina und führte ihn dort ins Geschäft ein, eine mühselige Arbeit bei dem schwerfälligen, Ratschlägen wenig zugänglichen Menschen. Für Konstantin Brussilowsky, dem Manne seiner Schwägerin Rosalie, gründete er die Filiale in Gulkewitsch und für Isai Aptekman die Filiale in Armavir.

Alle diese Geschäfte lauteten auf den Namen Aptekman und Itin. Aber Leon Lasarewitsch Aptekman begnügte sich mit dem Geldbeschaffen. Er lieh das Geld, bekam Zins und beteiligte sich am Verdienst. Das tatsächliche Gründen, Aufbauen, Beziehungen schaffen, der gute, fest gegründete Name des Geschäfts war Grischas Tun.

Katjuscha war gar manchesmal bedrückt: *„An dir saugt jeder."* – *„Lass gut sein, Katjuscha, uns hat es Gott gegeben."* Und er gab, ohne Dank zu verlangen, und Alle kamen und nahmen. Fast schien dies ihre Dankesbekundung, dass sie nahmen.

So war es auch mit der Einladung zu diesem Fest. Es fiel auf den ersten Januar, der zugleich Grischas Geburtstag war.

Eine Einladung nach Rostow rentierte sich stets für die Verwandten. Sie waren dabei wochenlang Gäste und gingen reich beschenkt für Haushalt und Kinder wieder zurück. Sie stellten es aber gerne als einen besonderen Gefallen und zeitliches Opfer dar, dass sie kamen.

Dieses Mal kamen sie gar noch in besonderer Gönnerlaune, denn man könne nicht erwarten, dass die alte Torah noch Reize auf sie ausübe. Wenn aber der Chef des Hauses einlade, gebühre es sich nicht, abzulehnen. Und sicher bedeute die großartige Spende eine gute Geschäftseinführung.

Grischa bemühte sich zu überhören, aber Katjuscha fühlte an seinem Verstummen die gewaltsame Beherrschung.

Sie waren aufmerksam, die Schwäger. Sie hatten sich gemeinsam zu zwei großen, nach Silber aussehenden Vasen zusammengetan.

Grischa dankte. Katjuscha spürte seinen Groll. Sie war es in aller Traurigkeit zufrieden, dass er sich ihr gegenüber entlud, statt ein viel tieferes, stummes Leben zu führen.

„Ich verlange nicht ihre Geschenke. Aber wenn sie was geben, soll es echt sein. Ich fürchte ihre Gesinnung ist von gleichem Alpacca wie ihre Gabe." – *„Ärgere dich nicht, Grischa. Es ist wohl nur eine Geschmacksverirrung." –* *„Katjuscha, ich bin doch nicht schuld an ihrer Taufe. Ich habe sie doch nicht dazu gezwungen oder veranlasst." – „Was machst du dir Gedanken. Sie taten es doch aus freien Stücken. Sie wollten ihre Existenz." – „Dass ich's duldete, liegt darin ein Unrecht? Ich dachte es mir als Fest und bin nun voller Traurigkeit."*

Grischa war es bei der Stiftung der Torah nicht um eine Geschäftsempfehlung zu tun. Daran dachte keine Faser seines Herzens. Ihn hatte in der letzten Zeit eine Fest- und Frömmigkeitsbegeisterung überkommen, und es erfasste ihn dieser heilige Taumel des König David, der im Tanze mit der Heiligen Rolle durch die Straßen Jerusalems zog. Wenigstens in feierlichem Aufzug wollte Grischa die Torah in die Synagoge tragen lassen.

Er stieß auf den Widerspruch Katjuschas, die ihm nur mit Mühe und Verdruss seinerseits klar machen konnten, dass der erste Januar mit seinen zahlreichen Betrunkenen auf den Straßen Rostows sich nicht mit Jerusalems Bevölkerung zu König Davids Zeiten vergleichen ließ.

Was Grischa nie entbehrte, glaubte er jetzt zu entbehren: Dass seiner Frau die orthodoxe Frömmigkeit fehlte, die das jüdische Haus und Leben zu der Innerlichkeit stempeln, die ihm nachgesagt wird. Es war ihm auf einmal ein sehnsuchtsvolles Aufwachen aus erster Jugendzeit, seinen Chederjahren, die er in ihren Formen schon längst abgelegt hatte. Er verstand es nicht, dass sich Katjuscha nicht in etwas Fremdes drängen lassen wollte, und dass er selbst im Zwiespalt stand.

Die Worte mit den Schwägern rissen ihn in die Nüchternheit. Nun aber war das Fest in Szene gesetzt und musste durchgeführt werden.

Die Geladenen, der Rabbiner, der Gemeindevorstand, fast die gesamte jüdische Rostower Kaufmannschaft, sie kamen alle. Das Haus war voll. Es wurden Reden gehalten auf das neue Mitglied, die Stütze der Gemeinde. Der Hausherr hatte für jeden ein freundliches Lächeln, ein freundliches Wort.

Die Hausfrau konnte sich nur flüchtig den Gästen widmen. Wie häufig bei solchen vorbestimmten Tagen, wo alles in Ordnung zu sein hat, erkrankte im letzten Augenblick eines der Kinder, so dass Mutter- und Hausfrauenpflicht sich trennten und Krankenbett und geschmückte Tafel sich seelisch schwer vereinigen ließen. Das Herz weilte beim Kind, während Lächeln und Worte sich auch auf die übrigen Räume zu verteilen hatten.

Wenn Grischa von einer Gruppe zur andern schritt, Geschäftsgespräche, Witze, kleine Klatschgeschichten eben abbrechen hörte, um sich in Glücks- und Lobesworte für den Torahspender umzubiegen, so tat er im Innern seiner Katjuscha Abbuße, dass sie ihn vor dem trunkenen Tanz durch die nüchternen Straßen Rostows bewahrt hatte.

Er bangte vor dem morgigen Tag. Katjuscha wollte das kranke Kind nicht verlassen. Den anderen Kindern wollte man den weiten Weg in der Januarkälte nicht zumuten.

Die christlichen Schwäger überlegten es sich, ob sie der Feier zuliebe Kirche oder Synagoge zu besuchen hätten und beschlossen, aus Parität auf beides zu verzichten.

So fuhr Grischa mit Schwiegervater und seinem Schwager Abraham auf der Straßenbahn zum Gottesdienst. Der Frost war zu schneidend, als dass sich ein Gespräch entfalten konnte.

Sie betraten die Synagoge. Sie war, wie meist am Schabbat, schwach besucht. Grischa begab sich auf seinen Platz, legte sich den Tallit um und ist vom Ritual umfangen.

Als Erster zur Aushebung der Torah aufgerufen, steht Grischa links vom Vorbeter, der die Rolle unter Gebetsgesang aus dem Schranke hebt. Die Menschen um Grischa herum versinken. Wie er vor der offenen Lade steht, weilen seine Gedanken bei seinem toten Vater, den er nicht gekannt, bei seiner toten Mutter, die er nicht gekannt, die auf einem der verlorenen Judenfriedhöfe Russlands ruhen und auf deren Grab er in Sohnespflicht in unregelmässigen Jahrespausen weilt.

Wie ihm nunmehr der Vorbeter die Torah in den Arm legt, fühlt er eine schwere Last, die Last seines Bedenkens: *Bin ich würdig?*

Er sieht nicht die schöne Zier, hört nicht das dünne Geläut der Glöckchen, sieht nicht das beifällige Nicken der Gemeinde, achtet nicht der Kinder und Erwachsenen in ihrem Vordrängen, mit dem Kuss der Fingerspitzen die Torah zu berühren, er hört nur sein Inneres: *Bin ich würdig?*

Er legt mühselig die Rolle auf den Gebetspult, wo sie der Vorbeter geübt entrollt, um den Abschnitt des Tages vorzutragen.

Grischa spricht den Segensspruch und verfolgt mit den Augen und gedämpftem Ohr die Worte:

136

„Das sind die Namen der Söhne Israels,
die nach Ägypten Gekommenen, –
Mit Jaakob kamen sie, jeder mit seinem Haus:
Ruben, Schimon, Levi und Jehuda,
Isaschar, Sebulun und Benjamin,
Dan und Naftali, Gad und Ascher.
Alle Seelen, die aus Jaakobs Lende gefahren,
siebzig Seelen waren es
mit Joseph, der schon vordem in Ägypten gewesen.
Joseph starb, all seine Brüder, all jenes Geschlecht

– – –

Die Söhne Israels fruchteten, sie wimmelten,
sie mehrten sich, sie erstarkten sehr, gar sehr.
Das Land füllte sich mit ihnen.

– – –

Ein neuer König erstand über Ägypten,
der Joseph nicht gekannt hatte.“

Grischa spricht den Schluss-Segen: *„Gelobt seist Du. Du hast uns die*
wahre Lehre erteilt und ewiges Leben in uns gepflanzt. Gelobt sei der Ewi-
ge, der uns die Torah erteilt hat.“

Es erfolgte die Ankündigung der reichlichen Spenden für Arme,
Bräute, Greise, Schule, und beifälliges Murmeln wurde hörbar.
Grischa begab sich auf seinen Platz zurück.

Die Worte seines Abschnittes begannen ihr Leben:
„Dies sind die Namen der Söhne Israels
Ruben, Schimon, Levi, Jehuda –“

Ist nicht auch er, Grischa, inmitten einer solchen Sohnesreihe?
Kolja, Mischa, Onja, Aaron – und seine eigene Reihe wird weiter
gehen und sie werden sich mehren

„die nach Ägypten Gekommenen –“

Sind sie noch, sind sie wieder im Lande Ägypten?

Wohl immer kennt die Seele ein Land Ägypten, ein Haus der
Knechtschaft.

Sind sie vielleicht schon in ihr Land Kanaan zurückgekehrt? Gibt
es ein wirkliches Kanaan?

Schmerzlich kommt ihm das Fernsein von Katjuscha, die Abwesenheit aller Kinder in den Sinn. Seine Augen lesen im Gebetbuch
nach:

„Ein neuer König erstand in Ägypten,
der Joseph nicht gekannt hatte.“

Wer oder was ist dieser König, der Joseph nicht mehr gekannt
hatte? Ist es die ganze Welt? Ist es sein enges Ringsum?

Wer ist dieser Joseph? Ist es nicht das eigene Judentum, das keiner mehr kennt? Schmerzhaft, nicht Frau, nicht Kinder stehen neben ihm in fühlbarer Nähe.

Gewiss, die Kinder sind klein, verstehen nichts. Wird es anders sein, wenn sie erwachsen sind?

„Ein neuer König war erstanden,
der Joseph nicht mehr gekannt hatte."

Die Predigt des Rabbiners entriss Gregorij seinen Gedanken. Sie galt den Worten: *„Ihre Wege sind Wege der Anmut und ihre Bahnen Friede."*

Zum Schluss streckten sich Grischa alle Hände entgegen, die er nicht ohne Rührung ergriff.

Aber er war allein.

Auf der Nachhausefahrt schlug ihm aus dem Geräusch des Straßenbahnwagens der Nigun, der Gebetsingsang entgegen: *Ein neuer König war erstanden, der Joseph nicht gekannt, ein neuer König war erstanden, der Joseph nicht gekannt.*

Zuhause küsste er die Frau, benschte und küsste die Kinder, küsste der Schwiegermutter Ewgenja Moisewna die Hand, Schwiegersohn und Schwiegermutter waren sich von Herzen zugetan, und suchte dann das Schlafzimmer auf, um eine Viertelstunde allein zu sein, um nachzudenken, was in seinem bisherigen Leben falsch war.

Er ist fromm, ist gläubig und sieht sich fern von seinen Kindern und seinem Heim. Was hat er getan? Was hat er versäumt?

Hat er nicht, wie vorgeschrieben, die Reden an sein Herz gelegt und an seine Seele, sie zum Zeichen an seine Hand geknotet und zu einem Gebinde zwischen den Augen?

Doch weiter heißt es: *„Lehret sie euren Söhnen, davon redend, wenn du in deinem Hause sitzest und wenn du auf dem Wege gehest, wenn du dich hinlegst und wenn du dich erhebst."*

Warum versäumte er das? Gebrach es ihm an Zeit? Woran gebrach es ihm?

Als Grischa zu Tische erscheint – heiter – erzählt er von der Rede des Rabbiners, was das bedeutet: Die Wege der Torah sind Wege der Anmut – der Gottesgedanke, die Gottesverbundenheit machen erst den Menschen zum Bruder – und wie es sich dann von selbst ergibt, dass alle ihre Bahnen Frieden sind.

Er spricht nur zu den Kindern und Katjuscha. Er zieht sie in seinen Bann und steht im selben Bann ihrer Blicke. Und Schwäger und Schwägerinnen übersieht er.

Doch war das nur ein Heute, nicht das Morgen. Das Morgen mit Geschäft und Betriebsamkeit räumte keine Zeit der Torah ein, und ein Jedes schien irgendwie an ihrem Vergessen zu arbeiten.

Die Verwandten blieben noch zu Gast. Die Frauen machten ihre Einkäufe. Was für Rostow schon Winterausverkauf war, bedeutete für Bjelai Glina, Gulkewitsch und Armavir kommende Mode. Die Frauen statteten sich, die Töchter und den Haushalt aus.

Am Mittagstisch herrschte sonst immer Stille. Grischa pflegte müde vom Geschäft heimzukommen und Katjuscha lehrte die Kinder Ruhe zu halten. Jetzt dagegen schwirrten laute Gespräche mit weiblichen Einkaufsmöglichkeiten, mit den üblichen Familienwichtigkeiten und -nichtigkeiten. Doch auch mit Fragen der Schule und Erziehung: *„Vielleicht könnte Katjuscha ein Kind von jeder Schwester aufnehmen? Wo sechs Kinder sind, isst ein siebentes, ein achtes unbemerkt mit.“* Dienstboten seien es ja genug und eine Erzieherin sowieso im Hause. Die Schwestern übernahmen selbst an Katjuschas Stelle die Erklärung. *„Nicht jeder hat es so gut und reichlich wie ihr“*, meinte Marusja. *„Für euch arbeiten auch drei Familien“*, fügte Rosalie hinzu. Katjuscha schwieg. Doch die Mutter Ewgenja erwiderte: *„Ich glaube, ihr habt keinen Grund, euch über Grischa und Katjuscha zu beklagen.“* – *„Wir beklagen uns doch nicht“*, gab Sonja zurück. *„Wer beklagt sich denn? Im Gegenteil, es ist sehr schön und üppig und sehr reichlich hier.“*

„Ich muss zu meinem Kind“, sagte Katjuscha und ging weg.

„Ich schäme mich für euch“, schloss Ewgenja das Gespräch.

Das Ansehen der Mutter galt wenigsten noch so viel, dass es die Töchter zum Schweigen brachte.

Es galt nunmehr als abgemacht, dass sie ihre Kinder Katjuscha schickten und dass Grischa für Verpflegung und Schule aufkam.

Mit den Männern hatte Grischa ernste Unterredungen. Manche seiner Geschäftsgrundsätze wurden von den Schwägern gelockert. Sie ließen sich gegen seinen Rat in Termingeschäfte ein mit all den spekulativen Gefahren. Sie gaben manchen fragwürdigen Kredit, und es schien, dass sie listigen Schmeicheleien manches adligen Grundbesitzers zugänglich waren, die dem Interesse des Geschäftes nicht gut bekamen. Ja, dass ihr frisches Christentum im Verkehr mit diesen Schichten ihnen nicht das Gefühl der Selbstsicherheit gab, sondern im Gegenteil der Schwäche, ein etwas liebedienerisches Nachgeben und Nachgehen zur Folge hatte, was Grischa ein tiefes Missbehangen verursachte, ohne dass er sich darüber äußern wollte.

Nicht jede Abrechnung erschien ihm übersichtlich und klar. Doch verband die Schwäger eine gemeinsame Linie der Abwehr:

„Von Rostow aus, wo man nur den Gewinn einsteckt", meinte Brussilow-ski, *„sieht alles einfacher aus als in der Steppe, wo man die Arbeit tut."*

Es entstand eine Pause. Grischa zündete eine Zigarette an und legte die letzte, kaum angerauchte, beiseite. *„So?"*, er deckte sich die Hand übers Auge, *„so meint ihr? Ich weiß nicht, ob man sagen kann, dass ich keine Ahnung von euren Geschäften habe, die ich gründete und deren Namen ich schuf. Ich weiß nicht, ob nicht ein gut Teil des Ertrages darin besteht, dass ich euch die Absatzbedingungen schaffe, wobei euch wiederum mein Name trägt."*

Grischa stellte für das Frühjahr seinen Besuch in Aussicht, um sich an Ort und Stelle zu orientieren. Damit brach er die Unterhaltung ab.

Als schließlich alles verzogen war, nur Ewgenja Moisewna, der stille, gute Geist, verweilte noch, kam Grischa herein. Alle Zimmer waren schon gefegt und geschrubbt und die Fenster standen offen. Er fasste Katjuscha bei der Hand, atmete tief auf: *„Ah, schöne, reine Luft!"*

Wie man einen Schmerz nicht berührt, sprachen die beiden nicht mehr von der Torah.

Eine Torah gerät nicht in Verschollenheit. Doch ist es mit dem Torah-Stiften allein nicht getan.

Wenn Gregorij Itin an seltenen Schabbatot, regelmäßiger an den Feiertagen, die Synagoge besucht, so schlägt ihm eine Rötewelle ins Gesicht, wenn seine Rolle ausgehoben wird.

Er wünscht sehnlichst seine Kinder herzuführen, um ihnen religiöses Bedürfnis näher zu bringen. Wenn er aber von Mal zu Mal erlebt, wie außer dem Gesang des Kantors und dem halbwegs routinierten Chor der Gemeinde, aufgefüllt mit bezahlten christlichen Stimmen, nicht allzuviel übrig bleibt von wirklicher Weihe im halbleeren Raum, wenn er wahrnimmt, wie besonders die Vorlesung aus der Torah, inhaltlich wie zeitlich eigentlich der Mittelpunkt und Brennpunkt des heiligen Dienstes, wo das Wort Mosches oder des HERRN selbst zu der Gemeinde spricht, die vernachlässigste halbe Stunde darstellt, ohne Disziplin bei den Kindern, ohne Aufmerksamkeit bei den Erwachsenen, geflüsterten Privatgesprächen – dann sieht er sich fragend um, auf der Suche nach dem Judentum bei diesen Menschen.

Er empfindet es mit innerer Beschämung, dass es ihm erst jetzt deutlich ins Bewußtsein tritt, wo es *seine* Torah betrifft.

Wenn er dann seine Nachbarn näher betrachtet, die er einzeln aus ihrem Geschäft und ihren Geschäften kennt, aus ihrem teilweise lässigen Leben und verantwortungslosem Lebenlassen: Er ist hier wohl in seiner Gemeinde, aber es ist nicht eine Gemeinschaft, die Gregor Kononowitsch als die seinige ansprechen möchte.

140

Es drängt ihn nicht mehr, im Gegenteil, es schreckt ihn der Gedanke, seine Kinder, die schon im Fragealter stehen und deren bohrendem „Warum" nach Gott nicht Genüge getan werden kann, hierher zu führen oder gar hierher zu zwingen, zu einer äußerlich zur Schau getragenen Frömmigkeit und Gläubigkeit.

Aus welchem Propheten nur fliegen ihm gerade die Worte zu: „Wenn du betest, sollst du nicht sein wie die Heuchler, die da gerne stehen und beten in den Schulen und auf den Gassen, auf dass sie von den Leuten gepriesen werden."

Er, Grischa, wird auch weiterhin weder Frau noch Kind veranlassen, ihn auf diesem Gang zu begleiten, es sei denn, dass sie es selber wünschten. Doch tut es ihm leid, dass es ihm nach wie vor nicht glückt, den jüdischen Charakter des Hauses mehr zur Geltung zu bringen, zumal ein neues Mitglied des Hauses ihn an diesen Fehler stillschweigend gemahnt. Es ist Maria Petrowna, die christliche Erzieherin, die seit kurzem in den Familienkreis einbezogen ist.

Die erste Erzieherin, Mina Isakowa, wurde wegen ihrer Verheiratung von ihrer Schwester Henriette abgelöst. Diese war wohl zu jung und pädagogisch nicht begabt genug, um mit der wilde Bande der Kinder zurecht zu kommen. Als dann auch Henriette ihren Mann fand, erschien dies Katjuscha mehr eine Verminderung der eigenen Arbeit als eine Vermehrung. Man begnügte sich nun mit einem Kindermädchen für die Kleinen, während die Größeren eine Hauslehrerin für den Sprachunterricht und einen jungen Lehrer für Mathematik und Geschichte erhielten.

Der Haushalt hatte einen beträchtlichen Umfang: Das Hilfspersonal für die sechs Kinder, zwei Dienstmädchen, Kutscher, dazu Gäste und Verwandte, die, verweilten sie einzeln auch nicht allzulang, in ihrem Wechsel aber konstant blieben. Es lag eine große Arbeitslast auf Katjuschas Schultern. Und sie wurde noch vermehrt. Schwester Marusja schickte ihre Tochter Manisja, um in Rostow die Schule zu besuchen, und Schwester Rosalie schickte ihren Sohn Mischa. All das mit der Selbstverständlichkeit, wo sechs Kinder sind, hat auch ein siebentes Platz, und bei sieben schlüpft auch ein achtes unbemerkt unter.

Das mag bei den eigenen Kindern stimmen. Bei fremden, und Kinder von Verwandten sind oftmals behutsamer zu behandeln als jene, ist das siebente Kind ein deutlich wahrgenommenes siebentes und das achte mitunter zugleich ein neuntes.

Mischa Brussilowski vor allem fiel so ganz aus der Art der Itinschen Kinder. War diesen das Lernen ein Interesse, die Schulaufgaben eine Spielerei, für Mischa bedeutete es ein qualvolles Ochsen. Hatten jene vor lauter wichtigen Dingen und Problemen keine

Zeit, sich um Kleidung und andere Nebensächlichkeiten zu kümmern, so konnte Mischa eine halbe Stunde vor dem Spiegel verweilen. Außerdem besaß er eine Charaktereigenschaft, die Katjuscha und Grischa zu schaffen machte. Mischa erhielt bei seiner Brithmila den Namen Moshe. Als dann seine Eltern sich und ihn rechtgläubig taufen ließen, wurde sein Name in Michael abgewandelt. Die Familie lebte in Gulkewitsch als einzige Juden oder vielmehr als einzige Neu-Christen. Dem Popen, der sich um ihr Seelenheil kümmerte, gelang es, in Rosalie eine richtige Bigotterie zu züchten, so dass sie sich in Kirchgehen und frommen Stiftungen nicht genug tun konnte und auch in dem Kind eine aufdringlich übersteigerte Wichtigkeit für den sonntäglichen Kirchgang und andere religiöse Obliegenheiten großzog.

Es bedurfte manches Eingreifens seitens Grischas und Katjuschas, um den Frieden in dieser heterogenen Kinderschar zu wahren und den empfindlichen, leicht gekränkten Mischa sich nicht benachteiligt fühlen zu lassen. Es war den Eltern nicht immer klar, war es die „Rechtgläubigkeit" der Mutter, war es der Funke Neid der Brussilowskis gegenüber den Itins, war es schon ein Wahrnehmen des Unterschieds zwischen Jude und Christ, in Überheblichkeit oder Unsicherheit, die in dem kleinen Mischa schwelten. Vielleicht wirkte alles zusammen, dass er seiner Christenpflicht mit einer pedantischen Treue oblag und sie zur Schau stellte und das ganze Haus zwang, sein Christentum nicht außer Acht zu lassen.

Es war eine körperlich und seelisch aufreibende Arbeit für Katjuscha und eine tüchtige Erzieherin konnte manches erleichtern. Der Zufall wollte es, dass in jenen Tagen die Erzieherin der Tochter des Bezirkskommandeurs frei wurde und ihre Dienste anbot. Die Zahl der Familien, die sich eine Erzieherin leisten konnten, war gering.

Selbst wenn die Kinder dieser Familien so wenig wie die Familien selbst Berührung miteinander hatten, so kannten sie sich von ihrem halb feierlichen und beaufsichtigten Promenieren. Ebenso bestand zwischen den Erzieherinnen ein unsichtbares Band der Berufsgemeinschaft. Die Mütter wiederum hatten ein Auge für die Gouvernanten der anderen Häuser und ein Wertmaß für deren Tüchtigkeit aus dem Verhalten ihrer Zöglinge beim Spaziergang, im Theater oder wo immer man sich sonst zufällig treffen mochte, sowie aus der Art und Weise, wie die Erzieherin sich zu den anvertrauten Kindern und wie diese sich zu ihrer Erzieherin verhielten.

„Sollen wir eine Nicht-Jüdin nehmen?" Schon einmal stand man vor dieser Frage. Damals bot eine Baronesse von Kleist ihre Dienste an. Es war vielleicht ein harmlos jugendliches Geschöpft aus verarmtem Adelshaus, das sich auf ehrlich arbeitsame Weise seine Existenz selbst verschaffen wollte oder musste. Aber Katarina Leontowna

bangte vor dem Adelstitel. *„Ich bin nicht vornehm genug, um mich von einer Baronesse bedienen zu lassen und bin mir zu vornehm, um eine Baronesse zu bedienen."*

Maria Petrowna Tonberg dagegen war einfacher Leute Kind. *„Warum sollen sich in meinem Haus nicht alle Konfessionen in Frieden vereinen"*, meinte Grischa. *„Sie ist Deutsche und als solche sicherlich tüchtig."*

Maria Petrowna war Baltin aus Riga. Die Baltinnen wurden in Russland als Deutsche angesehen. Ihre Eigenschaften: Zuverlässigkeit, Genauigkeit, Tüchtigkeit, Ehrlichkeit galten als deutsche Eigenschaften. Sie war Protestantin. Zu Recht oder Unrecht galt auch das fast mehr als deutsche Eigenschaft denn als religiöses Bekenntnis.

Doch stellten diese deutschen Kreise in den russischen Städten nur scheinbar ein einheitliches Gebilde dar. In Wirklichkeit schieden sie sich in dieselben gesellschaftlichen Zirkel und Kasten mit Kasino, Sportverein, Flottenverein, Liederkranz wie in irgend einer deutschen Mittelstadt. Obgleich sie vorwiegend aus Protestanten bestanden, so trat das Konfessionelle hinter das Gesellschaftliche zurück, war durchaus kein einigendes Band, zumal der Pfarrherr selbst, mehr aber noch seine Gattin und Töchter darauf bedacht waren, der Oberschicht zugezählt zu werden. So machte gerade das Wort des Probstes von Töne seinen Umlauf: *„In Rostow gibt es nur drei gute deutsche Familien: von König, von Koschwitz und von Töne."*

„Sie kommen in ein jüdisches Haus", sagte Katarina Leontowna, *„und ich möchte Sie bitten, erst einige Tage bei uns zu sein, bevor Sie sich binden."* Den Erzieherinnen waren die Eltern so wenig fremd, wie es umgekehrt der Fall war, und sie hatten ein sehr genaues Urteil über sie: aus dem Maß der Achtung der Kinder, aus dem Benehmen der Herrschaften zu den Erziehern, dem wahrnehmbaren Grad der Distanzierung und der Häufigkeit des Wechsels der Angestellten. Im Hause Itin gab es bis jetzt keine Entlassung, außer durch Heirat – ein idealer Entlassungsgrund für eine Erzieherin.

Maria Petrowna nahm unbedenklich an.

Sie verstand es vom ersten Augenblick an, die Kinder zu fassen. Ein Mal jedoch, als die sechsjährige Sarah nicht zu bändigen war, riss ihr die Geduld: *„Du bist ein ungezogenes Judenmädel."*

Für Sarah war das keine Beleidigung. Sie wusste mit diesem Worte nichts anzufangen. Doch die Mutter hörte es im Nebenzimmer und kam heraus: *„Sarotschka benahm sich wohl sehr ungezogen. Das ist nicht schön von dir, Sarotschka."* Maria Petrowna war von Röte übergossen. *„Wenn Sie die Kinder zu Bett gebracht haben, möchte ich mit Ihnen sprechen, Maria Petrowna."*

„Maria Petrowna", sprach am Abend Katarina Leontowna, *„wir*

sind mit Ihrer Arbeit zufrieden. Ich habe Sie aber nicht im Zweifel gelassen, dass Sie in ein jüdisches Haus kommen. Sie sind frei. Sollten Sie sich zum Bleiben entscheiden, so darf eine derartige Bemerkung kein zweites Mal fallen."

Maria Petrowna versuchte keine Ausrede. Sie bat die Taktlosigkeit zu verzeihen. *„Wenn Sie sonst mit mir zufrieden sind, Katarina Leontowna, Sie werden sich darüber nicht wieder zu beklagen haben."* Das Gespräch war für Katarina damit zu Ende.

Sie hatte sich in all den zwanzig Jahren, in denen Maria Petrowna im Hause war, nicht mehr zu beklagen.

Als kurze Zeit darauf Olga an Scharlach erkrankte, übernahm Maria aus freien Stücken die Isolierung und die anstrengende Pflege. Die Mutter hätte nicht aufopfernder, unermüdlicher, liebevoller sein können. Als hernach die Ansteckung auf Sarah überging, erstreckte sich dieselbe Fürsorge auf sie. Die Eltern wussten es zu schätzen. Maria Petrowna wurde für die Kinder ihr „Mariechen" und für die Eltern wurde sie ein Glied der Familie.

Der Glaubensunterschied trat nicht als etwas Fremdartiges in Erscheinung. Wohl besuchte Mariechen regelmäßig die Kirche – es war wohl auch ein Ausfluss deutscher Gewissenhaftigkeit. Als sie an Weihnacht bat, Raitschka mitnehmen zu dürfen, um ihr den lebendigen Christbaum zu zeigen, der ihr aus Märchen längst vertraut war, und der in seinem Lichterglanz die Kirche bis zur Decke füllte, gönnten die Eltern dem Kinde wie Mariechen diese Freude.

Gregorij Kononowitsch hatte schon längst vergessen, dass er einmal Mariechens wegen seinem Hause einen religiöseren Anstrich gewünscht hätte.

Von anderer Seite sollte der Protestantismus Einzug in das Haus Itin halten, ohne dass Gregorij zufrieden sein konnte, dass sein Haus alle Konfessionen vereinte.

Es war knapp zwei Jahre nach dem Torahfest. Katjuschas Schwester Sonja, deren Mann Isay Aptekman die Filiale in Armavir leitete, hatte eben den zweiten Sohn bekommen und meldete sich mit dem Säugling zu einem kurzen Besuche an, *„um den Arzt zu konsultieren und sonst einiges zu erledigen."*

Den besorgten Fragen Grischas am Bahnhof wich sie errötend aus *„nicht so schlimm, Frauenangelegenheiten."* Doch sobald sie mit Katjuscha allein war, sagte sie: *„Ich wollte nicht mit der Türe ins Haus fallen, wir wollen das Kind taufen lassen. Das Kind ist nicht sehr kräftig und der Arzt meint, die kalte Kirche könnte ihm schaden. Deshalb wollen wir es bei euch taufen lassen. Zuhause fällt es auch weniger auf."*

Katjuscha starrte erschrocken die Schwester an, wie sie mit einer Selbstverständlichkeit dieses Ansinnen hervorsprudelte.

„Wie, Sonja, eine Taufe? Aber doch nicht bei uns zuhause?" – „Was ist denn schon dabei? Ihr hattet die Jahre über doch auch einen Nutzen von unserer Taufe."

„Oh Sonja, doch nicht in unserer Wohnung?"

„In der Kirche weiß es sofort der ganze Klub und die ganze Gemeinde, sagt Isay mit Recht, und das ist Grischa sicher peinlich. Zuhause lässt es sich, wenn man mit dem Pfarrer spricht, diskret erledigen und – Isay hat alles bedacht – Maria Petrowna könnte die Patin sein."

„Habt ihr kein Gefühl dafür, was ihr von Grischa verlangt?"

„Es ist doch nur Formsache. Wenn wir das schwerere A sagten, könntet ihr ruhig das leichtere B sagen. Man ist nicht umsonst Christ als Jude. Ich dachte, ihr seid darüber erhaben. In Armavir haben wir keine Kirche und keinen Pfarrer. Wir sind dort die einzigen Protestanten. Grischa sagt bestimmt nicht nein."

„Dass er nicht nein sagt, ist schon möglich. Es bleibt aber doch ein Unrecht, das ihr ihm zufügt."

Katjuscha war empört und beschämt zu gleicher Zeit. Sie hätte sich am liebsten eingeschlossen und geweint. Es war eine hässliche Überrumpelung. Sie schämte sich vor Grischa. Sonja hatte er seinerzeit zu sich genommen nach Bjelaia Glina. Er hatte sie ausgestattet. Dem Manne hatte er die Filiale eingerichtet.

Sie schämte sich vor Mariechen. Sie sollte Mariechen bitten, zu disem Spiele die Hand zu bieten?

Sie schämte sich vor den Kindern. Sie duldete eine Lüge oder hatte eine Lüge zu vertuschen.

Am meisten aber bangte es ihr vor Grischa. Sie weiß nicht, was er sagen wird. Aber sie weiß, es trifft ihn in der Seele.

„Ist es etwas Ernstes bei Sonja?" frug Grischa besorgt, als er mit Katjuscha allein war.

„Ach, Grischa, sie kommt, um ihren Sohn bei uns taufen zu lassen."

„Bei uns?!", fuhr Grischa auf. „Bei uns, in unseren Räumen?!"

Katjuscha wiederholte ungefähr ihr Gespräch mit der Schwester. „Ich habe nichts dagegen, wenn du nein sagst, Grischa."

„Bei uns, bei mir im Hause? Bei mir im Hause?" Es war ihm mehr als ein Schlag ins Gesicht. Man lacht, man spottet über sein religiöses Empfinden, sonst könnte sich solch ein Verlangen nicht hervorwagen.

„Verzeih mir, dass ich dir das antue."

„Du, Katjuscha, warum du?"

„Es ist doch meine Schwester."

„Es ist Isay. Die ganze Art entspricht Isay."

Es kommt Grischa in Erinnerung, wie dieser Isay, groß, breit und derb, beinahe ein kosakischer Typ, sich Sonja zur Frau nahm. Nahm? – Zwang! Es war eine sehr kurze Verlobungszeit.

Ewgenja Moisewna hatte kaum Verlangen, dort Gast zu sein.

Er dachte daran, wie dieser Isay Protestant wurde. Es war Isay sehr daran gelegen, eine Filiale der florierenden Firma im Juden versperrten Armavir zu übernehmen und durch Einheirat seine Kandidatur sicher zu stellen. Es kostete ihn keine Gewissenskämpfe, sich taufen zu lassen.

„*An einem Ostersonntag*", so pflegte er mit breitem Grinsen zu erzählen, wie wenn von einem gerissenen, gut geglückten Handel die Rede wäre, fuhr er nach Jekaterinodar und ging von einer Kirche in die andere. Bei den Rechtgläubigen passte ihm der ölige Pope nicht. Bei den Römisch Katholischen störte ihn das Latein. Die Protestanten? Das war zwar langweilig. Dafür verlangten sie kein weiteres Gesums außer einem schmerzlosen: „*Ich bekenne.*" Hernach lassen sie einen in Ruhe. Und so biss er in den sauren Apfel und wurde Protestant, der einzige Repräsentant der lutherischen Kirche in Armavir, und genoss dafür Ehren. Denn wenn der Probst seine weitverzweigte Diözese besuchte, betrachtete er Isay sozusagen als halben Märtyrer, weil er es als einziger in dieser „schwarzen" Umgebung aushielt.

Grischa war kein Freund dieser Erzählung. Doch nahm er, so wie die Dinge lagen, auch keine Stellung dagegen.

Heute trifft es nun ihn, muss er sich sagen, trifft es seine Verantwortung für jene Frivolität und Lügenhaftigkeit.

„*Oschamnu, bogadnu*", flüsterten seine Lippen das Bekenntnis des Versöhnungstages. „*Wir haben uns schuldig gemacht, wir haben Verrat geübt.*"

Katjuscha griff nach Grischas Hand.

„*Frage Mariechen, ob sie einverstanden ist*", sagte er. „*Sie mag alles zurecht richten. Von uns wird keines zuhause sein.*"

Bei Tische äußerte er, er sei die Woche über geschäftlich in Anspruch genommen und könne nicht zu den Mahlzeiten erscheinen. Sonja verspürte den Sinn dieser Worte. Weiter wurde nicht darüber geredet.

Der Sonntag kam. Am liebsten wäre Grischa in seinen Klub gegangen, doch fürchtete er Fragen – und das Schweigen nicht minder. Anzunehmen, ein derartiger Schritt bleibe geheim, weil Rostow eine große Stadt, ist selbstgefälliger Betrug. Bezüglich der Geheimhaltung peinlicher Familienangelegenheiten ist die Großstadt nichts mehr als eine hundertfach aufgesplitterte Kleinstadt.

Der würdige Herr von Töne, der Geistliche, der nicht ohne innere Genugtuung den Gang in das wohlbekannte Haus des angesehenen Kaufmannes Itin angetreten hatte, war wohl etwas ernüchtert, nur von der verschüchterten Mutter des Täuflinges und der Gouvernante empfangen zu werden, so dass sich der Akt fast so formlos wie bei einer Nottaufe vollzog.

Die Kinder Itin erwarteten etwas Fröhliches, weil am heutigen Sonntag Vater und Mutter sie spazieren führten. Stattdessen gingen die Eltern schweigend nebeneinander. Von Zeit zu Zeit schüttelte Grischa missbilligend den Kopf, so dass Katjuscha wahrnahm, wie ihn die Gedanken nicht losließen, wie er nicht mit ihnen fertig wurde. Es begegneten ihnen manche Bekannte. Aber entgegen der sonstigen Gewohnheit, blieb Grischa zu keinem kleinen Gespräch, zu keiner heiteren Freundlichkeit stehen. Eine beunruhigende Rechnung quälte sein Herz. *„Wieviel getauftes Einkommen verzehre ich jährlich?"*, und er überschlug seine Bilanz unter diesem Gesichtswinkel.

Solange er an diesem Geld mitverzehrt – solange - was? – Solange? *„Ich hänge doch wirklich nicht am Geld, Katjuscha. Ich horte es doch nicht. Wozu verwende ich es? Für die Kinder. Sie sollen lernen. Bildung ist das einzige, was nicht gestohlen werden kann, nicht vertrieben, von keinem Pogrom zerstört. Wenn ich mich nur freimachen könnte, von diesem Geld, von diesen Menschen."*

„Aber Grischa, so darfst du doch nicht denken."

„Eines Tages kommt es, ich weiß nicht wie, nicht wann. Was ist der Unterschied, ob sie es tun, ob ich es tue? Ist Rosalies Mischa nicht ebenso gut unser Mischa? Wenn wir sorgen, dass er in seine Kirche geht, können wir behaupten, nicht wir seien es? Worin liegt eigenlich die Sünde?

Weißt du Katjuscha, Jesus – Jesus. Man darf es nur nicht sagen. Sie machen eine Lüge aus ihm. Sie und wir, die Christen und die Juden. Ich will dir ein Wort von ihm sagen:

Das Auge ist des Leibes Licht.
Wenn dein Auge einfältig ist,
wird dein ganzer Leib licht sein.
Ist dein Auge aber ein Schalk,
so wird der ganze Leib finster sein.
Wenn nun das Licht, das in dir ist, Finsternis ist,
wie groß wird dann die Finsternis sein."[1]

Die Kinder staunten, welchen Weg die Eltern heute einschlugen, nicht wie üblich in den Park oder die breite Hauptstraße entlang, sondern sie bogen in stille Nebenstraßen ein, die in die Altstadt führten, bis sie fast unerwartet vor der Synagoge standen.

„Denken heute sogar die Füße?", frug Grischa Katjuscha, und zum ersten Male huschte ein Lächeln über sein Gesicht, das aber rasch verschwand unter einem anderen Gedanken: *„Den Täter treibt es an den Ort seiner Tat. Welcher Tat? Seiner? Tat?"*

Katjuscha, die neben vielen guten Eigenschaften auch die eine

1 Matthäus 6, 22.

große besitzt, dass sie zu schweigen versteht, und ihrem Manne wie ihren Kinder ungestörte Zeit gewährt, sich aus Seelenwirrnis selbst herauszubahnen und sie nicht einzwängt und keine Marschroute diktiert, hat das Empfinden, dass sie jetzt vielleicht die Bemerkung Sonjas sagen darf, die ihr nicht aus dem Sinne geht: *„Man ist nicht umsonst Christ als Jude.“*

„Dann ist sie doch noch ein wenig die Tochter von Ewgenja Moisewna und nicht nur die Frau von Isay Aptekman.“ Katjuscha tat dieses Wort wohl.Da kam eines der Kinder: *„Vater, betet man noch immer aus deiner Torah?“*

„Aus meiner Torah? Das ist die Torah Gottes.“

„Ja, aber beten sie daraus?“

„Sie beten daraus.“

„Was beten sie daraus?“

„Was? – Kennt ihr die Geschichte von Joseph und seinen Brüdern?“

„Ja, die kennen wir.“

„Es kam ein neuer König in Ägypten, der Joseph nicht mehr gekannt?“

„Und dann wurden die Juden vertrieben.“

„Richtig, und dann wurden die Juden vertrieben.“

„Wohin gingen wir dann?“

„In die Wüste.“

„Und dann?“

„Nach Erez Israel.“

„Wo ist Erez Israel?“

„Ich weiß es nicht“, sagte Sarah, die gefragt wurde.

„Ich weiß es auch nicht immer auswendig“, sagte der Vater, und mit einem Blick auf Katjuscha, *„noch inwendig. Aber zuhause wollen wir auf dem Globus nachsuchen, ob wir es irgendwo entdecken.“*

„Wirst du noch eine Torah schenken?“, frug ein anderes der Kinder.

„Noch eine Torah?“, und er wiederholte nach einer merkwürdig lange Pause, *„noch eine Torah? – Glaubst du“*, wandte er sich an Katjuscha, *„sie würde Gott angenehm sein?“*

In einem Druck der Hand gab ihm Katjuscha ihre ganze Antwort.

Man war auf dem Heimweg. *„Du ersparst es mir, heute Abend zuhause zu sein?“* Katjuscha nickte und Grischa ging in seinen Klub, nahm einen Imbiss und spielte hernach seine Préférence. Es wusste scheinbar niemand, was sich bei ihm heute abgespielt hatte. Es kam keine Frage und keine Anzüglichkeit.

„Eine zweite Torah?“, ging es ihm durch den Kopf, während er die Karten abwog. *„Eine zweite Torah – kann sie den heutigen Tag auslöschen?“*

Zuhause war der Abendtisch gedeckt. Mariechen hatte alles hergerichtet. Katjuscha entschuldigte Grischas Abwesenheit mit Geschäften. Sonja errötete. Beide Schwestern schwiegen über das Geschehene. Mariechen gab sich mit den Kindern ab.

„*Schläft der kleine Arkadij schon?*", frug Katjuscha. „*Er schläft schon*", antwortete Sonja. Auch sie war müde und zog sich zurück, zumal sie morgen in der Frühe nach Armavir zurückfährt. „*Ihr braucht euch nicht zu bemühen. Ich finde allein den Weg zur Bahn mit meinem Sohn.*"

Weder Grischa noch Katjuscha verzichteten darauf, sie zu begleiten. Man bemühte sich, dem Kinde liebevolle Aufmerksamkeit zu erweisen. Der Riss ließ sich jedoch nicht verkleistern.

Als Sonja schon am Coupéfenster stand, sagte sie mit wehmütigem Ausdruck: „*Lasst es wenigstens das Kind nicht entgelten. Kinder sind nicht schuldig für die Sünden der Eltern.*"

„*Deine Kinder werden uns stets wie die unsrigen sein*", sagte Grischa der Abfahrenden.

„*Was heißt schuldig?*", sagte Grischa auf dem Rückweg zu Katjuscha. „*Wer ist frei von Schuld? Gott schütze die Kinder, ihre und die unsrigen.*"

Eine zweite Torah – der Gedanke verließ Grischa nicht, noch verließ ihn das Bild von den beiden Opfergaben, das Opfer Abels und das Opfer Kains.

Drunten, mitten im Hafenviertel, haben die Handwerker ihren Betsaal. Die große Synagoge ist ihnen zu vornehm und mit Orgel und Chor nicht fromm genug.

Diese Menschen stehen auch nicht gerne neben den Anderen, die am Schabbat angefahren kommen, wenn sie überhaupt erscheinen, die sich zuhause über die Speise- und andere Gesetze der Torah hinwegsetzen und für deren Vergehen sie, die Frommen, die Verantwortung vor Gott mitzutragen haben.

Das hindert sie natürlich nicht, jene vermögenden Kreise um Spenden für ihre Institutionen wie Schule, Frauenbad, Friedhof, Brautausstattung anzugehen, zumal nach jüdischer Auffassung die Dankespflicht dem Spender obliegt, weil ihm die Gelegenheit zu einem gottgefälligen Werk geboten wird.

Die Handwerker und kleinen Handelsleute waren durchaus bereit, auf Grischas sondierende Anfrage, eine Torah anzunehmen, die den Dienst mit der bisherigen abwechsle oder, je nach der Ausführung, dem Feiertagsgottesdienst vorbehalten bliebe. Sie kannten Gregorij Kononowitsch und Katarina Leontowna sehr wohl – bei allen Gelegenheiten war Grischa ein großzügiger Spender.

Sie wussten aber auch – „nicht sei es gedacht" – was an einem

Sonntagnachmittag im Hauses des Gregor Itin vor sich gegangen war. Sie wussten allerdings auch, dass er selbst und seine Familie nicht anwesend waren. Ja, sonderbarerweise sah man sie alle zusammen vor der großen Synagoge. Und man wusste, dass eine Entfremdung zwischen der hiesigen und der Armavirer Familie eingetreten war. Dass Gregor Kononowitsch jetzt mit dem Angebot kam – sein jüdisches Herz hat ihm nie jemand abgesprochen. Und wenn er eine Tschuwa, eine Buße, eine Umkehr tun will, sie werden es ihm nicht verwehren. Das sagten sie ihm zwar nicht, noch ließen sie es ihn fühlen. Aber der Unterschied kleiner Handwerker und großer Kaufleute, der sich bei ihren Bittgängen bemerkbar machte, war aufgehoben.

Dieses Mal veranstaltete Grischa kein Fest, keine Einladung. Er dachte nicht an einen Tanz durch die Straßen Rostows. Ein Schreiber kam nicht in sein Haus. Die Kinder wussten nichts davon. Es gab keinen reichen Zierrat wie das erste Mal.

Er ließ die Torah von der Handwerkergemeinde herstellen und direkt bei ihr abliefern.

Es war um die Pessachzeit. *„Morgen muss ich in die Handwerkersynagoge. Meine Torah wird erstmals ausgehoben."*

„Verlangst du, dass ich mitgehe? Ich habe dort keinen Platz. Ich trage keinen Scheitel[2]. Ich kann im Beten nicht folgen. Ich bete lieber für mich zuhause."

„Ich verlange es nicht."

„Ich danke dir."

Schabbat. Die Kinder gingen bereits zur Schule. *„Ich muss jetzt weg. Von dort sehe ich im Büro nach dem Rechten und komme wohl erst später heim."*

„Alles Gute", sagte Katjuscha. Schon an der Tür, kehrte Grischa sich nochmals um und gab Katjuscha einen Kuss. *„Alles Gute"*, wiederholte sie.

Es hielt Katjuscha die innere Ehrlichkeit ab. Sie lebt nicht in den Gebräuchen dieser orthodoxen Gemeinde. Darum will sie auch nicht zum Scheine mitmachen, und sie will hier noch weniger als in der großen Synagoge vielleicht Dank und Ehrung ernten, die ihr nicht zukommen.

Grischa kann dies und jenes vereinen – Innerliches und Äußerliches und beides entspricht seinem Wesen. Katjuscha hilft, wo es wirklich zu helfen gilt. Sie wird mit sechzig Jahren im Flecktyphuslazarett freiwillig pflegen. Das ist ein Eingreifen, kein zur Schau stellen.

2 Bei orthodoxen Juden für verheiratete Frauen rituell vorgeschriebene Perücke.

150

Sie kann auch beten und hat ein Bedürfnis zu beten. Aber für sich allein, in Formen, die ihr entsprechen, die sie versteht und erfühlt, nicht in langgezogenem Synagogendienst, verknüpft mit Toilettenschau, weiblicher Neugier und ablenkendem Geflüster.

Grischa ging seines Weges, beklommen, als träte er vor den Richter. Er hat es nicht eingehalten: *„Lehret sie euren Söhne, davon redend."* Und seine Sohnesreihe hat sich weiter vermehrt. Wohin ist dieser Vorsatz verschollen?

Stattdessen gab es eine Taufe im Hause, und die gesuchte und gern ergriffene Ablenkung mancher Abende in den Räumen des Klubs. Und wie sich das bedrückte Herz seine eigenen Halluzinationen schafft, so hört er in seinem Ohr: *„Ein Spielchen gefällig, Gregor Kononowitsch?"* – *„Herzlich gerne, mit größtem Vergnügen."*

Er kam etwas verspätet und stellte sich in eine der rückwärtigen Reihen. Man bemerkte ihn, nahm aber keine besondere Notiz, und das war ihm lieb. Er fühlte sich unerwarteter Weise angeheimelt unter diesen frommen Juden mit den gepflegt-ungepflegten Bärten, ihren heftigen Betbewegungen. Es war das Bild seiner frühen Jugendzeit.

Als aber die Vorbereitungen zur Torahaushebung kamen, das heißt, als die Reihenfolge des Aufrufs an den Meistbietenden versteigert wurde – ein heute noch geübter Brauch, um erhöhte Spenden zu erhalten, und als, vielleicht dem Gast zu Ehren, diese Versteigerung das Gesicht eines richtigen Marktes oder einer Börse bekam – fühlte sich Grischa fremd und fern, obwohl er mittat und darauf aus sein musste, die Ehre des Erst-Gerufenen zu erkaufen.

Er dachte an die revolutionäre Tat jenes Einen, der erstmals die Händler und Wechsler aus dem Tempel peitschte, ohne dass sich damit ein für alle Male diese segensreiche Tätigkeit erübrigt hätte.

Ach, auch diese Gemeinde, die sich auf ihre strenge Frömmigkeit etwas zu gute tat, verstand es nicht, der Torahlesung die gebührende Weihe zu verleihen. Ein Teil der Männer lief lässig hin und her, ein anderer stellte sich vor den Ausgang, als ginge ihn das Ganze nichts an, und nur der gerade Aufgerufene verharrte in einer gewissen Aufmerksamkeit, die aber weniger dem Inhalt seines Abschnittes galt, als dass es Ausdruck der Spannung war, den Einsatz für den Schlusssegensspruch nicht zu verpassen.

Er ging auf seinen Platz zurück und kapselte sich vor der summenden Umgebung ab, sich in den Abschnitt des Tages vertiefend. Es war die Androhung und Vollziehung der zehn Plagen.

Man ist von Kindheit an gewohnt, diese Plagen als ausgleichende göttliche Gerechtigkeit zu betrachten. Sie werden vom Vater und den Kindern am Sederabend gesungen, wobei der Finger in das Weinglas taucht und bei jeder Plage einen Tropfen auf den Boden spritzt. Ein lustiges Spiel für die Kinder.

Und doch ist es die Träne, die dem ägyptischen Volk nachgetrauert wird, das immerhin auch ein Geschöpf Gottes war, und das zu büßen hatte, was sein Pharao verbrach.

Ein schweres Gewissensrätsel tritt Grischa heute entgegen. Gott schickt Moses zu Pharao: *„Schicke mein Volk frei, dass sie mir dienen. ICH SELBER aber härte Pharao das Herz."*

Wenn Gott selber Pharao das Herz härtet – wo liegt dann die Schuld? Und wenn hernach alle schlimmen Plagen folgen – wo liegt die Gerechtigkeit? Die beiden Fragen bedrängen Grischas Seele.

Dieses Mal ist es nicht das Nicht-Wissen um seine kleine menschliche Schuld. Es ist die bohrende Schuld des Himmels und die undurchsichtige Gerechtigkeit von GOTT SELBST.

Grischa wird Sonjas Kind nicht entgelten lassen. Wenn es ihn benötigt, wird er nicht anders zu ihm sein wie ein Vater.

Und Sonjas Schuld? Ist es eine Schuld, wenn sie für ihr Kind sorgt, wie sie glaubt, sorgen zu müssen?

Ein anderes Gerechtigkeitswort geht durch Grischas Sinn: *„Richtet nicht, auf dass ihr nicht gerichtet werdet."*

Ist aber dieses Dulden gerecht, nur damit deine eigene Schwäche geduldet wird? Kommst du so heraus aus der Schuld?

Wie kann der Mensch das Wort *„gerecht"* auch nur in den Mund nehmen, wenn sich ihm gar GOTTES Gerechtigkeit verschließt.

Die Torah wurde eingehoben und die Männer sangen:
„Kehre ein, EWIGER, bei den Myriaden Israels.
Deine Priester kleiden sich in Gerechtigkeit
und Deine Frommen jubeln.
Ein Baum des Lebens dem, der sie festhält.
Und wer sie erfasst, ist selig zu preisen."

„Wer sie erfasst. – Wer kann sie erfassen?" Was hat er, Grischa, eigentlich getan, wenn er die Torah schenkt? Eine Sünde gut gemacht? Geh, Grischa, willst du GOTT bestechen? Eine Torah kann man nicht schenken. Die Torah muss man leben.

Grischa wartete das Ende des Gottesdienstes nicht ab. Er ging auf seine Büro. Er musste allein sein.

„Die Torah leben?" Gleicht das nicht der Frage des Sederabends, wo jedes Kind dasselbe meint? Aber dem einen härtet wohl auch GOTT Frage und Herz: *„Was soll dieser Dienst euch bedeuten?"* frägt

dieser böse Sohn. „*Euch*", sagt er und nicht *ihm* oder *uns*. „*Und weil er sich von der Gemeinde ausschließt, mach du ihm die Zähne stumpf und sage: Mir erwies das Gott bei meinem Auszug aus Ägypten, mir und nicht ihm. Wäre er dort gewesen, er wäre nicht befreit worden.*"[3]

Wie werden wohl seine Söhne einmal fragen? Brav, wie der brave Sohn? „*Was bedeuten die Zeugnisse, Gesetze und Vorschriften, die der EWIGE unser GOTT geboten?*" Oder werden sie ganz simpel fragen: „*Was ist das?*" Oder werden sie überhaupt nicht zu fragen wissen, wie jenes vierte Kind?

Welche Antwort wäre er, Grischa, imstande zu geben? „*Uns oder mich hat ER herausgeführt?*" Ist er, Grischa, wirklich herausgeführt? Wie oft kehrt ihm diese Frage wieder. Er kommt sich verstrickt und in Banden vor – im ewigen Haus ewiger Knechtschaft.

Nur eins weiß er. Keinem seiner Kinder würde er antworten: „*Mich hat ER herausgeführt und nicht dich.*" Damit ein Herz nicht noch mehr verhärtet würde.

„*Die Torah leben?*" Oh Frage über Frage.

„*Was bedeuten die Zeugnisse, die Gesetze?*" Das ist es nicht.

„*Was soll dieser Dienst euch bedeuten?*" Euch und nicht ihm – wenn er Zeuge des leeren Lippendienstes war?

„*Die Torah leben?*" Er fürchtet, er weiß nicht zu fragen. Oder vielleicht geht es so: „*Er und Katjuscha und die Torah?*" Versündigt er sich nicht, die Torah in diesen allernächsten Atemzug zu nehmen? Er fühlt nicht, als ob er sich versündige.

„*Die Torah, die Kinder und er?*" Das ist ihm ein Herzklopfen, eine Traurigkeit.

„*Das Geschäft, die Torah und er?*" Mit schmerzender Sehnsucht denkt er an seine Jahre in Bjelaia Glina, wo er Haupt und Glieder des Unternehmens in einem war.

Darf er die Torahfrage auch stellen in Zusammenhang mit Sonja und ihrem Neugeborenen? Es scheint ihm, er tut dem Kinde kein Böses, der Torah kein Unehrliches, und Sonja? Wer weiß, ob sie nicht selbst einmal den Weg zu dieser Frage findet.

„*Die Schwäger und Grischa und die Torah?*"

„Nein", stöhnt Grischa, „nein." Die Frage würde die Torah schänden.

„Nein", sagt er sich, „*die Frage würde die Torah nicht schänden. Die Torah kann vom Menschen nicht geschändet werden. Der Mensch kann sich in seinem Verhalten zur Torah schänden.*"

„*Die Torah leben?*" Er kommt zum Anfang zurück und kommt nicht über den Anfang hinaus.

Es ist gut, dass Katjuscha ihn nicht begleitet. Es ist gut, dass die Kinder nicht anwesend sind und nicht sehen, wie der Rauch seines Opfers nicht – noch nicht – aufsteigt zu seinem GOTT.

3 Zitat aus der Pessach-Hagada. Am Sederabend wird die Geschichte des Auszugs aus Ägypten in den jüdischen Familien jedes Jahr neu erzählt. In der Erzählung werden von vier Typen von Söhnen Fragen gestellt, auf die der Vater antworten soll. Es gibt den vernünftigen, den bösen, den naiven und den Sohn, der gar nicht fragen kann. Die vier Typen sollen verdeutlichen, dass in jedem Menschen solche Anlagen vorhanden sind. Manchmal möchten wir gerne klug sein, manchmal sind wir böse, manchmal möchten wir nicht so viel wissen und an anderen Tagen fehlen uns nicht nur die Antworten, sondern auch die Fragen.

Als Grischa nach Hause kam, sah Katjuscha ihm ins Auge. Sie zögerte, bis sie fragte: *„Bist du mir sehr böse?"*

„Dir, Katjuscha, dir? —"

„Männer!"

Ein politisches Spiel der Kleinstadt in vier Akten und einem Abgesang.
Zeit: Nach Rathenaus Ermordung

Vorwort des Autors für einen späteren Leser

Unwirklich weit liegt jene Zeit nach dem Ersten Weltkrieg zurück. Die Hitlerei mit ihrer Gesinnungsvergewaltigung und ihrem Gesinnungsbetrug größten Ausmaßes ließ sie verblassen und hat fast alle Erinnerung an sie verschlungen. Und doch waren jene vorausgegangenen Jahre für den deutschen Menschen nicht weniger aufwühlend und umstürzend. Alle seine gewohnten und geliebten Begriffe wurden ihm zertrümmert.

Kaiser und Reich deuchten ihm Ewigkeitswerte, das deutsche Heer war ihm der Inbegriff von Tapferkeit und Unbesiegbarkeit, die schwarzweißrote deutsche Flagge das Symbol seiner politischen und wirtschaftlichen Gläubigkeit.

Wohl gab es innenpolitische Spannungen. Ein großer Teil der Katholiken unter klerikaler Führung war in einer konfessionellen Partei, dem Zentrum, zusammengefasst. Ihr wesentlicher Kampf galt den kulturellen Dingen wie Schule und Ehe, wo die Kirche sich jeder freieren Auffassung entgegen stemmte und dabei in Gegnerschaft stand zu dem liberaleren Protestantismus und der areligiösen oder religiös indifferenten Sozialdemokratie.

Die Sozialdemokratie, den Klassenkampf als propagandistisches Mittel benützend, schuf sich ein al fresco Bild von Großindustrie und Agrariertum für ihre unmittelbare Kampfgegnerschaft. Sie war der Internationale – mit der roten Fahne als Symbol – angeschlossen. Die Internationale diente ihr zugleich als politischer Kraftspeicher, um eine innere Schwäche zu verschleiern, nicht eine numerische, sondern eine ideologische, darin bestehend, dass ein Großteil der Arbeiterschaft und das ganze Handwerk dem Kleinbürgertum angehörte, dem Kaiser, Reich und Militär liebgewordene Dinge waren.

Der Demokrat sah seine Aufgabe darin, die Spannungen wirtschaftlicher oder konfessioneller Art auszugleichen. Die Großindustrie suchte in ihrem eigenen Interesse, den wirtschaftlichen Machtbereich des Reiches zu erweitern, dessen Sicherung die Stärkung von Heer und Marine zur Voraussetzung hatte, so dass sie damit Adel und Offizierskorps auf ihrer Seite hatte, und der Kaiser, Treibender und zugleich Getriebener, verlieh die äußere Folie.

Wohl warnten von Zeit zu Zeit die bürgerlich-kleinbürgerlichen Parteien, versuchten mit der Drohung der Budgetkürzung zu bremsen. Sobald aber das Propagandawort „vaterländischer Belang und deutsche Ehre" richtig aufgezogen wurde, schrumpfte der Widerstand. Und war erst eine neue Machtposition des Reiches errungen, so wurde sie keineswegs widerwillig akzeptiert.

Da kam 1914 der Krieg. Er heiligte in seinem anfänglichen Siegeszug all diese nationalen Begriffe. Dann kam die Niederlage und verkehrte sie in ihren Gegenwert. Man war fast froh, die Person des Kaisers für die eigene Gesinnungsschwäche opfern zu können und hoffte, damit selbst einigermaßen mit heiler Haut davon zu kommen. Als dem aber nicht so war, und der verlorene Krieg und gar noch die Inflation sich bis ins Privatleben jedes Einzelnen auswirkte, da erwachte langsam die Sehnsucht und die Erinnerung an „die gute alte Zeit" und das frühere Heilswort vom „Kaiser und Reich". Bestimmte Kreise, vielfach dem entlassenen und verärgerten Offiziersstand angehörend, dem Beamtenstand, von einem Teil der Großindustrie und der Landwirtschaft unterstützt, schlossen sich zu Verbänden zusammen, denen sie selbst die Bezeichnung „vaterländisch" verliehen und maßten sich das ausschließliche Recht zu dieser Namensführung an. Sie leugneten Niederlage und Kriegsschuld und sahen ihre Aufgabe darin, die Verdrehung der Tatsachen dem Volk als neue Wahrheit einzuhämmern und prangerten jeden Andersdenkenden als „Verräter" an.

Aber die Entende ließ weder mit sich spaßen noch mit sich handeln. Sie verlangte die Unterschrift unter den Versailler Vertrag mit dem Zugeständnis der Schuld, wenn anders nicht das ganze deutsche Reich von ihren Heeren überzogen werden sollte.

Die Regierung hatte kein Wahl. Sie handelte unter dem Zwang und der Not der Stunde, und dem katholischen Minister Erzberger, dem schwäbischen Schulmeister und Zentrumsabgeordneten, fiel die bitterste Aufgabe zu, das Diktat entgegenzunehmen und zu unterzeichnen. Für seinen entsagungsvollen Dienst am Vaterland erntete er nur bei wenigen Dank. Eine stille und laute Hetze wurde gegen ihn in Szene gesetzt wegen seines „Verrates an den heiligsten Gütern des Nation, dem fleckenlosen deutschen Namen und Ehrenschild", bis sich unreife Hände fanden, die diesen „Ehrenschild" blank rieben, indem sie den opferbereiten Mann hinterrücks ermordeten.

Vor schweren, bitteren Aufgaben sah sich die junge Regierung. Es galt, das Reich im Innern zusammenzuhalten. Es galt, den deutschen Namen, seiner Kraft, seines Ansehens beraubt, wieder wenigstens zu bescheidener Geltung zu bringen und das Volk, jeder Waffe beraubt, in das Denken des Friedens hinüberzulenken und aus diesem neuen Denken Kraft und Stärke, Selbstvertrauen und Aufbauwillen zu schaffen.

Einer der führenden Geister war der Jude Rathenau. Tatsächlich glückte es ihm, als deutscher Außenminister im Rat der Völker wieder ein Ohr zu finden für das deutsche Wort. Das hinderte nicht, dass man seine Bereitschaft zu der ach so mühselig zu bewerkstelligenden Zusammenarbeit mit den anderen Völkern ebenfalls als „Verrat" brandmarkte. Es war für jene „nationalen" Kreise Geschenk des Himmels, dass Rathenau Jude war, um mit diesem Wort den Mann dem niederen Volk als verächtliche Beute hinzuwerfen.

Das Gelb der neuen schwarzrotgoldenen Flagge der Republik war nicht mehr das Gold des alten Schwarz-Rot-Gold, mit dem die Burschenschaft in den Befreiungskrieg gegen Napoleon I. zog, nicht das Gold der 1848er Fahne, mit dem Traum der Vereinigung mit Österreich, wie es die neuen Staatsgründer gedacht und gewollt hatten. Es wurde zum Judengelb oder Judengold gestempelt. Ebenso wurde die fortschreitende Inflation, zwangsmäßige Folge des verlorenen Krieges, jedoch stark gefördert und ausgenützt von Großindustrie und Großlandwirtschaft, die sich damit von sämtlicher Schuldenlast befreiten, als jüdische Mache mund- und hassgerecht dargestellt.

Noch war das alles erst im Werden, noch war das Volk nicht imprägniert, noch trat kein Hitler in Aktion, aber die Grundelemente der späteren Hitlerei waren für den Aufhorchenden deutlich vernehmbar.

Mit der Ermordung Rathenaus wurde sich die Regierung bewusst, dass sie um ihre eigene Existenz zu kämpfen hatte. Das war nicht leicht, denn die Regierung war keine Einheit, sondern eine Parteienkonstellation, wo jede Partei ihre besondere Problematik hatte. Für die Sozialdemokraten bedeutete Regierungskoalition Verzicht auf die Sozialisierung und all die weitgehenden Heilsversprechungen der außerhalb der Verantwortung stehenden Kommunisten, die sich nicht ohne Erfolg bemühten, der Sozialdemokratie die Massen abspenstig zu machen. Für die Demokraten, zu einem Teil mit dem nationalen Bürgertum persönlich, gesellschaftlich und auch wirtschaftlich nahe verwandt, war es eine Kampfansage an dieses Bürgertum.

Das Zentrum bzw. die Kirche fühlte sich nicht sehr wohl in dieser zwangsweisen Koalitions-Berührung mit den religiös liberalen oder gar antireligiösen Elementen, abgesehen davon, dass ein Teil seiner führenden Männer sich in derselben persönlichen Lage befand wie die Demokraten. Das heißt: persönlich, gesellschaftlich und auch wirtschaftlich verwandt mit den „nationalen" Kreisen.

Das deutsche Judentum spielte numerisch eine nebensächliche Rolle. Seine Mitglieder befanden sich vorwiegend in der demokratischen Partei. Es hatte jedoch führende Köpfe sowohl bei den Sozialdemokraten wie bei den Kommunisten. Auf Herz und Nieren geprüft, hätte sich, mit wenigen Ausnahmen, keiner von ihnen als „internationalen" Juden bezeichnet noch betrachtet, sondern jeder als Deutscher. Und ein Jeder empfand das Wort „international", mit dem typisch antisemitischen Beiklang, als Kränkung.

Innerhalb des Judentums bildeten die zionistischen Juden eine kleine Minderheit. Ihr nationales Judentum hinderte sie nicht, einer der politischen Parteien anzugehören. Mochten sie sich auch als Juden im Blut und rassenmäßigen Sinne ansehen, so verspürten sie das laute Absprechen des Deutschtums, wenn es von dritter Seite kam, als Böswilligkeit. Und zumindest betrachteten sie sich in kultureller Beziehung als gute Deutsche, mit den deutschen Klassikern als den ihrigen, der deutschen Musik, der deutschen Philosophie als der ihrigen.

In diese Zeit hinein, wenige Tage nach dem Rathenaumord, versetzt unser Stück. Es spiegelt jene Tage wieder in der engen Perspektive der Kleinstadt.

Wie weit empfindet der kleine Bürger die Größe und den Ernst der Probleme seiner Zeit? So weit, wie sie ihm seine lokale Parteipresse nahelegt. Von ihr erhält er seine Begeisterung, seine Abneigung, seine Freundschaften und seinen Hass. Ihren Darlegungen erschließt er sich willfährig, und hat er sie erst in sich aufgenommen, so empfindet er ihre Wiederholungen als Bestätigung seines eigenen, wie er sich vielleicht einbildet, selbständigen Denkens. Der Stammtisch, eine Biervereinigung Gleichgesinnter, stärkt ihn in seiner Beschränkung und Beschränktheit. Nur im engsten Familienkreis und in den engen geistigen und seelischen Bezirken der Familie ist er vielleicht noch er selbst und hierbei allenthalben derselbe.

Unsere Geschichte selbst, die den Stoff für die „Männer" bildete, ist der Wirklichkeit nahezu abgeschrieben in den einzelnen Phasen der fünf Akte, in der Personentypisierung, ja vielfach in den einzelnen Worten und Ausdrücken. Es war allerdings nicht ein schwäbisches, sondern ein anderes süddeutsches Städtchen, wo sich das Geschehen abspielte.

Bleibt noch die Frage zu erörtern, ob es gestattet ist, den Mord an einem Menschen, an einer hochstehenden sittlichen Persönlichkeit zum Gegenstand einer satirischen, ja fast possenhaften Bearbeitung zu machen. Die Frage so gestellt, erfordert das Nein als Antwort.

Zur Entschuldigung des Verfassers möge dienen: Nicht er hat die Satire oder gar Posse geschaffen, das tatsächliche Leben hat die traurig-ernste Begebenheit so gespielt.

Dass es eine Satire, halbwegs eine Posse ist, stempelt das Stück im Grunde genommen zu einem Drama der menschlichen Gesinnung.

Personen
Bürgermeister

Vögele, Oberpostmeis⌐ ⌐ Zentrumspartei ⌐
5 stumme Gemeinderä⌐ ⌐

Sozialdemokrat ⌐ Sozialdemokratie ⌐ Gemeinderat
1 stummer Gemeinder ⌐

Schulrat Demokratie

Dapferle Kommunist

Oberamtsrichter ⌐
Major a.D. |
Rechtsanwalt | Besseres Bürgertum
Fabrikant Wiese |
Professor Schneiderhah⌐ ⌐

Kaufmann Stern ⌐
Assistent Schmitt |
Schneider Haipt | Kleinbürgertum
Metzger Bareis |
Friseur Äpple ⌐

Frau Bürgermeister
Frau Oberpostmeister
Fräulein Vögele
Frau Professor Schneiderhahn
2 Dienstmädchen
Polizeidiener
Kellnerin
Nachtwächter

I. Akt

Gemeindesaal.
Zwei Stühle, rechts am Sitzungstisch, sind unbesetzt.
Hinter dem Bürgermeister als Wandschmuck eine Tafel:
„Wir Deutsche fürchten Gott und sonst nichts auf der Welt."
Bismarck

BÜRGERMEISTER: Net nur, dass wir mehr als gnug Krieg gehabt haben, 's geht immer noch weiter. Erst ist es der Eure gewesen, Erzberger, jetzt ist's der Andre. Und wenn er auch net von unserer Konfession ist. Mord ist Mord. Da beißt die Maus kein Faden ab! Man ist ja einfach seines Lebens nimmer sicher. Heut ist's d'Staatspolitik, morgens ist's d'Gmeindepolitik. Wohinaus kommen wir da in unserm einmal schön gewesenen Deutschland?! Wo ist ein Anfang, wo ist ein End? Gestern haben wir den Ankauf vom Gemeindebullen beschlossen, mit Ausnahme vom Herrn Dapferle: Dürft deswege der Herr Dapferle – nur als ein Beispiel – mich deshalb einfach über den Haufen ...

DAPFERLE: Ich verbitte mir ganz energisch, mich zusammen mit den Mordbuben in den Mund zu nehmen. Es ist das eine höchstgradigste Beleidigung nicht nur von meiner Person, sondern von meiner ganzen Partei!

BÜRGERMEISTER: Um Gotteswillen, lieber Herr Dapferle, i hab Sie net beleidige wollen. Das ist mir ganz fern glegen. I hab Sie net kränke wollen, i hab bloß gmeint...

DAPFERLE: Ich verbitte mir im Namen meiner Partei, mich in Meinungen hineinzuziehen, wo ich net hinein pass. Dass ich gegen die Kapitalisten bin, wisset Se auswendig. Der Gemeindebulle ist auch ein Stück Kapitalismus, und wenn er hundertmal Gemeindebulle heißt. Bloß den Bauern kommt er zu gut, und die können selber decken.

Zwischenruf: Und d'Milch? Trinket die net Alle?
Zweiter Zwischenruf: Und's Fleisch? D'Arbeiter esset auch Fleisch!
Zwischenruf: Zur Sache! Zur Geschäftsordnung.

VÖGELE: Wenn der nur sein Steckenpferd reiten kann!

BÜRGERMEISTER: Ihr seht, wie's wirkt, was Ihr sagt, Herr Dapferle, trotzdem tu ich ein Übrigs und entschuldige mich bei Ihnen.

Zwischenruf: Schlappschwanz!

BÜRGERMEISTER: Ich ruf den Herrn Schlappschwanzrufer zur Ordnung! Ich bin kein Schlappschwanz! Ich weiß, was ich will. Es hat sich net ghört, dass ich den Dapferle hier anführ – also machet Se wieder a freundlichs Gsicht – und wenn ich ein eingesehnes Unrecht gut mach, nenn ich das net Schlappschwanzigkeit, sondern verantwortungsbewusste Politik. Gnügt Ihnen das, Dapferle?

DAPFERLE: Meinetwegen.

BÜRGERMEISTER: Also weiter im Text. Mord gibt's einfach net und darf's net geben. Das muss ganz deutlich gesagt werden! Wenn wir uns selber auffressen, wo hört's Auffressen auf?! Das wolle wir net! Das dürfen wir net, solang in unserm Vaterland noch der gute Kern besteht aus der Väterzeit!

ZENTRUM: Bravo!

BÜRGERMEISTER: Mit Bravorufen allein ist's net getan. Die Regierung, in der lauter Männer sitzen von unsere Parteien...

DAPFERLE: Beleidigen Se net scho wieder meine Partei, von uns sitzt keiner drin!

BÜRGERMEISTER: Herr Dapferle, desmal muss ich Sie zur Ordnung rufe, Sie dürfe net immer uns die Stimmung verderben.

Also die Regierung hat heute die Verordnung erlasse *(zieht das Blatt aus der Tasche)*:

„Überall im Deutschen Reiche soll ein Umzug veranstaltet werden, der durch Vorantragen der schwarzrotgoldenen Fahne, durch Männlichkeit, Ernst und Sachlichkeit dem Gegner die innere Festigkeit der republikanischen Geschlossenheit kund tun soll."

Noch einmal: „Überall im Deutschen Reiche soll ein Umzug veranstaltet werden, der durch Vorantragen der schwarzrotgoldenen Fahne, durch Männlichkeit, Ernst und Sachlichkeit dem Gegner die innere Festigkeit der republikanischen Geschlossenheit kund tun soll. Die öffentlichen Gebäude haben Halbmast geflaggt."

DAPFERLE: Dreimal müsset Se den schwarzrotgoldenen Umzug verlese, sonst prägt sich die innere Festigkeit in der republikanischen Geschlossenheit net tief gnug ein.

SCHULRAT: Ich möchte den Herrn Bürgermeister ersuchen, den Herrn zu ermahnen, die Würde der Stunde zu wahren.

SOZIALDEMOKRAT: Es kommt gar net drauf an, dass man Krakehl macht bei jeder passenden und unpassenden Gelegenheit. Wir haben schon viel früher als ihr Genossen geheißen und im Gefängnis gesessen.

ZENTRUMSMANN: Und uns hat auch einmal ein kaiserlicher Mund zusammen mit den Sozis aufhängen wollen.

SCHULRAT: Herr Bürgermeister, es geht so nicht weiter.

BÜRGERMEISTER: Ich muss Sie also ganz ernstlich verwarnen, bei der einhelligen Entrüstung, die Ihre Worte wiederum hervorrufen. – Also wir sind beim Regierungserlasse hängen blieben. Meine Herren, ich find, er hat Hand und Fuß, und wir schließen uns an und machen den Festzug mit. Was meinen die Herren von den Parteien?

VÖGELE: Nachdem der Herr Bürgermeister zugleich für meine Partei gesprochen hat, brauch ich als Mitglied für's Zentrum nix zu sagen als ja.

SCHULRAT: Wir Demokraten sind selbstverständlich dafür. Das sind wir der Ehre und dem Andenken des Mannes schuldig.

SOZIALDEMOKRAT: Wir von der Sozialdemokratie sind dafür. Wir sind der Meinung, dass in dem Gemordeten, unbekümmert um die Parteizugehörigkeit, die Republik gemordet werden soll, die *wir*, *(zu Dapferle)* jawoll, wir Sozialdemokraten, am Anfang hat's noch gar keine Kommunisten gegeben, dass Sie's wissen, Dapferle! ...

DAPFERLE: Zur Berichtigung! Kommunisten waren viel früher auf der Welt als die S.P.D.

Zwischenruf: Zur Geschäftsordnung!

SOZIALDEMOKRAT: ... aufgerichtet haben. Deshalb machen wir geschlossen mit, mit der ganzen Partei und unserer Fahn.

BÜRGERMEISTER: Ich dank den Herren, dass sie mit Leib und Seele dabei sind. Aber *(zum Sozialdemokraten)* schauet Se, da ist nämlich ein Haken dabei... Ihre rote Fahn in Ehren, aber...

DAPFERLE: Aha, der Herr Republikaner!

BÜRGERMEISTER: Den Herrn Dapferle haben wir ja ganz vergessen.

DAPFERLE: Verzichte auf Wort und Umzug.

SCHULRAT: Schade!

SOZIALDEMOKRAT: Was der Herr Bürgermeister sagt, wundert uns in hohem Grad. Ich möcht gleich bemerken, sonst bin ich net kitzlig, in puncto unserer Fahn ist aber meine Ehr jungfräulich. Auch soll ich sagen, im Namen unserer Partei: Darf unsere Fahn net mit, dann verzichten wir alle.

BÜRGERMEISTER: Das ist sehr bedauerlich und schmerzlich. Ich hab dacht, schwarzrotgold ist Ihne genug wie's uns genug ist. Schauet Se, es handelt sich doch um d'Einigkeit und „seid ein Volk von Brüdern". Da müsst doch *eine* Fahn ausreichen.

SOZIALDEMOKRAT: Wir geben immer gern nach. Aber da hört's auf. Ohne rote Fahn kein Umzug. Mit roter Fahn ja und amen.

DAPFERLE: Amen, wann send Se denn zletzt in der Kirch gwesen?

BÜRGERMEISTER: Machet Se net den Hanswurst, wenn's de Andre heilig ist!

SOZIALDEMOKRAT: Sie müsse uns verstehen, warum wir drauf bestehe müsse! Wir haben kei Lust, uns von de Kommuniste, wenn se mittun, 's Wasser abgraben zu lassen. Wir sind so gut rot wie *die*. Und wenn Ihne *(zu Dapferle)* dann unser Rot net rot gnug ist, könnet Se meinetwege noch knallrot dazu nehmen.

DAPFERLE: Bravo!

BÜRGERMEISTER: Das ist ein Standpunkt, der ein Einsehen verlangt. Was meinen die Herren?

SCHULRAT: Ich bin der Meinung, die Fahne ist Nebensache. Hauptsache ist der Protest.

VÖGELE: Ich bin auch der Meinung, wir lassen fünf grad sein.

BÜRGERMEISTER: So sei's denn halt in Gottesnamen. Jetzt kommt noch a harte Nuss. Wie stehts mit Ihne, Herr Dapferle? I glaub, i hab so was wie „nein" gehört. Ich wills aber net ghört haben.

DAPFERLE: Sie habe richtig ghört.

BÜRGERMEISTER: Es handelt sich net bloß ums Mitlaufen. Auch Ansprache werden gehalte.

SOZIALDEMOKRAT: Und wie ist's mit der Zuordnung?

BÜRGERMEISTER: Ich denk, die Demokraten bekommen den Vortritt. Das sind wir dem Rathenau schuldig.

SCHULRAT: Wir verzichten darauf. Es ist zweckmäßiger, eine geschlossene Masse macht den Anfang, vielleicht Sie *(zum Zentrum)* oder Sie *(zu den Sozialdemokraten).*

ERSTER ZENTRUMSBAUER *(leise zum zweiten)*: Dem sind sonst z'viel Jude vornedran.

SCHULRAT: Sie dürfen uns dafür zuerst das Wort erteilen.

ZWEITER ZENTRUMSBAUER *(leise zum ersten):* So gscheit sind wir auch.

BÜRGERMEISTER: Hat jemand was einzuwenden?

SOZIALDEMOKRAT: Dann verlangen **wir** den Vormarsch. Wir sind am republikanischsten.

ERSTER ZENTRUMSBAUER *(leise zum zweiten):* Uns ist's hinten noch republikanisch gnug.

BÜRGERMEISTER: Zuerst – denk ich – red ich.

VÖGELE: Das ist net nötig. Einer, der Vorsitzende von der Fraktion, genügt.

SCHULRAT: Sehr wohl.

SOZIALDEMOKRAT: Wozu auch? Sie können den andern nur den Rahm abschöpfen.

BÜRGERMEISTER: I bin net drauf versessen.

SCHULRAT: Ich bitte ums Wort. Wie die Regierung verlautbart, soll es sich um keine Parteiangelegenheit handeln, sondern die gesamte linksstehende Empörung des deutschen Volkes soll wie in einem Staubecken gesammelt werden. Unter solchen Umständen gehört das Trennende beiseite geschoben und das Einigende hervorgehoben. Ich meine also, Kollege Dapferle, Sie müssen mittun. Wir dürfen keine Zerrissenheit zeigen, wo wir stark sein müssen. Wir sind das werktätige Volk, alle miteinander.

VÖGELE: Auch wir meinen, die Sache ist wichtig genug, dass man net nur an sich denkt – und ich meine, wenn die, rechts, nichts von einem wissen wollen, muss man links zusammen halten, damit man net eines Tags dasteht wie der Esel zwischen den zwei Heubüscheln.

SOZIALDEMOKRAT: Wir meine auch, es gehört sich, dass Sie mittun, schon damit d'Arbeiter wisse, was sie zu denken haben. Und – es gibt doch auch hier Sachen, in unserer Stadt, die zu Bedenken Anlass geben.

BÜRGERMEISTER: Was denn?!

SOZIALDEMOKRAT: Ich werd mich schwer hüten, das zu sagen, damit es mir einer wegschnappt.

BÜRGERMEISTER: Dagegen muss ich Verwahrung einlegen. Persönliches darf unter keinen Umständen vorkommen. Alles muss *(das Blatt vornehmend)* „männlich muss es sein, ernst und sachlich", aber *(zu Dapferle)* – „bei der inneren Festigkeit der republikanischen Geschlossenheit" ist es Ihre moralische Pflicht, mitzutun. Schauet Se, halb sind Se ja schon dabei: Ihre Fahn habe Se ja. Kann da Ihr Herz hart bleibe?

DAPFERLE: Sie gfallet mir net.

BÜRGERMEISTER: Was heißt das, Sie gfallet mir net? Das hat schon manches Mädle gsagt und nachher doch ihr Kind kriegt. Gucket Sie die zwei leere Stühl an! *(Deutet auf die nicht besetzten Sitze der konservativ-nationalistischen Gemeindevertreter)* Gucket Se sich's genau an! Habe Sie se angsehn? Gehören sie den Kommunisten? Nein, oder sagen wir, noch net. Ghöre se den Sozis? Nein. Den Demokraten? Nein. Dem Zentrum? Nein. Wem gehören sie? I bin Bürgermeister und greif die Herren net an, dass sie heut net komme sind. Ich will nicht hetzen. Es gilt die große Sach. Aber linke Stühl sind's keine und Republikaner sitze keine drauf! **Der** Stuhl und **der** Stuhl muss Ihne sage: „Es brennt! Volk in Not! SOS, wie's in der Schiffssprache heißt. Bei Gott, wir sind doch MÄNNER ! Lass dich von dem Stuhl anschreie: Dapferle, mach mit!

DAPFERLE: Meine Herren! Mir kommet fast d'Tränen. Noch nie hab ich ein Stuhl ghabt, der mir so viel Leibschmerz mache soll. Sie gfallet mir schon, nur Ihr Gsinnung gfällt mir net. Heut wollet Sie Männer sein und morgen sind Sie Weiber.

SOZIALDEMOKRAT: Wir versprechen hoch und heilig, wir sind morgen keine Weiber.

DAPFERLE: Heut habt ihr eine Wut, und morgen ist sie verraucht. Und übermorgen habt ihr Angst vor eurer Wut. Ich will euch was sagen: Heut ist's euch recht, wenn wir mittun, damit die anderen Angst kriege vor euch, und dass ihr Courasche kriegt. Ich kenn euch. Wir lasse uns mit euch nicht ein. Unsere Freund wohne ganz woanders, im Osten! Hoch lebe die geeinigte föderalistische Räterepublik im freien Russland! Hoch! Hoch! Hoch!

(Während dieser Worte wachsende Unruhe, mit Zwischenrufen. Das „Hoch!" wird von einigen Zentrumsmännern lachend mitgerufen. Im übrigen besteht allgemeine Empörung.)

BÜRGERMEISTER: Scheret Se sich mit Ihrem Russland zum Teufel, wenn Se uns auf unsere Freundlichkeit so kommet! Vor Ihne habe wir noch lang keine Angst! Da schauet Se her: *(auf den Wandspruch deutend)* Wir Deutsche fürchten Gott und sonst nichts auf der Welt! Das gilt auch heut noch, wenn wir auch leider Republikaner sind!

SCHULRAT und DAPFERLE: Leider ?!

BÜRGERMEISTER: Ich mein das leider gar net. Das ist mir nur raus gfahren.

SOZIALDEMOKRAT: Hätt der Kollege Dapferle den guten Willen, so könnt er mit uns zufrieden sein. Wir fallen gar net alle Augenblick um. Das ist eine pure kommunistische Verleumdung. Wir haben einen ganz festen Standpunkt und der heißt: „Proletarier aller Länder, vereinigt euch!" Aber: zuerst in Deutschland! *(Allgemeines Bravo)* Dann haben wir noch einen Satz, der bei den Kommunisten net im Katechismus steht, und der heißt: „Aber das andere sind auch Menschen!" *(Bravo, bravo!)* Wir haben mehr Anhänger als ihr Kommunisten, und ihr hättet lang net so viel, wenn ihr net lüge würdet wie gedruckt!

DAPFERLE: Herr Bürgermeister, ich verlang einen Ordnungsruf.

BÜRGERMEISTER: Den verweiger ich Ihne. Auf ein grobe Klotz ghört a grober Keil!

DAPFERLE: Dann will ich Ihne auch meine Meinung sagen: Sie alle miteinander sind nix als Volksverräter und Kapitalistengeschmeiß!

BÜRGERMEISTER: Wie Sie so was sagen können, wo wir in heiliger Empörung zittern, das ist eine bodenlose Rohheit! Wir pfeifen auf euer Mittun! Wir wolle in unserm Staat keine solch rabiate Revolutionäre! Wir sind von früher her, Gott sei Dank, noch was anders gewohnt.

SOZIALDEMOKRAT: Uns ist viel lieber, ihr bleibet daheim, dann habe wir unser Ruhe und brauche net Sache zu verspreche, an die's Herz net denkt!

DAPFERLE: So, meine Herren, *die* Einladung gfällt mir besser! Jetzt mach i vielleicht doch mit.

(Geht weg, die Anderen brechen ebenfalls auf)

SOZIALDEMOKRAT: Jetzt hat er uns wieder alle zum Narren gehalten, um Stoff zu kriegen.

SCHULRAT: Musste das sein?

VÖGELE: Früher ist's doch anders gwesen!

BÜRGERMEISTER: *(Allein und seine Papiere aufräumend)* Wenn mer so hinterzfür mit de Leut umgehe muss, damit se machet, was se sollet, dann lieber im kleinste Drecknest Sauhirt als bei euch Bürgermeister. *(Vor den leeren Sitzen)* Ich erkläre somit den Antrag für angenommen und schließe die Sitzung.

II. Akt

Arbeitszimmer.
Auf dem Schreibtisch ein Strauß Goldlack.
An der Wand ein Schild: „Kaiserliche deutsche Reichspost".

DIENSTMAGD. Darf i d'Fahn jetzt aufziehen, Herr Oberpostmeister?

VÖGELE: Zum Donnerwetter! Hab ich dich grufen? Siehst net, dass i schaff!

MAGD: I hab doch nix unrechts gmacht! Frage wird mer derfe!

VÖGELE: Halt den Mund! In rer Viertelstund kannst kommen. – Ganz aus dem Konzept hat mich das einfältige Frauenzimmer bracht.
(Liest) „Wir aber rufen euch zu: Meuchelmörder!" Ah, das sind Possen! Den Mund viel zu voll gnommen.
(Korrigiert) „Wir aber sagen euch, Hände weg, sonst gibt's Mord und Totschlag!" Red ich für die Kommunisten? Oder für wen red ich! „Wir aber sagen euch, bis hierher und nicht weiter" – ist das jetzt net zu zahm? Nachher murren die Eigenen. Vielleicht geht's so: „Wir aber sagen euch, rechts, nehmt euch in Acht, Komma, bis hierher und nicht weiter, Komma, sonst – oder: Nehmt euch in Acht, Ausrufungszeichen, bis hierher und nicht weiter, Ausrufungszeichen, sonst – und noch einmal sonst und mit der Faust auf den Tisch! sonst – sonst *(unruhig und verärgert)*, jetzt weiß i, was mich die ganze Zeit ärgert: den Goldlack kann i net leide.

TOCHTER: *(31, altjüngferlich)* Guts Morgele, Babbe, kommst schön zustand mit der Red?

VÖGELE: Wer stellt mir denn die Blume da her? Blume ghöre überhaupt in kei männlichs Arbeitszimmer.

TOCHTER: Ei, Babbe, wenn du mit zwei linke Beiner aufgstande bist, dann verduft i lieber. *(Stößt auf die Mutter)* Geh, lass den Babbe allein, er ist brummig.

FRAU: Was ist denn los? 'S Mädle schimpft auch, sie sei rausgworfe worde.

VÖGELE: Sie soll mir mei Ruh lasse mit ihrer Naseweisheit! Dienstmädle habe z'ghorche, net z'frage. Hast **du** die Blume hergstellt?

FRAU: Ist **das** der Dank?

VÖGELE: Weißt, dass i gelb net leide kann und Goldlack schon gar net!

FRAU: Das ist mir neu. Vorgestern hast zu mir gsagt: Wie der schön duftet, das ist a farbenprächtigs Buketle.

VÖGELE: Gehöre Blume überhaupt auf ein Männerschreibtisch?!

FRAU: Ond du hast gsagt, sowas tät dir auf deim Schreibisch gut

gfalle, da kriege die Zahle wenigstens a freundliche Farb ond a
poetisch Düftle. Das sind deine eigne Wort gwese.

VÖGELE: Weib, jetzt sag mir nur, wege was musst mich so reize,
wenn i schon greizt gnug bin.

FRAU: I weiß net, was dir über d'Leber glaufen ist.

VÖGELE: Nimm die Blume da weg. Ein für allemal, i will auf meim
Schreibtisch keine Blume haben.

FRAU: *(Stellt die Blumen auf den Ofen)* Das ist net der Ton, in dem
Ehleut miteinander verkehre, wenn se schon über dreißig Jahr zu-
sammenlebe.

VÖGELE: Grad dann.

FRAU: Dann such dir a andere Frau, wenn noch eine dumm genug
dazu ist. Am liebste möchst mir wohl die Blume an Kopf werfe.

VÖGELE: Möcht i auch. Muss denn immer der Widerspruch sein?
Kann kei Frau den Mund halte, wenn sie merkt, dass der Mann
siedet?

FRAU: I kann ihn scho halte, wenn's nötig ist. Jetzt ist's aber nötig, dass i ihn aufmach. I kann mir einfach als Frau das Angrobsen
net biete lasse. Was hast denn allweil? Beim Frühstück bist grätig,
nachher schließt dich ein und jetzt kommst mit dene unschuldige
Blume. Alles wege eurer domme Männerpoliktik und wir arme
Fraue solles ausbade.

VÖGELE: Das versteht ihr net. Weiber verstehn überhaupt nix vom
höhere Schwung der Männer.

FRAU: Ihr mit eurem höhere Schwung! Gebäret zuerst a mol a paar
Kinder. Wenn mr euch recht gibt und süßen Brei um den Mund
schmiert, ist mer a gscheite Frau, gell? Mahnt mer euch aber zur
Besonnenheit, dann soll uns der Teufel hole.

VÖGELE: *(Hat sich die Ohren zugepresst und schreit dauernd)* Hast recht,
hast recht, hast immer recht!

FRAU: Sei doch kein Narr. *(Nimmt ihm beschwichtigend die Hand vom
Ohr)* Sei doch gscheit. Beide send mer in Sechzig! Was haschst
denn?

VÖGELE: Gottlob, dass du nachgebe hast. Wenn i so bin, i kann
einfach net anders, mei männliche Ehr lässt mir's net zu. Die Red
macht mir z'schaffe und der Umzug. 'S isch mer gar net drum zu
tun.

FRAU: Warum beschließt ihr's dann?

VÖGELE: Mer habe's müsse. 'S isch a Erlass von oben.

FRAU: Was gehn uns die von Berlin an? Ich hab an dere Revolution auch gar kei Freud. So lang mer Kaiserlich Deutsches Postamt
gheiße habe, habe mer ganz was anderes vorgstellt.

VÖGELE: Und jetzt soll mer das ganze schöne Gebäude verschandeln
und schwarz rot **gold** aufziehn. *(Kommt an den Ofen mit den Blumen)*

Den Goldlack nimm weg, i sag's dir. I kann se net sehe, net höre, net rieche, die verdammte Blume. *(Nimmt sie aus dem Glas und wirft sie auf den Boden)*

FRAU: *(Schüttelt den Kopf, wirft sie in den Ofen, bis auf eine, die versehentlich liegen bleibt)* A Fahn ist doch nix so Schlimms, 's ist a Fetzen Tuch wie ein andres auch.

VÖGELE: *(Sich versprechend)* goldlackschwarz – ah – goldrotschwarz, das begreifst du net. Dir machts nix aus in deim Elisabethenverein – aber mir. Was han i nötig, alle dene Männer vor den Kopf zu stoße, dem Oberamtsrichter, dem Major, dem Rechtsanwalt, dem Fabrikant Wiese, dem ganze Stammtisch! Alles Leut, die mir nix zuleid getan habe und die ihre Briefmarke dem Staat grad so gut zahle wie die andre Leut. Ein Postdirektor, und wenn's auch Oberpostdirektor heißt, ist immer was halbes und kein Akademiker, und ich sitz eben einmal mit dene Herre zusamme. Wenn ich auch grad so gscheit bin wie die, was nützt mich das? Auf d'Einbildung kommt's an. Und weiß mer denn, ob mer se net einmal braucht? Dass mer selbst Bürgermeister werde möcht oder sonst was. Dann kommt's auf jede Stimm an und mer ist froh um se. Weiß mer im voraus, was der Herrgott mit einem vor hat? Die Rote wähle rot, ob's rot ist oder knallrot. Von dene hat mer nix.

FRAU: So schlimm hab ich's net angsehn. Aber jetzt send doch wir an der Macht, wir und die Sozis und die Demokrate.

VÖGELE: Du schwätzst, wie du's verstehst. Bei uns zu Land ist die Macht immer da, wo die Akademiker sind. Die Demokrate? Die habe auch zwei Auge, eins rechts und eins links. Und wenn sie's linke aufmache, kenne se's rechte net zu lasse, und wenn se's rechte aufmache, blinzle se mit dem linke. Von dene wär mancher froh, wenn er wüßt, was er will. Überhaupt die ganze Politik taugt nix für die Beamte. Dem Zentrum kann mer ruhig nachkomme, ohne dass mer a ausgsprochene Gsinnung habe muss. Früher, so lang mer kaiserlich deutsch gwese sind, das ist eim a Rückgrat gwesen. Jetzt ist mer ganz allein auf sich selber angwiese und hat nix, was einen freut oder erhebt.

FRAU: Gottlob, dass i kein Mann bin. Denne Problem wär i net gwachse.

VÖGELE: Des glaub i. Gurken einmachen ist leichter.

FRAU: Die sind seit gestern auch wieder ums Doppelte gstiegen und mer muss froh sein, wenn mer kriegt.

VÖGELE: Da siehst des selbst! Beim Kaiser, Gurke waret Gurke. Da hast ruhig schlafe könne. Und dabei soll mer a Red halte und de Rote nach dem Mund rede.

TOCHTER: Kann mer reingucke? Ist die Luft wieder sauber?

FRAU: Fang net wieder an, i bin froh, dass es a bissle verraucht ist.

VÖGELE: Und schau, das Mädle, das ist auch so a Frag. Schön, sie kann a Zentrumsmann heirate, das wär mir das liebst. I kann se aber auch net von de Bäum schüttle.

TOCHTER: Verkuppelt ihr mich wieder? Wer muss herhalte?

FRAU: Schwätz doch net so einfältig daher. Der Vater hat ganz recht.

VÖGELE: Und wenn's davon keiner ist, wer kommt sonst als Beamter in Betracht? Ein Sozi?

FRAU: Das tät mir passen!

VÖGELE: So weit geht mir d'Republik noch lang net.

TOCHTER: Ein Sozi als Schwiegersohn vom Babbe! Ich wär erst noch recht freundlich zu ihm. Hast schon einen?

FRAU: Kind, mit solch ernste Dinge treibt mer kein Spaß! Bist wahrhaftig alt gnug!

TOCHER: *(Leiernd)* Und machst uns viel Sorgen und schlaflose Nächt. Wenn ich die alte Leier hör, tät ich am liebste mit einem Kommunisten fürlieb nehme.

VÖGELE: Das Mädle macht mich noch ganz verrückt. Und an Demokrat? Dann nehme mer schon gleich a Judd.

TOCHTER: Ei, wenn dann das Moritzle „Großbabbe" ruft!

VÖGELE: Such dir selber a Mann! Domms Frauenzimmer! Mit deine einunddreißig Jahr!

FRAU: Der Vater ist grad in einem solch vernünftige, überlegte Gespräch. Mir wollet dein Bestes und du laberst daher.

TOCHTER: *(Erregt, allmählich heulend)* Lasst mich endlich mit dene Männer in Ruh! Ich bin doch net schuld am Erzberger und Rathenau. Mir liegt überhaupt nix an dene Männer. Sie könne mir alle gestohle bleibe. Ich heirat überhaupt net, ich krieg überhaupt – ich will überhaupt gar keine riechen! *(Weint und geht heulend hinaus)*

FRAU: Das haben wir wieder von eurer dummen Politik! 'S Mutterherz kann einem breche! *(Weint)*

VÖGELE: Fang mer net wieder an!

FRAU: Muss das alles sein? Ich will nach meim arme Kind schaue. *(Im Weggehen stößt sie auf das Dienstmädchen)*

MAGD: Die Viertelstund ist vorbei, Herr Oberpostmeister.

VÖGELE: Heut hat sich doch alles verschworen. Net emol die Dienstbote lasset einem d' Ruh. Was willst schon wieder!

MAGD: Wege dere Fahn!

VÖGELE: Verflucht noch emol – Was ist für Wetter?!

MAGD: Trüb, 's kommt vielleicht zum Regne.

VÖGELE: *(Verärgert umhergehend)* Dann nimm die **alt**! *(Zertritt die Goldlackblüte, die am Boden liegt)*

III. Akt

Gemeinderatssaal.
Vor dem Fenster weht eine große schwarzrotgoldene Fahne.

Der Saal hat drei Fenster. Das mittlere hat einen kleinen Erker mit Redner-
balustrade. Seitlich am Eckfenster, so dass sie nicht von außen erblickt werden
kann, steht die Frau des Bürgermeisters und verfolgt die Vorgänge auf dem
unter ihr liegenden Marktplatz. Die Stadtväter kommen herein, die der bür-
gerlichen Parteien, d.h. Zentrum und Demokratie, im Gehrock. Die beiden
Sozialdemokraten im Sonntagsanzug mit roter Kravatte und roter Nelke im
Knopfloch. Dapferle im Arbeitskittel ohne Kragen und Kravatte.
Vom Platz herauf dringt mit Blechmusikbegleitung: „Deutschland über al-
les", die erste Strophe deutlich, die andern bis auf einige Worte wie „deutsche
Frauen, deutsche Treue" undeutlich.
Der Polizeidiener rückt Tisch und Stühle beiseite, um das Fenster frei zu
machen.

VÖGELE: Send Se ’s jetzt zufriede? Habe Se erreicht, was Se habe
    erreiche wolle?

DAPFERLE: Erreiche wolle? I han nix erreiche wolle. Sehe han i
    wolle und des han i gsehe.

SOZIALDEMOKRAT: Herr Oberpostmeister, heut habe mer uns bla-
    miert.

DAPFERLE: Wir uns? Fühle Sie sich mitbetroffe?

SOZIALDEMOKRAT: Sie zweifle hoffentlich net schon wieder an un-
    serer revolutionäre Gesinnung!

VÖGELE: Und an unserer republikanische!

DAPFERLE: Da so wenig wie da.

VÖGELE: Wege was habt ihr dann das ganze Aufhebens gemacht –
    vor der blöde Singerei hört mer sei eigenes Wort net – und habet
    den Zug net stehen lassen, bis d‘Fahn rabgholt worden ist?

DAPFERLE: Wie kann i de Zug stehe lasse? So wenig wie i der Sonn
    befehle kann, Sonne stehe still im Tale. Absalom, wisset Se da hin-
    ten in der Bibel. Was i gmacht hab, ist nur gewesen: Gucket, hab
    i gsagt, der Herr Oberpostmeister, so fern ist mir jede Kränkung
    glege, dass i express gsagt hab, der „Herr" Oberpostmeister hat
    scheint‘s die Zeit verschlafe und gmeint, unser Kaiser Wilhelm
    wird zu Grab getrage. Wo so viel Unglücksfäll passiere wie in der
    letzte Zeit, ist a Verwechslung leicht möglich. Das war alles.

SOZIALDEMOKRAT: Zu uns ist‘s wie ein Lauffeuer drunge: „An der
    Post hängt schwarzweißrot raus!" – „Was", hat einer gsagt, „hat
    der Kerl so wenig Ehr im Leib?" – „Nein", hab i gsagt, „a biss-
    le mehr." Dann habe halt a paar d‘Marschkolonne verlasse, send

172

ausgschwärmt, hent sich die ander Fahn von Ihrer Frau gebe lasse und hent se aufzoge.

VÖGELE: I bin wirklich wie vernagelt. Geschtern han i extra zu meiner Frau gsagt, was die neu Fahn a schöne Farbzusammestellung hat, und sie hat mir extra Goldlack auf de Schreibtisch gstellt, weil des mei Lieblingsblum ist. No denket Se doch mei Schreck, der Zug hält vor **meim** Haus. I hätt gschwore, 's brennt anderswo. Da sind nur die Dienstmädle schuld, die Weibsleut, die solche Sache net verstehn.

SOZIALDEMOKRAT: Das müsset Se gut mache!

VÖGELE: Meinet Se, das geht?

DAPFERLE: Durch a bsonders scharfe Red. Damit müsset Se das schwarzweißrot rausradiere.

VÖGELE: Des ischt erst noch a Gedanke. *(Zum Polizeidiener)* Sind viel Leut da?

POLIZEIDIENER: 'S kommet noch immer Neue.

VÖGELE: Auch bessere?

POLIZEIDIENER: Sieht mer kaum.

BÜRGERMEISTER: Ah, da ist ja unser Kollege Dapferle! Sehr schön, dass Sie meim wohlmeinenden Rat und der bessere Einsicht gefolgt sind. Das freut mich.

DAPFERLE: Das müsset Se nachher sagen. Wann krieg ich's Wort?

BÜRGERMEISTER: Das kann ich Ihnen jetzt erst zum Schluss geben. Wer zletzt kommt, mahlt zletzt.

DAPFERLE: Macht nix. 'S best kommt zletzt.

SCHULRAT: *(Bisher abseits und memorierend)* Wollen Sie nicht beginnen lassen? *(Weiter memorierend)*

BÜRGERMEISTER: *(Geht zu seiner Frau)* Siehst alles gut?

FRAU: 'S sind viel Leut da, mehr als i dacht hab.

BÜRGERMEISTER: I glaub, 's wird a imponierende Feier. Meinst net, es ghört sich doch, dass i reden tät?

SCHULRAT: *(Vorbeigehend, memorierend)* ... Empörung, lodernde Empörung...

VÖGELE: *(Vorbeigehend, memorierend)* Mord und Totschlag, oder ... bloß ... a Unglück?

POLIZEIDIENER: 'S sind jetzt alle da, soll i schelle? Die deutsche Frau und die deutsche Treue sen au schon vorüber.

BÜRGERMEISTER: *(Zu seiner Frau)* Mer darf sich doch so a Gelegenheit net vorbeigehe lasse. *(Zum Polizeidiener)* An Augeblick, dass sich d'Unruh legt und d'Spannung wächst. *(Zur Frau)* Meinst net, es macht an gute Eindruck?

SCHULRAT: ... Empörung, lodernde Empörung...

BÜRGERMEISTER: Der mit seiner Empörung alleweil! I hätt gute Lust und schnappt sie ihm weg. – I kenn noch mei Red von gestern und dann hab i heute in der Zeitung auch a paar kräftige Ausdrück aufglesen.

FRAU: Grad seh ich d'Frau Oberamtsrichter hinter ihrem Fenstervorhang, dass mer se net sieht. Halt se doch! I drück dir de Daumen.

BÜRGERMEISTER: *(Zum Polizeidiener)* Schellet Se!

SCHULRAT: *(Aufgeregt)* Fängt's an?

BÜRGERMEISTER: Ich sprech einige Begrüßungswort.

SCHULRAT: Ich habe als Erster das Wort.

BÜRGERMEISTER: Das hat mit Ihrer Red nix zu tun, das betrifft mein Amt als Stadtoberhaupt.

POLIZEIDIENER: Alles guckt schon lang rauf.

DIE ANDERN: Also los, dass wir auch dran kommen! *(Polizeidiener schellt nochmals)*

BÜRGERMEISTER: Liebe Gemeinde! Als Oberhaupt unsrer Stadt hatte ich die traurige Pflicht, Sie zur heutigen Versammlung zusammen zu rufen und danke ich Ihnen, dass Sie so zahlreich erschienen sind.

SCHULRAT: *(Nervös memorierend)* ... Empörung, lodernde Empörung...

BÜRGERMEISTER: Empörung, lodernde Empörung ...

SCHULRAT: *(Aufstampfend)* Niedertracht!

BÜRGERMEISTER: ... über die Niedertracht ergreift uns – leider können wir nicht mehr sagen, von der Maas bis an die Memel, von der Etsch bis an den Belt, über das, was in unserem Vaterland passiert ist, hat passieren können.

Meine lieben Volksgenossen und Genossinnen, ich will nicht hetzen, ich darf als Oberhaupt unserer Stadt nicht hetzen, denn ich bin von Ihnen allen gewählt und habe über den Parteien zu stehen. Ich habe das auch in der Gemeinderatssitzung betont. Aber ich muss doch fragen, warum kommen solche – mild ausgedrückt – Taten nur von der einen Seite gegen die andere vor, absichtlich nenne ich keine Richtung, nicht auch von der anderen Seite gegen die eine?!

Der kennt mich schlecht, der glaubt, das solle eine Aufforderung für die **andere** Seite sein! Nein, es ist ein laute Warnung für die **eine!**

Unser Schiller sagt: Seid einig, einig einig und ein Volk von Brüdern, und ich, euer Stadtoberhaupt füge hinzu, damit es euch wohlergeh im Himmel und auf der Erde und endlich wieder einmal auch in unserem lieben und geplagten Vaterland!

(Händeklatschen, bravo)

SCHULRAT: Das ist eine Gemeinheit. Wie kommen Sie dazu, mir meine Empörung zu stehlen?

BÜRGERMEISTER: Reget Se sich net auf. I hab nix von Ihne gstohlen. Das ist mei eigene lodernde Empörung gwese. *(Zum Polizeidiener)* Schellen! Sie sind dran, Herr Schulrat! *(Zur Frau)* Bisch zfriede, Schätzle?

FRAU: I hab den Daume fest drückt.

BÜRGERMEISTER: Hat's gwirkt?

FRAU: Und ob! *(Sie drücken sich die Hand)*

SCHULRAT: Die lodernde Empörung, von der der Bürgermeister sprach, das ist dieselbe lodernde Empörung, wie sie auch uns – und schon früher – ergriffen hat, das muss die lodernde Empörung aller sein, die noch ein Herz im Busen haben für Ehre, für Sittlichkeit, für unser Volk. **Wir** kennen keine Konfessionen, wir kennen keine Parteien, wir kennen nur den Menschen. Aus unserem Menschentum heraus müssen wir die Freveltat verdammen. Entrüstet sind wir bis ins Tiefste unserer Seele... *(Verliert das Konzept)* entrüstet sind wir bis ins Tiefste unserer Seele...
(Zu seinem Nebenmann sich beugend, leise) Was kann ich noch Stärkeres sage?

VÖGELE: *(Aufschreckend)* Bin ich schon dran? Hab gar net aufpasst...

POLIZEIDIENER: *(Leise)* Saget Se einfach „und noch viel mehr", bis Sie's gfunde habe.

SCHULRAT: Entrüstet sind wir bis ins Tiefste unserer Seele und noch viel mehr. Trotzdem warnen wir vor jedem voreiligen Schritt des Hasses. Wehe, wenn sie losgelassen! Dann werden Weiber zu Hyänen und treiben mit Entsetzen Spott. Nein, gerade das ermahnt uns: Schließt die Reihen zum inneren Frieden, zum gegenseitigen Sichverstehen. Unser aller Vaterland, es lebe hoch! *(Bravo!)*
(Herabtretend zum Bürgermeister) Das war nicht schön von Ihnen.

BÜRGERMEISTER: *(Gleichzeitig, sehr freundlich)* Ausgezeichnet war Ihre Rede, ausgezeichnet kernig und mit Maß und Ziel. Sie wird eine tiefe Wirkung hinterlassen.

SCHULRAT: Wirklich? Das hör ich gern. Sie sind der Überzeugung? Ich war vorher vielleicht a bissle heftig. Es war net so gmeint.

BÜRGERMEISTER: Lampenfieber! Kenn ich. Mer ist nie zu alt dazu. Polizeidiener! *(Bewegung des Läutens machend. Polizeidiener schellt)*

VÖGELE: Bessere sind keine da?

POLIZEIDIENER: Gar keine.

VÖGELE: Schad, i will ihne grad heimleuchte.
Verehrte Versammlung! In uns kocht es! Aber Sie haben gerade die weisen Worte gehört von unserm verehrten Herrn Vorredner: Kein Öl ins Feuer! *(Zuruf von unten: Schwarzweißrot!)* Fehl gefahre! Am liebsten möchten wir zurufe: Hände weg, sonst gibt es Mord und Totschlag! *(Bravo)*
Ich überlasse es euch zu denken, nach welcher Seite hin! Wir dür-

fen es nicht aussprechen. Unsere christliche Gesinnung verbietet uns das. Aber das dürfen wir sagen: Nehmt euch in Acht! Auch wir kennen ein bis Hierhin und nicht weiter! Und dann sollen diejenigen, die uns in das Schlamassel geritten haben, zusehen, wie sie den Karren aus dem Dreck ziehen! Hoch lebe Schwarz Rot Gold! *(Vereinzelt bravo)*

BÜRGERMEISTER: Sie habe sehr gut gesproche und eine tiefe Wirkung hinterlasse.

VÖGELE: Das freut mich. Man muss den Leuten sagen, was sie gern hören.

BÜRGERMEISTER: *(Zum Polizeidiener)* Los, dass mer fertig wird!

SOZIALDEMOKRAT: *(Zu Dapferle)* Jetzt passet Se auf, ob Se uns noch was vorzuwerfe habe.

Genossen und Genossinnen! Mit der Empörung allein ist es nicht getan! Wir haben eine Wut! *(Haut mit der Faust auf das Gesims)* *(Bravo!)*

Glaubet nicht, dass solch staatsfeindliche Gesinnung nur in Berlin gedeiht! Hier! Hier! Bei uns! werden unsere Kinder dazu erzogen von Lehrern, von Erziehern der Jugend. Heute früh wurde im Schulhof des Gymnasiums gesagt: „Jetzt ist sie aufgehoben, die Judensau! *(Wilde Zurufe: Namen! Namen!)* Jetzt ist sie in Jeruschalaim, wo sie hingehört! *(Namen nennen! Namen!)*

Ich will euch einen Namen nennen, der gegen die Republik hetzt: das ist der Professor Schneiderhahn!

ZURUFE: Haut ihn nieder! Schlagt ihn tot! *(Ein weiblicher Schrei)*

SOZIALDEMOKRAT: Nein, **das** wollen wir nicht, das sollen wir nicht. Aber... aber... solang wir so denken und sprechen, gibt es keinen Frieden – und – wir wollen – gar keinen Frieden! *(Bravo, bravo, bravo!)*

BÜRGERMEISTER: Viel zu persönlich! Viel zu persönlich!

SCHULRAT: Haben Sie das selber nachgeprüft? Ich kann mir nicht denken, dass mein Kollege Schneiderhahn, wenn er auch ganz rechts ist, die abscheulichen Worte gesagt hat.

SOZIALDEMOKRAT: Wenn Se recht hinghört hätte, ich hab ja gar net behauptet, dass **er** es gesagt hat.

SCHULRAT: Jeder muss das denken. Das ist unverantwortlich.

SOZIALDEMOKRAT: Verantwortlich bin i nur, für das was i sag. Gsagt sind se worden, und mehr als einmal. Von wem? Denken ist zollfrei. *(Schulrat schüttelt den Kopf und geht missgestimmt weg)* *(Sozialdemokrat zu Dapferle)* Gell, das hot zunde!

DAPFERLE: Zahm gnug ist's gwese!

BÜRGERMEISTER: I hab a Mordsangst vor dem Dapferle.

VÖGELE: Meine Red war doch net zu scharf?

(Bürgermeister macht eine zweifelnde Kopfbewegung)

DAPFERLE: **Männer!** Ich red nur mit Männer und mit Weibern, die Männer sein können! Und oft energischer als die andern.

ZURUF: Und als uns lieb ist!

DAPFERLE: I wollt net reden, denn es hat keinen Wert! Und morgen habt ihr eure Wut schon ausgeschnarcht. Aber ich muss reden! Wer sind die Mörder?! Das ist eine ganz bestimmt Klicke! Meine die nur den Erzberger und den Rathenau? Nein, die sind ihnen ganz schnuppe. Die meinen uns, das Volk, den Arbeiter. Heute hört ich und deshalb steh ich da, hier, hier in unserm Nest ist auch ein Hort der Reaktion. Schon ist der Führer bestimmt, wenns losgeht. Und die ganze geheime und gemeine Bande steht gerüstet fertig da.

ZURUF: Namen nennen, Namen!

DAPFERLE: Das ist der Fabrikant Wiese, dass ihr's wisst!

ZURUF: Hund, elendiger!

DAPFERLE: Eine Niedertracht ist dieser Mord! Niederträchtig sind die Hintermänner und ihre Zeitungen. Noch ist kein Blut geflossen! Aber es ist der letzte Tag, wo kein Blut geflossen ist! Noch ein solcher Tag, und es fließt Blut. In Berlin – in Deutschland – und hier, in unsrer Stadt! Das lasst euch gesagt sein!! Punktum!! *(Vereinzeltes Bravo, vereinzeltes Pfeifen)*

BÜRGERMEISTER: Mei ganze schöneFeier hat er mir wieder kaputt gemacht mit seine rabiate Worte. *(Zu Dapferle)* Do hent Se mer ebbes Schönes agstellt!

DAPFERLE: Sie habe mi ja extra drum gebeten. Euch kann mer's nie recht mache.

BÜRGERMEISTER: *(Zum Polizeidiener)* Schellet Se, was rab geht! I derf die Leut net mit dem Eindruck auseinandergehn lasse. Mer weiß gar net, was passiere könnt. 'S größte Unglück! He, Männer und Fraue! Wartet noch en Augeblick! Keine voreilige Schritt! Überlegung! 'S wird nix so heiß gesse wie's kocht wird! – Alle laufet se davo. Kei Seel hört zu.

POLIZEIDIENER: Was nach besser ausgehe hot, ist scho vorher weg.

BÜRGERMEISTER: Wenns nur kei Unglück gibt. So a würdige Feier. *(Alles ist weg bis auf den Bürgermeister und seine Frau)*

FRAU: Du kannst nix dafür. Du hast dei Pflicht tan. Schuld trifft die in Berlin.

BÜRGERMEISTER: Und du glaubst, mei Red war gut?

FRAU: Am allerbeste von alle hat sie mir gfalle. 'S ist Sünd und Schand, dass du in **dem** Nest versaure musst. Du ghörst eigentlich in d'Großstadt. Dort wär's richtige Plätzle für dich.

BÜRGERMEISTER: Isch das dei Ernscht, Schätzle? *(Gibt ihr einen Kuss)* Ach, wenn ich dich net hätt!

IV. Akt

Wirtschaft.
Ein kleinbürgerlicher und ein Honoratioren-Stammtisch

Am Handwerker- und Kaufmannsstammtisch, d.h. am Stammtisch des kleinen Mittelstandes sitzen Äpple, Bareis, Schmitt und Stern, hernach kommt Haipt dazu.

ÄPPLE: Dem Schneiderhahn hat er's gsteckt!

BAREIS: Ont ob er's em gsteckt hat, dem Gockelhahn!

SCHMITT: Solche Sache ghöre gsagt.

HAIPT: *(Kommt herein mit einer Rose, die er der Kellnerin reicht)* Da, Liesel, a Ros aus meim Garte.

KELLNERIN: Danksche. *(Heftet die Rose an die Bluse. Haipt tätschelt den Popo)*

ÄPPLE: Holscht der gleich dein Lohn?

KELLNERIN: Aber! Als verheirateter Mann!

HAIPT: Des raubt meiner Alte kei Perl von ihrer Kron. *(Zu den andern)* Ganz recht, gsagt ghöre solche Sache. A Bier! *(Setzt sich)*

SCHMITT: Und zwar mit Name!

STERN: Grad mit Name! Des ischt auch mei Ansicht.

Major und Oberamtsrichter kommen herein und setzen sich an den Honoratiorenstammtisch.

MAJOR: Und so was, Herr Oberamtsrichter, nennt sich, nennt sich Neues Deutschland

RICHTER: Nicht so laut, Herr Major, bitte, gerade heute.

MAJOR: Warum nicht? Jeder kann es hören. Jerade heute. *(Das Lied melodierend)* Ist ja heut jerade Sonntag, für uns arme arme Leut, ist ja heut jerade Sonntag...

ÄPPLE: *(Zu seinem Stammtisch)* Für andere ist Buß- und Bettag.

MAJOR: So was nennt sich Neues Deutschland, jutes Deutschland, Juden-Deutschland.

STERN: *(Laut, zur Kellnerin)* Zahlen!

HAIPT: Wirsch doch wege dem net davolaufe! Jetzt bleibt mer grad hocke!

STERN: *(Widerstrebend)* Meinetwege.

RICHTER: *(Dem Major die Hand auf den Arm legend, leise)* ... die Mutter der Porzellankiste, Herr Major.

MAJOR: Na schön.

SCHMITT: *(Zu Stern, leise)* Schon zieht er den Schwanz ein.

MAJOR: Freilein! Einundzwanzjer!

RICHTER: Halbe Rote, wie immer.

178

MAJOR: *(Kellnerin bringt den Wein. Major betrachtet die Rose)* Ah, edle Rose am bevorzugten Platz! Ist Riechen gestattet?

HAIPT: *(Zu seinem Tisch)* Dafür han i se ihr au net gebe.

MAJOR: Sie müssen doch zujebe, vom Sachlichen ganz zu schweigen, der Ton war Gasse.

SCHULRAT und VÖGELE: *(Zum Honoratiorentisch)* Guten Abend, die Herren! *(Zum zweiten Tisch)* Guten Abend allerseits!

MAJOR: Guten Abend, die feindlichen Brüder auf Mord und Totschlag, habt uns Schönes zusammmemjebraut.

RICHTER: Pst –

VÖGELE: Grad habe wir's gsagt, der Herr Schulrat und ich. Die beide Rote sind viel zu weit gegange.

RICHTER: Sie sind viel zu bescheiden, Herr Oberpostmeister, wenn Sie sich vergessen.

VÖGELE: Es bissle muss mer mit de Wölf heule, so schwer's eim fällt.

SCHULRAT: Gewiss, der Ton kam aus dem Geleise. Aber vergessen Sie nicht, was verbrochen und wieviel gesündigt ist. Er war ein Deutscher, und der Besten einer.

MAJOR: Deutscher? I wo!

SCHULRAT: Tausendmal ja! Konfession tut nichts zur Sache!

STERN: Zum Wohlsein, Herr Schulrat.

DER GANZE TISCH: Zum Wohlsein, Herr Schulrat.

SCHULRAT: Wohl bekomms, meine Herren. Wenn es einer fertig brachte, dass Deutschland wieder das Ohr der Welt fand, ist **er** es gewesen, und das ist der Dank.

MAJOR: Verehrtester! Das Ohr der Welt? Nur der deutsche Soldat hatte es, hat es und wird es haben. Dazu benötigen wir den Juden nicht.

SCHULRAT: Sie müssen mich entschuldigen, meine Herren. Ich kann heute Abend die Unterhaltung nicht ertragen. Wie eng gesteckt sind die Grenzen des heutigen Deutschtums.

MAJOR: Bis zum Rhein, Verehrtester, bis zum Rhein, 100 km.

SCHULRAT: *(Bitter)* Hundert Kilometer, Herr Major, bis zum Rhein. Zahlen, Liesel! Gute Nacht. *(Gibt keinem die Hand)*

RICHTER: Bleiben Sie doch noch etwas, Herr Schulrat.

SCHULRAT: Ich hab heute hier nichts verloren.
(Ab. Allgemeine Pause)

MAJOR: *(Zum Nebentisch)* Deutscher her, Deutscher hin... Das heute, das mit dem Blutjeruch, das müssen Sie doch zujebe, war ne richtige Metzelsuppe. *(Lacht zu seiner eigenen Bemerkung)*

ÄPPLE: Das ist gar net so ernst gmeint. Das muss mer zu nehme verstehe, wie's gsagt ist.

MAJOR: Das sagt ihr so, ihr Leute. Aber nicht jeder ist so vernünftig wie Sie, meine Herren. Nicht jeder ist höherer Beamter *(zum Post-assistent Schmitt)*, nicht jeder hat als Kofmich, pardon, Kaufmann, die Welt gesehen *(Zu Stern)*. Nicht jeder kann selbständig urteilen wie Sie, meine Herren. *(Man sieht den Gesichtern der Angeredeten an, dass sie den Spott verspüren und bemerkt das Unbehagen des Richters, was aber die Gesprächigkeit des Majors nicht zurückhält)* Dat is Jift jesät und Sturm jeerntet.

VÖGELE: Wind gesät und Sturm geerntet.

MAJOR: Verbindlichsten Dank, Herr Schulmei- äh, Herr Ober-postmeister. Auf Ihr Sekundieren kann man sich verlassen. Ihre Fahne hängt immer im richtigen Winde.

BAREIS: Haha, die Fahn!

MAJOR: *(Zum eigenen Tisch)* Ganz schlimm muss es aber unserem verehrten Wiese gegangen sein. Haben Sie näheres gehört?

VÖGELE, RICHTER: Wieso denn? Was ist los?

MAJOR: Das wissen Sie nicht? Nach dieser hinterhältigen Attacke bei der so genannten Festversammlung? Man ist auf ihn losge-stürmt. Ich weiß nicht, ob er sich nicht das nackte Leben jerettet... *(Tür geht auf. Fabrikant Wiese und sein Anwalt treten ein)*

BAREIS: Wenn mer de Esel nennt... *(Nebentisch lacht)*

WIESE: Sie raten mir also, Herr Anwalt, ich soll's mir nicht bieten lassen. *(Nur zum Honoratiorentisch)* Guten Abend, meine Herren!

ANWALT: Unter gar keinen Umständen, Herr Fabrikant. Sie sind die Austragung der Klage sich selbst und der allgemeinen Gesun-dung der Verhältnisse schuldig. Guten Abend, die Herren. Wir kommen spät. Bedauerliche Zeiten.

VÖGELE: Man darf Ihnen herzlich gratulieren, Herr Fabrikant.

WIESE: *(Übertrieben)* Danke schööön, Herr Oberpostmeister.

MAJOR: Viel Feind, viel Ehr, alter Freund.

RICHTER: Wie war es denn? Man bedrohte Sie?

WIESE: Nach den Hetzreden und den Hassgesängen auf dem Markt *(zu Vögele)* – dafür ist unser Herr Oberpostmeister wohl die au-thentischste Quelle. *(Zum Nebentisch)* Ich kann nur berichten, wie ein Unschuldiger Opfer wird.

ANWALT: Aufs ganz Spezielle, Herr Fabrikant, jede Löffelung wäre Tusch[1].

WIESE: Ehrt mich, Herr Rechtsanwalt: *(Der Honoratiorentisch trinkt mit)* Wir gehen mit unserm Geschäftsführer aus der Fabrik. Wir unterhalten uns, soweit ich mich erinnere, über die Valuta. Sie ist schon wieder rapid gesunken.

STERN: 635, wenn Sie gestatten, das Neueste...

WIESE: 635!?

MAJOR: *(Zu Stern)* Fallen Sie doch nicht immer ins Gespräch ein!

WIESE: Da kommen zwei Proleten, zerlumpt, ohne Kragen, ohne

1 Alter Trinkspruch bei Bur-schenschaften.

180

Kravatte, das Hemd steht auf...

MAJOR: So die richtjen Kommunisten!

HAIPT: *(Zu Äpple)* Es werde Arbeitslose gwese sei, die nix zu nage und zu beiße habe...

BAREIS: Abwarte!

WIESE: Sie kommen auf mich zu...

MAJOR: Mit dem Messer?

WIESE: Fährt einer dieser Burschen drohend auf mich los...

MAJOR: Mit dem Messer?

WIESE: „Heut geht's an Galgen!"

VÖGELE: Und – weiter! Unerhört!

WIESE: „Heut geht's dir an Kragen!" und gehn auf mich los. „Schweigt, ihr Kerls!" rufe ich zu. Soviel Geistesgegenwart hatte ich und springe in mein Auto. „Lump!" wird nachgerufen, Fäuste werden geballt. Eine Minute später, und Sie könnten mir jetzt eine Trauerrede halten, meine Herren.

ANWALT: Und diese Elemente soll man nicht belangen?! Das ist eine ganz klare Bedrohung. Paragraph 240 Strafgesetz. Und dann kommt in Betracht Paragraph 130 Strafgesetz: Wer in einer den öffentlichen Frieden gefährdenden Weise etc. aufreizt, wird mit Gefängnis bis zu zwei Jahren bestraft. Der Paragraph ist vielleicht noch wichtiger, dann haben wir den gepackt, der dahinter steht.

RICHTER: Der Tatbestand ist gegeben.

VÖGELE: Das von Ihnen mit der heimlichen Gegenrevolution hat der Dapferle sich natürlich aus den Nägeln gesogen. Das kommt auch noch in Betracht.

WIESE: *(Mit raschem Blick zum Major)* Ich verbiete mir, überhaupt so etwas zu erwähnen.

VÖGELE: I hab nur denkt, es ist wichtig, dass Sie's wissen.

MAJOR: Erstunken und erlojen ist die janze Geschichte, von A bis Z!

HAIPT: *(Zu Bareis)* Vielleicht doch bloß bis X. *(Zum Honoratiorentisch)* Isch das Urteil scho gfällt? Sonscht möcht ich mich als Zeuge melde. Ich bin nämlich zufällig grad vorbeigange und hab scheint's ganz andre Auge und Ohre im Kopf ghabt! Bei mir hat das so ausgsehe: Also, diese Mordbube, wie se Sie gsehe habe, sind se zerscht vom Trottwar runtergange.

SCHMITT: Im Allgemeinen sind Mörder net so höflich.

HAIPT: Und dann hent se net gsagt, heut geht's an Galge oder an de Krage, sondern – und sie hent sogar a gutmütigs Lächle aufgesetzt – und gsagt hent se dabei – und das kann i beschwöre: Heut geht's ans Knöpfle!

ANWALT: Nicht wahr! An den Galgen!

BAREIS: Sie send ja gar net dabei gwese, was wisset denn Sie!

181

ANWALT: Galgen und Kragen sagten die Lumpen.

MAJOR: Selbstverständlich Galgen!

ANWALT: *(Höhnisch)* Knöpfle!?

HAIPT: Also net Knöpfle. Ond dann hat der Herr Fabrikant was gsagt? I han des „Kerle" von ihm gar net ghört. I han ganz was anders ghört...

WIESE: Was denn?!

HAIPT: Ganz was andres.

MAJOR: Heraus mit der Sprache!

HAIPT: „Drecksäck!" han i der Herr Fabrikant sage höre.

WIESE: Drecksack! Ich und Drecksack! Sie Kaffer!

HAIPT: Herr Rechtsanwalt, passet Se gut auf. Sie könnte noch omol was zu verdiene kriege.

WIESE: Ich und Drecksack! Wie reimt sich so was zusammen. Dazu bin ich viel zu vornehm, außerdem war ich im Krieg Hauptmann der Reserve. Und da kommt so ein Drecks... so ein Kerl...

BAREIS: Psst, Herr Fabrikant, dass Se sich net vergallopieret!

WIESE: Legt mir was in den Mund, das mir völlig fremd ist. Kerle sagte ich, höchstens Kerls. *(Zum Anwalt)* Sprechen **Sie** mit diesen Leuten weiter, ich bin zu erregt. Setzen Sie's auf die Liquidation.

ANWALT: *(Erhebt sich pathetisch)* Sie haben einen Mann vor sich, meine Herren, bewährt im häuslichen, bürgerlichen, wirtschaftlichen Leben. Dieser Mann wird auf öffentlichem Markt an den Pranger gestellt, verleumdet, die ungezügelte Volkswut wird gegen ihn entfacht. Es wird ihm von Burschen mit dem Galgen, mit Halsabschneiden gedroht – muss man da nicht unsern lieben und verehrten Freund bewundern – ich spreche von Mensch zu Mensch – bewundern in seiner Ruhe und Vornehmheit, wenn er – vielleicht? – er bestreitet es nicht – sagte: „Gehen Sie weg, Sie Kerle!" wie man draußen im Feld zu den Soldaten in legerem Ton manchmal Kerle sagte.

HAIPT: Wo han i mei Kopf? Wo han i meine Ohre? 'S ischt ja verloge. Drecksäck! Drecksäck hat der Herr Fabrikant gsagt, und die Prolete hent Knöpfle gsagt.

BAREIS: *(Zu Äpple)* Proscht Knöpfle!

ÄPPLE: *(Zu Bareis)* Proscht Drecksack!

STERN: *(Zu Schmitt)* Ein tüchtiger Rechtsverdreher.

WIESE: Genug! Zahlen!

ANWALT: Es ist nutzlos, die Diskussion. Man schont besser seine Perlen. Zahlen!

MAJOR: Unter einem edlen Stern steht unsere jottjesegnete Republik. Stern Judas. Da sind wir doch noch einer Meinung. Nicht wahr, Herr Stern?

STERN: Unverschämtheit!

MAJOR: *(Höhnisch)* Hüüü – heute seid ihr oben, *(mauschelnd)* 's trefft halt wie's trefft.

STERN: *(Zum Major)* Ein Hund ist's, der kläfft.

MAJOR: Gott der Gerechte! Sogar ein Dichter! Wissen Sie ooch nen Vers auf „Judenbengel"?

STERN: *(Will auf den Major los. Die andern halten ihn zurück. Die Kellnerin drückt ihm die Rose in die Hand. Er betrachtet sie kurz, dann steht er stramm, übertrieben militärisch)* Zu Befehl, Herr Major! *(Die andern sind schon im Weggehen, bleiben noch eine Sekunde stehen)*

Hier – eine Rose

da – der Stengel

Hier – steht der Jude

dort – drückt sich der Bengel.

MAJOR: *(Wirft das Geld auf den Tisch, zum Anwalt)* Man würde sich beschmutzen mit einer Satisfaktion.

RICHTER: *(Beim Weggehen, kopfschüttelnd zu sich selbst)* Sehr, sehr peinlich.

VÖGELE: *(Bleibt sitzen, anscheinend unbeachtet. Als die anderen weg sind)* I will mei Bier noch langsam austrinke. *(Sich dann an den Tisch hinüber setzend)* Gut habe Se's heimgegebe. 'S gibt doch Leut, die sent net zu belehre.

STERN: *(Wischt sich die Stirn, drückt der Kellnerin die Hand)* Dank dir, Mädle.

ÄPPLE: *(Zu Haipt)* 'S gibt andre, die sind noch viel widerwärtiger.

HAIPT: Was für meinscht?

ÄPPLE: D'Speichellecker.

VÖGELE: Da hent Se ganz recht. Des ischt einer der Grundfehler, an dene unser Volk leidet. I will jetzt doch aufbreche. 'S ischt allmählich recht warm worde.

BAREIS: Ons wird's erscht jetzt gemütlich.

ÄPPLE: 'S ischt Ihre innere Hitz, Sie hent zuviel Glut in Ihre Red glegt.

VÖGELE: *(Auf die Uhr sehend)* Oh je, oh je, 's ist spät! I hab meiner Alte versproche müsse, zeitig daheim zu sei. Die ist auch fiebrig in dene unruhige Zeite.

HAIPT: Da wickle Se sich am kühlste in Ihre Fahn ein.

ÄPPLE: Aber wählet Se net die falsch, Herr Oberpostmeister. *(Alle lachen)*

VÖGELE: Gottseidank hört mer heut doch noch a Lache zum Schluss. Sie wisset ja, wie Dienstmädle send. I han er befohle, die Fahn aufzuziehe. Was weiß a Mädle von nere Fahn. Fahn isch Fahn, denkt so eine. Ond macht das ganze Durcheinander. 'S isch, wie's isch: Lange Zöpf, kurzer Verschtand. Also, gut Nacht, die Herre! Lasset Se den Obend friedlich ausklinge.

SCHMITT: Dank für den gute Rat. Wir wolle unser Bestes tun. – Des isch a Obend! Der Vögele, der Wiese, der Major …

STERN: Ond dafür setzt a Rathenau sei Lebe ein. Am meischte wurmt mich eigentlich der Schneiderhahn mit seiner Bemerkung.

DIE ANDEREN: Des könne mer der nachfühle.

SCHMITT: Ist es denn gwiss, dass er's gsagt hat?

HAIPT: Mer habes doch alle selber ghört auf dem Marktplatz. Erinnerst dich nemmer, wie er uns Schulbube das Wahlrecht erklärt hat: „Da, schauet zum Fenster raus, betrachtet den Straßenkehrer! Der hat genau soviel zu sagen wie ein Professor. Eine Schmach!" Eine Stunde Arrest hat er mir aufgebrummt, weil ich d'Schlacht von Waterloo net gwusst hab. Mich packt heut noch der Ärger, wenn ich dran denk.

SCHMITT: No, die hast verdient. Wir wollte, wir wäre heut wieder so weit.

STERN: Eigentlich habe mer die Nas vorläufig voll vom Krieg.

BAREIS: Oder was mei Bub heimbracht hat, als unser Ebert Reichspräsident worden ist: „Schön weit habens wir's bracht, jetzt sitzt sogar ein Sattler obenauf!"

HAIPT: Das isch aber net nur er! Das isch auch sie. Wie der Herr, so's Gscherr. Sie isch kei Jota besser. „Ganz recht gschieht's dem Lump, dem Erzberger, dass se's em heimzahlt hent!" So dankt mer's heutzutag, wenn einer de Kopf für einen hinhält. Wenn er a Ochs ist, ist sie a Kuh und noch dümmer.

SCHMITT: Aber hat der das mit dem Rathenau wirklich gsagt?

HAIPT: So a Mensch braucht mr in Schutz zu nehme! Gsagt send die Wort und gleichsehn tun sie ihm.

STERN: Mer derf sich's net biete lasse.

SCHMITT: Gewiss, es muss was gschehn. Als Vater und als Republikaner hat mer die Pflicht.

BAREIS: I hätt gute Lust und würf ihm die Fensterscheibe ein. Die koste heutzutag auch schon a Heidegeld.

SCHMITT: *(Entschlossen aufstehend, zahlend)* Nein – zur Rechenschaft ziehen wir ihn, und zwar sofort. Er hat Red und Antwort zu stehen.

DIE ANDEREN: Das isch der Nagel auf den Kopf!

STERN: Ond ischt männlicher!

Abgesang

Wohnzimmer mit Schreibtisch, Tisch, Sofa, Klavier, Büffet.
An der Wand Bilder von Bismarck und Wilhelm II, trauerflorbehangen. Auf
Tisch und Büffet Vasen mit schwarzweißroten Fähnchen.

FRAU: Schon beinah Mitternacht. Das ganze Nachtessen unange-
brochen, die Kartoffeln kalt.

PROFESSOR: Es sieht verlockend aus. Es tut mir leid, ich hab keinen
Appetit. Iss du ruhig.

FRAU: Wenn du net isst, schmeckt es mir auch net.

PROFESSOR: Dann komm, damit sie nicht meinen, die Angst habe
den Appetit verschlagen. Wie teuer ist heute der Hering?

FRAU: Frag net, doppelt wie gestern. Zum Verzweifeln.

PROFESSOR: Ich bring keinen Bissen runter.

FRAU: Es geht mir grad so. *(Läutet dem Mädchen)* Kannst abräumen,
heb alles gut auf.

PROFESSOR: *(Zum Mädchen)* Erzähl noch emal den Hergang.

MÄDCHEN: *(Weinend)* Wenn Se mir folge, Herr Professor, gehn Se
jetzt noch davo.

PROFESSOR: Was haben sie gesagt?

MÄDCHEN: Ihren Name hab i ghört, und Mord und Totschlag hab
i ghört, und dann hab i so a Schreck kriegt, dass i nix weiter ghört
hab und davoglaufe bin. *(Ausbrechend)* Um des Himmels Wille,
Herr Professor, machet Se sich aus dem Staub, die gehn auf Sie los
und schlage Ihne den Schädel ein.

FRAU: Mann, Hermann, ich beschwör dich. Noch ist's Zeit, lass
alles liegen und lass uns fort von hier.

PROFESSOR: Was werfen sie mir eigentlich vor?

MÄDCHEN: *(Schreiend)* Umbringe wolle se Se, weil Se auf den Rathenau gschimpft habe.

FRAU: Da sieht mer wieder diese verkommene Bande! An allem
sind die Juden schuld!

PROFESSOR: Beschränkt und verführt bis ins innerste Mark.

FRAU: Und verkomme und verroht. Ich kann dir gar net sage, wie
ich sie hasse. Komm, Mann, lass uns fliehen.

PROFESSOR: Nein – nein – nein! Hier stehe ich. Ich kann nicht
anders. Gott helfe mir. Amen.

FRAU: *(In höchster Erregung)* Sei doch net meschugge!

PROFESSOR: Pfui, Ottilie! Wie kannst du mir dieses Wort an meinem Herd antun! Spüle sofort den Mund! Sollen sie mich töten!
Zuvor werde ich ihnen aber die Meinung sagen!

FRAU: *(Hat in den Blumentopf den Mund gepült)* Richt uns doch net zu
Grund! *(Auf den Knieen)* Ich bitt dich.

PROFESSOR: *Ich bleibe!* Dir, Weib, die du bisher treu als deutsche Hausfrau zu mir gehalten hast, steht es frei, nach eigenem Belieben deine Schritte zu lenken, mit mir unterzugehen oder, wie der Lateiner sagt, fuga salutem petere, in der Flucht dein Heil zu suchen.

FRAU: Dann bleibe ich bei dir und harre aus.

MÄDCHEN: Und ich lass Se au net im Stich.

PROFESSOR: Ich danke dir, Ottilie. Ich danke auch dir, Lina. Und nun ordnet alles und lasst uns dem Feind männlich entgegensehen.

FRAU: Das wollen wir. *(In Schluchzen ausbrechend)* Oder – wollen wir net doch liebe wegreise, wenigstens für die Nacht.

PROFESSOR: Nein und nochmals nein und abermals nein! Kein Wort mehr von Flucht. Erledige alles. Vielleicht schreibst du noch Briefe. Auch ich will noch schreiben. *(Er nickt seiner Frau ernst zu)* Ottilie! *(Entlässt sie mit entschlossen-entsagungsvollem Händedruck, schreibt. Sie geht unruhig hin und her, in die Küche und zurück zu ihm, blickt ihm über die Schulter, weint, geht weg, kommt wieder)* Nimm Platz und vernimm. *(Mit energischem Zug führt er die Schrift zu Ende, spricht kraftvoll vor sich hin)* „Hermann Schneiderhahn." Höre also: „Politisches Testament. Dem eigenen Unverstand und fremdrassiger Verführung folgend, hat die rohe und ungebildete Masse heute einen deutschen Mann von deutschem Blut, von deutscher Gesinnung, Hermann Schneiderhahn, Professor und Erzieher der Jugend, gemordet. *(Frau schluchzt)* Der letzte Wunsch des Dahingeschiedenen ist: Besinne dich auf dich selbst, deutsches Volk, auf deine deutsche Art, stoße den fremden Geist der Verneinung ab, und Gott wird mit dir sein, wie er 1813 mit dir war, wie er 1870 bis 71 mit dir war, und auf siegreichem Schlachtfeld wirst du wieder deinen Kaiser krönen und du wirst wiederum dastehen als stolzestes, herrlichstes aller Völker. Amen!

FRAU: Wie schön, wie edel, wie ergreifend.

LINA. *(Hat unter der Tür zugehört)* Wie in der Kirch, Amen!

PROFESSOR: *(Schwerfällig sich erhebend, die Uhr in der Hand)* Kommen sie noch nicht? Kommet se noch net?

FRAU: Wolle mer net ins Bett gehen? *(Zärtlich)* Vielleicht kommen se gar net.

PROFESSOR: Sie können noch immer kommen. Lichtscheues Gesindel meidet den Tag.

FRAU: Haben wir noch irgend was zu besprechen?

PROFESSOR: Nicht, dass ich wüsste. Meine Pflicht habe ich getan. Gebremst, wo ich konnte. Der Jugend die falschen Götter gewiesen und weder Unverstand noch Verachtung gescheut.

FRAU: Eines solchen Mannes Weib zu sein, ist auch ein Helden-

186

leben. *(Küsst ihn)* Ich danke dir, Hermann, dass du mich dieser Haltung gewürdigt hast.

PROFESSOR: In Treue fest, nach eigenem Entschluss, hast du, Gesponsin, ausgehalten. *(Küsst ihre Stirn)* Thusnelda!

FRAU: *(Sehr zärtlich)* Wolle mer net doch ins Bett? *(Es schlägt Mitternacht)*

PROFESSOR: Noch eine Viertelstunde, dann *(weich)* gerne. Manchmal holen sie sich den Mut zur Gemeinheit erst im Schnaps. *(Lärm auf der Straße)*

STIMMEN: Nix lasse mer uns biete. Zeige werde mer's ihm! Schluss, ein für allemal! *(Rütteln am Gartentor)*

STIMME BAREIS: Heda! Alter Steißtrommler! Aufgemacht! Meinst, wir warten bis in alle Ewigkeit!

STIMME SCHMITT: Um acht Uhr habe mer Dienst.

FRAU: *(Wütend)* Nie folgst du mir! Nie folgst du mir! Jetzt haben wir's mit deinem meschuggenen Stolz!

STIMME HAIPT: Aufgemacht, sonst schlage mer die Tür ein! Mer sagen der's im Guten!

STIMME SCHMITT: No, no, no, mit Maß und Ziel!

PROFESSOR: *(Hat den Schlüssel gesucht, zum Mädchen)* Öffne!

FRAU: Und lauf zur Polizei, sei einbroche, sie soll rette was zu retten ist.

MÄDCHEN: Jessesmarie! *(Stürzt davon)*

PROFESSOR: *(Nach der Uhr sehend)* Zwölf Uhr siebzehn Minuten.

STIMME ÄPPLE: Verdammt, wenn das Mensch ein Revolver hat.

STIMME STERN: Jetzt wird weiter gegangen. Jetzt heißt's siegen oder sterben.

STIMME SCHMITT: Die Tür, Herr Professor, könnte Se aufmache, damit mer weiß, wo mer hinzugehe hat und net unnötig in der Frau Professor ihre geputzte Zimmer rumstapft. I bin der Assistent Schmitt, also Angst brauche Se keine zu habe.

STIMME HAIPT: Sag doch net alles zum Voraus.

PROFESSOR: *(Öffnet weit die Tür)* Was begehrt ihr Männer von mir?

STERN: Was wir von dir begehre, wirscht's glei sehe.

FRAU: *(Dazwischen eilend)* Nur über meine Leiche geht der Weg!

SCHMITT: Schwätzet se doch kein Käs, Frau Professor. Sie habe da überhaupt nix zu schaffe. Wer will denn ebbes von rer Leich? Das ist a reine Männerangelegenheit, und 's Gscheiteste ist, Herr Professor, Se schicke se ins Bett.

FRAU: Sie send a unbedamter Mensch, damit Sie's wisse.

SCHMITT: Des isch mir nix Neues. Aber jetzt halte Se nur a bissle Ihren Mund – wenn i bitte darf, damit die Bedamtheit gewahrt isch.

PROFESSOR: Lass die Männer ausreden, Ottilie!

FRAU: Schäm dich, nicht für mich einzutreten.

SCHMITT: Also net wahr, Herr Professor, wir sind Mann gegen Mann. Und es wird Ihne kein Haar gekrümmt, dafür garantier ich. Die Sach ist also die: Habe Se 's gsagt oder habe Se 's net gsagt. Habe se 's gsagt, ist's gut, habe Se 's net gsagt, ist's erst recht gut.

BAREIS: *(Zur Frau, die sich gekränkt abwendet)* Meinetwege brauche Se net ins Bett zu gehe. Höre Se nur gut zu. Mit Ihne habe mer auch noch a Hühnle zu rupfe. Sie send noch net fertig, Frau Professor.

PROFESSOR: Was soll ich denn gesagt haben? Ich weiß gar nicht, was Sie mir vorwerfen.

HAIPT: Was Se gsagt habe, wisset Se net?! Jedes Kind weiß es in der ganze Stadt.

SCHMITT: *(Ruhig und sachlich)* Sie habe gsagt, gottlob, dass die – i will wege meim Freund Stern des Wort net in Mund nehme, 's hört mit Sau auf – tot ist.

STERN: *(Erregt)* „Ond jetzt isch er in Jeruschalaim, wo er hin ghört!" Dass Se's wisset!

PROFESSOR: Das ist nicht wahr, meine Herren. Das kann ich Ihnen ehrenwörtlich zusichern, habe ich nie und nimmer gesagt.

ÄPPLE: Könne Se des uns schriftlich gebe?

PROFESSOR: Das kann ich Ihnen schriftlich geben.

HAIPT: Da setze Se sich hin und schreibe Se! Sie sind ja Professor. Sie müsse selber wisse, was Se zu schreibe habe.

STERN: Wollet Se überhaupt nix Derartiges gsagt habe?!

PROFESSOR: Ich habe vielleicht gesagt, ein Fremdrassiger kann niemals unsere deutschen Belange verstehen und wir müssen seinen Einfluss ausmerzen.

STERN: Na also! Da habt ihr's, was wollet mer mehr.

SCHMITT: Ausmerze! Was heißt ausmerze? *(Überlegt)* Ausmerze ist net Judensau. Dagege läßt sich nix direktes einwende. Ansicht gegen Ansicht. I hab mei Meinung und der Herr Professor die seine, wenn sie auch beschränkt ist. Aber wisset Se, alles was recht ist, und des gilt auch für Sie, Frau Professor: Der Bobo gehört in die Hose! Wenn Sie Schulmeister sind und die Kinder unterrichte und Ihr ganzes Gehalt vom Staat beziehe, dann muss mer scho gege die Regierung anschtändig sein und darf net die Kinder aufwiegle ond in unruhige Zeite solche Sache sage, mit dene jeder anfange kann, was er will, oder darf despektierlich vom a Sattlermeister rede, der jetzt obenauf isch und solche Sache. Oder – Sie verzichte auf Ihre schöne Anstellung ond Ihr noch schöneres Gehalt ond Ihre Pension ond sind ein freier deutscher Mann und dürfe – mit Verlaub zu sage – Ihr Maul aufreiße von hier bis Berlin. Schauet Se, wenn der Ebert nur a Sattler isch und der Rathenau nur a Jud, ihre Sache mache se so gut, wie wenn der Herr Professor Minischter wär oder gar Präsident.

HAIPT: *(Ins Wort fallend)* Denn was der Herr Professor bis jetzt ge-
leistet hat, isch, außer dene Geschichtszahle, die i schon bei Ihne
hab lerne müsse ond wege dene i Arrest kriegt hab, auch nix
weiter Bedeutendes. Achtzehnhundertvierzehn war übrigens die
Schlacht von Waterloo.

PROFESSOR: 1815! In drei Teufels Namen! 1815! Am 17. Juni
1815!

HAIPT: Meinetwege! Auf des eine Jahr kommt's mir net drauf an.

BAREIS: Seid ihr noch net fertig? *(Tritte auf der Treppe)*

STERN: Wer kommt denn da noch?

FRAU: *(Triumphierend)* Die Polizei!

NACHTWÄCHTER: *(Ohne Gruß, das Türschloss betrachtend, zum Mädchen)* Han mer's ja glei denkt, dass es so ebbes isch. In alle Türe
stecket d'Schlüssel enwendig, ond d'Schlösser sind ganz. Des isch
meiner Lebtag kein Einbruch! Überhaupt, wenn der Kaufmann
Stern dabei isch, wird nix gstohle. Der hot mehr als ihr. Und
wenn der Herr Assistent Schmitt dabei isch, bleibt alles am Lebe.
Des isch a besonnener Mann. Deshalb alarmiert mer net onnötig
d'Sicherheitsgewalt. Mer hent Wichtigeres zu tun in dene Zeite.
– Meine Herre, Sie müsset heimgehe, sonst wird's Ruhestörung.
D'Polizeistund isch vorbei. *(Ab)*

ÄPPLE: *(Auf die Uhr sehend)* Glei eins! Mei Alte wird schön schimp-
fe!

BAREIS: Glaubsch, du bischt allein? Aber mei Sach muss zerscht rab
von der Seel! – He, Frau Professor, hent Se des gsagt vom Erzberger – dass es um den – pfui Teufel – net schad sei, oder wollet Se's
net gsagt habe und ziehet auch de Schwanz ein.

FRAU: *(Walkürenhaft)* Jawoll hab ich's gsagt!

BAREIS: Schämet Se sich! Schämet Se sich, als Frau net anständi-
ger zu sein. Was geht Sie überhaupt d'Politik an? Wenn mer recht
nachguckt, liegt auf alle Möbel der Staub! *(Fährt mit dem Finger
übers Klavier, über den Lampenschirm)* Da! Da habe mer's schon – der
Finger isch ganz schwarz. *(Wischt mit einem schwarzweißroten Fähnchen übers Klavier)* Sehet Se her: Des isch Ihre Angelegenheit. Nix
weiter. Rege Se Ihren übertriebene Mann ab statt auf. Lasset Se
em d'Supp net verbrenne. Sorget Se, dass Se noch a paar Kinder
kriege, wenn Se net z'alt dazu send. I tät zwar auf die Ehr verzichte. Gut Nacht miteinand. So, des wär vom Herze rab!

SCHMITT: Nix für ungut, Herr Professor. Mer red halt, wie mer
denke und wie ons der Schnabel gwachse isch. Ond wenn er net
gschliffe gnug isch, dann hat er halt in der Schul nicht die richtig
Politur kriegt. – Wollet Se uns jetzt runterlasse, Herr Professor?

PROFESSOR: Gern. Ich will Sie begleiten, damit Sie nicht stürzen.
Ich verstehe auch Ihre Meinung, und es freut mich, dass Sie sie in

einigermaßen sachlicher Weise dargelegt haben. *(Gibt Schmitt die Hand, lässt die anderen vortreten)*

FRAU: Das kannst du tun, bei solchen Gesellen! *(Professor überhört es)*

BAREIS: *(Von außen zurückrufend)* Halt dei Gosch, alte Sch...

FRAU: *(Stampft auf, ballt die Faust)* Gesindel! *(Niemand hört es. Letzter im Hinausgehen ist Stern)*

STERN: Eins kennet Se sich merke: Wenn i a Christ wär, i tät mich Sünd fürchte, über den Erzberger nur so zu denke wie ihr sprecht. Und der Rathenau! Ihr seid ja verbohrt ond vernagelt in eurem Hass ond eurer blinde Vaterlandslieb. Was ein richtiger Mensch ist, das sehet ihr gar net. Der einzige Fehler vom Herrgott isch: er hat sie viel zu dünn gsät!

PROFESSOR: *(Nebenbei und nachdrängend)* Schon gut, schon gut.

FRAU: *(Allein, geht erregt auf und ab. Dann holt sie den Staublappen und wischt Klavier, Lampenschirm, Möbel und Bilder ab, voller Ingrimm)*

PROFESSOR: *(Zurück)* Jetzt endlich kann man aufatmen.

FRAU: So was wagst du mir zu sagen! Spürst du nicht, dass sie mich behandelt haben wie gar nichts! Hast du kein Schamgefühl für deine Frau? Und dann – das unflätige Wort, das sie mir nachgerufen haben!

PROFESSOR: Welches? Was für ein unflätiges Wort?

FRAU: Die ganze Zeit besinn ich mich darauf! Eine Gemeinheit! Das Lumpenpack!

PROFESSOR: Wir wollen ins Bett gehen. Morgen früh, beim Aufwachen, dann fällt's dir ein. *(Fäng an, sich auszuziehen)*

FRAU: *(Im Selbstgespräch)* ... Gans? ... Hat er Gans gsagt? Das hätt ich net übel gnomme... oder ... Schwein? „Alte"... alte hat er gsagt und noch ein Wort. Alte... Seit der Revolution ist das Volk doch unglaublich ordinär. ... Alte... alte... Hermann! Kann mich ... Hure? ... beleidigt haben? *(Der Professor antwortet nicht, ist in eigenen Gedanken, zieht sich weiter aus, hat bereits Kravatte, Kragen, Rock und Weste abgelegt und ist an den Stiefeln. Die Frau kommt zu ihm, rüttelt seine Schulter)* Was hat er gesagt? Alte... alte... alte?!

PROFESSOR: *(Beim Schuhe ausziehen, ruhig, sachlich)* Schartek.

FRAU: *(Sich vergessend, gibt ihm eine kräftige Ohrfeige)*

PROFESSOR: *(Aufspringend, schwäbisch)* Sakrament!

FRAU: *(Wendet sich entsetzt vor sich selbst laut aufschluchzend in eine Ecke)*

PROFESSOR: *(Stellt mit derbem Ruck beide Stiefel wohlgeordnet neben den Ofen, sagt schwäbisch-lateinisch)* Sacramentum!

FRAU: *(Setzt sich beschämt, verzweifelt, an den Tisch, verbirgt das Gesicht mit der einen Hand, tastet die andere flehend und bettelnd zugleich nach dem Mann)*

PROFESSOR: *(Sich die Wange reibend, schwäbisch verballhornend)* Sack voll Zement! *(Er geht an den Tisch, schüttelt das Haupt. Sein Auge fällt auf das politische Testament. Er liest es und zerreißt es wehmütig. Dann blickt er auf die Frau, zieht sich einen Stuhl herbei, nimmt ihre Hand, schüttelt traurig den Kopf. Die Frau sinkt auf den Boden, legt ihren Kopf auf seine Knie, Schluchzen schüttelt sie. Wehmütig, gutmütig, väterlich und professoral streichelt er ihr übers Haar)* Thildele, domms Weible – in Gotts Name – alleweil 's Gfühl an Kilometer vor'm Verstand – bischt ebe doch kei Mann.

Biografisches zu den Familien Frank und Itin

Fritz Frank

„Ich heiße Fritz Frank, Dr. med., geboren am 22. Juni 1886 in Horb am Neckar, jetzt wohnhaft in Netanya/Israel, von Beruf praktischer Arzt.

Vorgebildet auf dem Gymnasium in Stuttgart, legte ich nach dem Studium auf den Universitäten Bern, Heidelberg, Tübingen das Staatsexamen der medizinischen Fakultät ab und war am Jüdischen Krankenhaus in Frankfurt am Main Medizinalpraktikant. Das Studium wurde durch die Ableistung der militärischen Dienstpflicht beim Bayerischen Infanterieregiment in München vom 1. Oktober 1908 bis April 1909 unterbrochen.

Am 3. August 1914 wurde ich als Feld-Unterarzt eingezogen und war bis zum November 1918, zuletzt als Oberarzt, im Sanitätsdienst tätig.

Nach meiner Entlassung im Jahr 1919 ließ ich mich als Arzt in Heppenheim nieder. 1920 wurde ich zur Kasse zugelassen. Im Jahr 1928 habe ich ein Haus in Heppenheim erworben. Seit 1923 hatte ich neben meiner Praxistätigkeit die Kassenärztliche Verrechnungsstelle für den Kreis Heppenheim-Bensheim als Geschäftsführer übernommen. Am 1. April 1933 wurde mir die Verrechnungsstelle weggenommen. Im Jahr 1935 wanderte ich nach dem damaligen Mandatsgebiet Palästina aus.“[1]

So lautet der kurz gefasste Lebenslauf, den Fritz Frank im Oktober 1953 für das United Restitution Office in Tel Aviv geschrieben hat. Eine Außenstelle dieser Organisation in Frankfurt vertrat ihn nach dem Zweiten Weltkrieg bei seinen Restitutionsverhandlungen mit dem Land Hessen.

Zu dieser Zeit lebte er seit 18 Jahren in Israel und war 67 Jahre alt. Nach anfänglichen Schwierigkeiten hatte er sich als Arzt in Netanya etablieren können. Es war nicht leicht für ihn gewesen, nach seiner Emigration den Lebensunterhalt für sich, seine Frau Raissa und die beiden Kinder Hugo und Sophie in Palästina zu sichern. Mit ihm waren, wie er in seiner eidesstattlichen Erklärung schrieb, *„durch die deutsche Einwanderung eine Unzahl Ärzte ins Land gekommen"*. Seinen ursprünglichen Plan, in Jerusalem eine Praxis aufzumachen, musste er aufgeben. Schließlich fand er fürs erste bei der staatlichen Krankenkasse eine Anstellung für den Not- und Nachtdienst.

1 Hessisches Hauptstaatsarchiv Wiesbaden, Da 26332

*David Imanuel Frank
(1814–1869) und Karolina geb.
Schnaittacher (1821–1891), die
Großeltern von Fritz Frank aus
Nordstetten.*

Fritz Frank hat viel geschrieben. Der am frühesten datierte Text ist sein Tagebuch aus dem Ersten Weltkrieg, Das „Stahlbad".[2] Die getippte Urschrift trägt den Vermerk: „Geschrieben in Heppenheim August 1925". Die handschriftliche Urfassung der „Verschollenen Heimat", ausgestattet mit alten Ansichtkarten von Horb, stammt aus dem Jahr 1945. Gewidmet hat er sie *„meiner Frau zu ihrem 59., meinem Bruder Oskar zu seinem 70. Geburtstag".* Die maschinenschriftliche Fassung, ebenfalls liebevoll handgebunden, widmete er ein Jahr später seinen Kindern Hugo und Sophie, die inzwischen Schmuel und Jael hießen.

Auf den zahlreichen anderen Texten findet sich meist kein Entstehungsdatum. Sie haben fast alle einen familiären Hintergrund und sind, bis auf eine Ausnahme, in Deutschland oder in Russland, der Heimat seiner Frau Raissa, angesiedelt.

Die Nordstetter Vorfahren

Seine Kindheit in Horb hat er in der „Verschollenen Heimat" beschrieben. Die Nordstetter Vorfahren sind bis ins Jahr 1762 belegt.[3] Damals wurde Emanuel Frank geboren, sein Urgroßvater. Er war der Sohn von Hajum Löw Frank und Mindel, geb. Ochs. Emanuel Frank hatte zwei Söhne. Der ältere wanderte 1854 nach Amerika aus, der jüngere, David Imanuel Frank, heiratete 1842 Karolina Schnaittacher aus dem fränkischen Fürth. Der Bezirksrabbiner Dr. Wassermann nahm die Trauung in der Nordstetter Synagoge vor.

2 Fritz Frank, Das „Stahlbad". Werkausgabe Band 1. Horb 2016.

3 Familienregister, Ortsarchiv Horb-Nordstetten

194

Karolina Frank brachte ein ansehnliches Vermögen mit in die Ehe. Das befähigte ihren Mann, sein vom Vater geerbtes Haus in Nordstetten abbrechen zu lassen und an gleicher Stelle einen Neubau zu errichten, der ihm auch genügend Raum für sein Textilgeschäft bot. Die Eheleute bekamen zwölf Kinder, von denen aber nur neun das Erwachsenenalter erreichten. Wie Fritz Frank in der „Verschollenen Heimat" beschreibt, erkrankte David Imanuel Frank, und sein ältester Sohn Hugo, 1845 geboren, musste mit 16 Jahren ins väterliche Geschäft einsteigen. Das war um 1861. Hugo Frank hatte gerade eine zweijährige Ausbildung in der Handelsschule in Bad Dürkheim hinter sich. Er fügte sich widerspruchslos seinen familiären Pflichten, obwohl er sich ein ganz anderes Leben gewünscht hatte.

Seine Tochter Lilli schrieb später über ihren Vater: *„Ganz verkümmern wollte er aber nicht in diesem Dorf. An den Samstagen verkehrte er viel im Haus des Lehrers Frankfurter, der ein Freund von Berthold Auerbach war. Auerbach hatte ihm in seinem „Lauterbacher"[4] ein Denkmal gesetzt.[5] Der alte Mann hatte immer eine besondere Freude mit seinem ehemaligen Schüler. Die Kinder waren befreundet und für die älteste Tochter Bertha hatte der Hugo sogar eine heimliche Neigung."[6]*

Die Urgroßmutter Esther Levi aus Kippenheim.

Die badischen Vorfahren

Die Frank'sche Familiengeschichte ist auch Thema der Aufzeichnungen von Lilli Frank-Lilienstein, der Schwester Fritz Franks. Unter dem Titel „Die Ahnen der kleinen Sophie" schrieb sie, an ihre Heppenheimer Nichte Sophie gewandt, in den 1920er Jahren über die Vorfahren mütterlicherseits aus dem badischen Rheintal. Die „Urahnin" war Esther Levi, geboren 1802 in Saverne, aufgewachsen in Straßburg, die den Kippenheimer Geschäftsmann Nathan Weill (1799–1851) geheiratet hatte.[7]

„Ob die Liebe sie zusammengeführt hatte? Ob es eine Zweckmäßigkeitsehe war? Die Ehen der alten Juden wurden nicht im Himmel geschlossen. Sie wurden von den Eltern auf sehr realer Basis aufgebaut und bewährten sich als „soziale Institutionen" deshalb meist sehr gut. Ethisch war diese Art der Vereinigung anfechtbar, die Moral in diesen Ehen stand hoch. Pflicht war und blieb das Leitmotiv. Die Sittengesetze waren streng und hart, aber sie wurden geehrt. Der Segen der Eltern baute den Kindern buchstäblich Häuser. Ob das

4 Berthold Auerbach, Gesammelte Schriften. Gesamtausgabe Band 3, Stuttgart 1863.

5 Der Rabbinersohn Bernhard Frankfurter (geboren 1801 in Oberdorf, gestorben 1867 in Nordstetten) kam 1822 als erster Lehrer in die erste „israelitische Volksschule" Württembergs nach Nordstetten. Sie hatte damals 46 Schüler und erwarb sich einen ausgezeichneten Ruf im ganzen Land.

6 Lilli Frank-Lilienstein, Die Ahnen der kleinen Sophie, Seite 39. Typoskript, handgebunden und mit vielen Fotos versehen, 84 Seiten. Archiv Synagogenverein Rexingen.

7 Köbele, Siefert, Scheer: Ortssippenbuch Kippenheim. Grafenhausen bei Lahr. 1979.

Die Großmutter Jeanette Weil (1828–1899) aus Nonnenweier.

Glück immer darin wohnte, war eine andere Frage. Ein Schauplatz großer Tragödien waren sie nur selten.

Nichts deutete darauf hin, dass die Urahnin in ihrer Ehe nicht glücklich gewesen wäre. Ein für damalige Zeiten stattliches Haus im Mittelpunkt des Ortes war ihr eigen. Ihr Mann war ein rühriger, tüchtiger Geschäftsmann, dessen Name und Firma im ganzen Badener Land einen guten Klang hatte. Die Kinder waren zahlreich."[8]

Eines dieser acht Kinder war Jeanette Weill (1828–1899). Sie heiratete 1849 Samuel Weil (1821–1863) aus dem Dörfchen Nonnenweier bei Lahr.[9] Es scheint eine Liebesheirat gewesen zu sein, nicht ganz im Sinne ihrer Eltern.

Lilli Frank: *„Die junge Frau hatte von Anfang an kein leichtes Leben. Es wartete ihrer viel Arbeit. Das Geschäft des Vaters war um vieles bedeutender als das Geschäft des Mannes. Zwar hatte man auch sein eigenes Haus mitten an der Hauptstraße, man hatte Feld, Garten, Hühner, Kühe und Pferde, man hatte ein eigenes Backhaus, einen Laden und Magazine, zu alledem einen Knecht, aber keine Magd. Da hieß es arbeiten von früh bis spät. (…) Und man hatte im Geheimen seinen Ehrgeiz. Man wollte vorwärts kommen, denen zu Hause zeigen, dass man nicht falsch gewählt hatte.*"[10]

1863 verstarb Samuel Weil plötzlich an einer Lungenentzündung und ließ die Witwe mit sechs Kindern zurück. Unter großen Anstrengungen und Entbehrungen und mit Hilfe von Verwandten und des örtlichen Pfarrers gelang es Jeanette Weil, das kleine Ladengeschäft für Eisenwaren und die Landwirtschaft weiterzuführen und den Kindern, die ebenfalls hart arbeiten mussten, eine gute Ausbildung zu ermöglichen.[11] Als die älteste Tochter Sophie ins heiratsfähige Alter kam, sah sich die Mutter nach einem passenden Bräutigam um. Ihre Wahl fiel auf den Horber Geschäftsmann Hugo Frank, dessen Vater David Emanuel Frank sie als junges Mädchen in Kippenheim kennen gelernt hatte. Lilli Frank schildert die erste Begegnung ihrer Eltern in Nonnenweier, wie sie später in der Familie erzählt wurde.

Die Eltern

„Gerade in jenen Tagen war das Heiratsprojekt mit dem jungen Hugo Frank aufgetaucht. Was man von ihm hörte, sprach für ihn. Er sollte ernst und gediegen, geschäftstüchtig und fleißig und ein gebildeter Mann sein. Die Ver-

8 Lilli Frank-Lilienstein, Die Ahnen der kleinen Sophie, S. 7.
9 Bender, Krämer, Eble: Ortssippenbuch Nonnenweier 1971.
10 Lilli Frank-Lilienstein, S. 14.
11 Ihr Sohn Oscar gründete 1899 in Lahr die Firma Rakso, die Stahlspäne herstellte und noch heute unter dem Namen Oscar Weil GmbH von den Nachkommen als Familienunternehmen geführt wird.

hältnisse wurden als glänzend geschildert, denn im Hause Frank wurde an nichts gespart. Das Geschäft hatte auch einen sehr guten Namen, und gerade jetzt hatten die beiden ältesten Söhne ein Geschäftshaus gebaut, mit dem sich in Horb kein zweites messen konnte. (...)

Und dann kam der Hugo Frank. Ein heißer Sommertag war`s. Die Jalousien waren heruntergelassen. Hinter einer stand die Sophie und sah die Dorfstraße entlang.

Plötzlich tauchte der Onkel mit dem jungen Manne auf, dessen Besuch ihr angekündigt worden war. Groß war er und mager, einen rötlichen Vollbart trug er, und unter dem Hut sah man schon graue Haare an den Schläfen. Und eine Nase hatte er! – Man hätte drei Juden damit kenntlich machen können. Den nahm sie nie! Das stand fest.

Der Hugo Frank betrat das Haus. Die Mutter öffnete die Stubentüre und prallte fast zurück.

Da stand ja leibhaftig der David Frank vor ihr, lang und schlank, mit der großen Nase und der schönen, hohen Stirn und mit dem bezwingenden, gütigen Lächeln. **Den** Schwiegersohn schickte ihr der liebe Gott.[12] Und nun wurden Erinnerungen ausgetauscht und Fragen gestellt und ein Festmahl aufgetischt und zum Essen genötigt. Die Mutter war ganz Lebendigkeit, ganz Freude, ganz Mütterlichkeit. Und die Tochter?

Zunächst war sie für den Hugo Frank eine kleine Enttäuschung. Als „Perle des badischen Oberlandes" war sie ihm geschildert worden. Die Perle hatte wenig Glanz. Blass und mager saß das Mädchen da und aus dem weißen Gesicht blickten ein paar dunkle Augen fast feindselig auf – seine Hosen. Denn daran nahm die Sophie auch noch Anstoß: dass er nämlich zu seiner Brautfahrt ein Paar helle, verfleckte und verdreckte Hosen angezogen hatte. Sollte sie sich auch noch der Kleider ihres Bräutigams schämen müssen, nachdem sie sich lange genug ihrer eigenen geschämt hatte?

Nein, sie nahm ihn nicht, mochte die Mutter auch noch soviel Getue um ihn machen.

Sie hörte nicht zu, was er sprach. Sie hörte nur gerade, dass er nichts Dummes sprach. Denn wenn die Sophie nichts hörte, so hörte sie doch immer noch soviel, dass sie sich ein Urteil über einen Menschen bilden konnte. Der Hugo Frank suchte sie ins Gespräch zu ziehen. Sie folgte nur widerstrebend. Auch als man sie allein ließ, war nicht viel aus ihr herauszubekommen.

Zu der in jüdischen Kreisen üblichen Verlobung nach zwei Stunden kam es nicht. Der junge Mann verabschiedete sich etwas bedrückt und versprach zu schreiben. Ihm hatte der warme Empfang der Mutter wohlgetan. Ihm gefiel diese gescheite, resolute Frau und ihm gefiel vor allem dieser mustergültige Haushalt, diese Ordnung im Geschäft. (...) Dass dieses krankhaft blasse Mädchen nicht so hübsch war, wie er sich eingebildet hatte, war nicht so

Die junge Sophie Weil (1854–1922), die Mutter von Fritz Frank.

12 Lilli Frank erzählt, dass David Emanuel Frank, Hugos Vater, die erste heimliche Liebe von Sophies Mutter gewesen sei. Er hatte als junger Mann eine Weile in Lahr bei Verwandten gearbeitet.

197

*Lilli (Lydia) Frank (1882–1940),
die Schwester von Fritz Frank.*

13 Lilli Frank, S. 31.
14 Ebd., S. 50. Magda-
    lene Zimmermann
    (1870–1928) aus dem
    Horber Mühlegässle trat
    im Jahr 1884 in den Dienst
    der Familie Frank. Sie zog
    1899 mit nach Stuttgart
    und pflegte Hugo und
    Sophie Frank bis zu ihrem
    Tod. 1922 übersiedelte sie
    zu Fritz und Raissa Frank
    nach Heppenheim. Dort
    bemutterte sie die Kinder
    Hugo und Sophie, bis sie
    im Jahre 1928 starb. Sie
    stand 45 Jahre im Dienste
    der Familie Frank und war
    ein geliebtes und geachte-
    tes Familienmitglied.
    Lilli Frank-Lilienstein
    schrieb ihre Geschichte in
    „Unsere Lene" auf.

schlimm. Er war durch weibliche Schönheit in seiner Familie nicht verwöhnt. Aber ihre Kälte schreckte ihn. Und die Augen hatten einen bösen Glanz.

Der Hugo Frank war kein Mann, der vorschnell urteilte. Er hatte versprochen zu schreiben, und deshalb schrieb er. Er schrieb mit seiner schönen, klaren Handschrift, in wohlgesetzten Worten, ohne Redensarten, ohne Phrasen, mit jenem feinen Humor, der einem gütigen Herzen entspringt."[13]

Schließlich entschloss sich Sophie Weil doch, Hugo Frank zu heiraten, um der Enge ihres Heimatdorfes und Elternhauses zu entfliehen. Die Hochzeit fand 1875 in Offenburg statt. In Horb entwickelte sich Sophie Frank zu einer umsichtigen und tatkräftigen Geschäftsfrau.

Lilli Frank: „*In Horb erfreute sich die junge Frau großer Beliebtheit. Sie verstand es, mit den Leuten umzugehen, hatte bei jedem einzelnen bald heraus, wo ihn der Schuh drückte und machte sich die Sorgen der andern zu ihren eigenen. Ganz besonders gut verstand sie es mit Kindern, und es war kein Wunder, dass des Edmunds Lene, die jeden Abend die Milch ins Haus brachte, sehr rasch zu dem Entschluss kam, wenn sie groß wäre, gehe sie zu Frau Frank als Mädchen.*"[14]

Die Geschwister

Hugo und Sophie Frank bekamen sechs Kinder. Zwei Mädchen, Hulda und Anna, starben kurz nach der Geburt. Oskar, geboren 1876, wurde in Paris bei einem Onkel erzogen und erlernte den Beruf des Bankiers. Er heiratete später eine nichtjüdische französische Schauspielerin, die ihn während der deutschen Besatzungs- und Verfolgungszeit versteckte und ihm das Leben rettete.

Die Schwestern Elsa, geboren 1878, und Lydia, geboren 1882, wurden in einem Internat in Kassel erzogen. Elsa Frank heiratete später den Kaufmann Josef Schnurmann und emigrierte 1937 nach dem Tod ihres Mannes mit ihrem Sohn Robert nach England. Lilli Frank machte eine Ausbildung zur Bibliothekarin und heiratete den Psychoanalytiker Siegfried Lilienstein. Das Ehepaar wohnte in Bad Nauheim. Siegfried Lilienstein starb 1934 nach langer Krankheit. Seine Witwe emigrierte 1939 nach England und nahm sich 1940 in London das Leben. Sie war immer eine starke Frau gewesen, aber ihr Flüchtlingsdasein und die drohende Internierung als „feindliche Ausländerin" nahm ihr alle Lebenskraft.

In ihrem Vermächtnis an ihre Geschwister und Freunde, das sie in englischer und deutscher Sprache hinterließ, schreibt sie:

„28. Mai 1940. Heute Mittag erfuhr man die Übergabe Belgiens. Vielleicht führt sie zu einem raschen Allgemeinfrieden unter der Hitlerherrschaft, vielleicht dehnt es den Krieg aus: beides übersteigt meine Nervenkraft. Wenn Hitler die Welt regiert, bedeutet es die Vernichtung aller Juden, die ihm er-

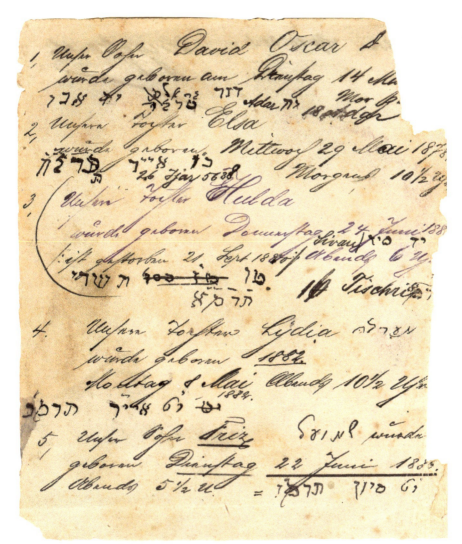

Seite aus dem Gebetbuch des Ehepaars Hugo und Sophie Frank, auf der sie die Geburt ihrer Kinder in Deutsch und Hebräisch notiert haben.

reichbar sind; wenn er unterliegt, wird seine Drachensaat noch lange fortwirken. Ich bin all diesem Leid nicht mehr gewachsen. "[15]

1899 hatten sich Hugo und Sophie Frank aus dem Berufsleben zurückgezogen und waren in die Landeshauptstadt umgezogen. *„Man übersiedelte nach Stuttgart. Sophie freute sich mit allem: mit der Wohnung, mit der Stadt, mit dem Theater, mit dem Blumenkohl, der viel billiger war als in Horb, vor allem aber über das Gefühl der Befreiung von jahrelangem Druck. Sie begleitete ihren Mann zu interessanten Gerichtsverhandlungen, in den Landtag, zu Vorträgen, ging mit den Kindern in Konzerte, und es begann für sie zum ersten Mal ein geistig reiches Leben.* "[16] Bald aber erkrankte Hugo Frank und wurde 14 Jahre lang, bis zu seinem Tod, immer wieder von schweren Magenblutungen heimgesucht. Im August 1915 starb er ganz plötzlich an einer Lungenentzündung.

15 Aufzeichnungen von Lilli Frank-Lilienstein vor ihrem Tod, geschrieben vom 19. Mai bis 28. Mai 1940. Typoskript, Archiv des Synagogenvereins Rexingen.

16 Lilli Frank-Lilienstein, Die Ahnen der kleinen Sophie, S. 68.

Altersfotos der Eltern Sophie und Hugo Frank aus ihrer Stuttgarter Zeit.

Zu dieser Zeit war Fritz Frank als Sanitätsoffizier im Elsass stationiert. Nach dem Abitur hatte er zunächst drei Jahre Rechtswissenschaft studiert und dann 1908 mit dem Medizinstudium begonnen. In Heidelberg hatte er seine spätere Frau Raissa Itin kennen gelernt. Die Eltern waren gegen eine Heirat, bevor er sich eine Existenz aufgebaut hatte, aber das junge Paar setzte seinen Willen durch. Bei Kriegsbeginn, im August 1914 heirateten sie, einen Tag bevor Fritz Frank an die Westfront eingezogen wurde.

Die Familie Itin

Raissa Itin wurde 1886 in Südrussland geboren. Ihre Eltern waren Katarina Meeroff (geb. Ende der 1850er-Jahre) und Gregor Itin (geb. 1853), die damals in Bjelaia Glina lebten, einer Kleinstadt im Kaukasusvorland. Dort betrieb der Vater einen Getreidehandel. Später zogen sie nach Rostow am Don. Raissa war das älteste von acht Kindern. 1905, kurz nach ihrem Abitur, schickte Gregor Itin seine Frau mit allen Kindern nach Berlin. Raissa und ihr Bruder hatten sich politisch engagiert und waren in Gefahr, wegen revolutionärer Umtriebe verhaftet zu werden. Nachdem ihre Mutter nach einem Jahr mit den fünf jüngeren Geschwistern wieder nach Rostow zu-

rückgekehrt war, studierte Raissa in Berlin und ihr Bruder Kolja in Freiburg Jura. Josef, genannt Onja, studierte an der Kunstakademie in Berlin und später in Paris. Da Raissa Itin als Frau in Berlin nicht promovieren durfte, wechselte sie nach Heidelberg und erhielt dort 1913 ihren Doktorgrad. Ihre Dissertation beschäftigt sich mit dem Kinderschutz in der Strafgesetzgebung.[17] Fritz Frank erhielt seinen Doktortitel ebenfalls 1913.[18]

Von August 1914 bis September 1915 wohnte und arbeitete Raissa Frank in Neu-Isenburg in einem Mädchenheim des Jüdischen Frauenbundes, das die Frauenrechtlerin Bertha Pappenheim 1907 gegründet hatte.[19] Dort lebten sozial entwurzelte jüdische Mädchen, allein stehende Schwangere und ledige Mütter. Das Heim bot ihnen Schutz, Unterkunft und Ausbildung. Die Zahl von traumatisierten, verwaisten, minderjährigen Flüchtlingen aus Osteuropa und Russland wuchs während des Ersten Weltkrieges stark an.[20]

Raissa Franks Vater Gregor Itin starb in den 1930er-Jahren in Russland. Seine Frau wurde von ihren Kindern beim Einmarsch der deutschen Wehrmacht in Südrussland in einem Kloster im Kaukasus versteckt. Im Sommer 1942, als die deutschen Truppen in den Kaukasus vorrückten, wurde das Kloster überfallen und alle Bewohnerinnen erschossen, darunter auch die über 80jährige Katarina Itin.[21]

Besuch in Stuttgart.
Sitzend: Sophie Frank.
Dann von links: Elsa Schnurmann mit Sohn Robert, Oskar Frank, Lilli Lilienstein, Raissa und Fritz Frank, ca. 1920.

17 Raissa Itin: Der Schutz der Entwicklung des Kindes als Problem der Strafgesetzgebung. Borna-Leipzig 1913.
18 Fritz Frank: Beiträge zur Lehre von der acuten Nephritis im Säuglingsalter besonders bei Ernährungsstörungen. Stuttgart 1914.
19 Meldekarte von Raissa Frank, Archiv Gedenkbuch für das Heim des Jüdischen Frauenbundes, Neu-Isenburg.
20 http://gedenkbuch.neu-isenburg.de
21 Telefonische Auskunft von Jael Pick am 1. August 2017

Fritz und Raissa Frank in Heppenheim

Im November 1918 kehrte Fritz Frank aus dem Krieg zurück. Er war zuletzt in Oberschlesien stationiert gewesen, nachdem er 1916 in Nordfrankreich in englische Kriegsgefangenschaft geraten war und über einen Ärzteaustausch wieder nach Deutschland zurückkehren konnte.

Raissa Frank mit den Kindern Hugo und Sophie in Heppenheim.

Das erste Kind des Ehepaars, Hugo, wurde 1918 in Mannheim geboren. Die Familie zog nach Heppenheim an der Bergstraße, und Fritz Frank machte sich als praktischer Arzt selbständig. Die Tochter Sophie kam 1922 zur Welt, zwei Monate, nachdem ihre Großmutter Sophie Frank in Stuttgart gestorben war. Ein Schlaganfall hatte sie die letzten Jahre ihres Lebens an einen Rollstuhl gefesselt. Die Gräber von Hugo und Sophie Frank findet man auf dem jüdischen Teil des Stuttgarter Pragfriedhofes.

In Heppenheim lebte zu dieser Zeit auch der jüdische Religionsphilosoph Martin Buber mit seiner Frau Paula. Paula Buber veröffentlichte 1953 ihren im Exil geschriebenen Roman „Muckensturm. Ein Jahr im Leben einer kleinen Stadt", in dem sie das Jahr 1933 und den Beginn der NS-Herrschaft in Heppenheim beschreibt. Im Buch spielt auch der jüdische Arzt Dr. Markus alias Fritz Frank eine Rolle. Die Familien kannten sich und die Buber-Enkelin Barbara und die Frank-Tochter Sophie waren Spielgefährtinnen.

Von 1930 bis 1935 war Fritz Frank Vorsitzender der jüdischen Gemeinde in Heppenheim. 1933 lebten noch etwas mehr als 100 Juden in der südhessischen Kleinstadt.

Im April 1933 verlor Fritz Frank durch den Entzug seines Geschäftsführerpostens der Kassenärztlichen Verrechnungsstelle einen Großteil seines Einkommens. Da er im Ersten Weltkrieg Frontsoldat gewesen war, durfte er seine Kassenpraxis noch weiterführen. Aber Ausgrenzung und Verfolgungsdruck wurden immer stärker und seine Arzthonorare ging immer mehr zurück, so dass er sich gezwungen sah, Deutschland zu verlassen. Der Sohn Hugo war schon 1933 als Jugendlicher nach Palästina emigriert. Fritz Frank

Raissa und Fritz Frank,
Pessach 1969.

folgte ihm zunächst allein im November 1935, um nach einer beruflichen Perspektive zu suchen und die Übersiedlung seiner Frau und seiner Tochter vorzubereiten. Raissa und Sophie Frank kamen im Januar 1936 nach. Die Synagoge in Heppenheim wurde am 9. November 1938 angezündet und schließlich gesprengt. 21 Männer, Frauen und Kinder wurden 1942/43 deportiert und überlebten die Shoa nicht. 76 Auswanderer wurden über die ganze Welt verstreut.

Das Haus der Franks in Heppenheim wurde unter Preis an einen örtlichen Zigarren-Fabrikanten verkauft. 1953 kam es nach langwierigen Rückerstattungsverhandlung zu einem Vergleich zwischen den beiden Parteien.[22]

In Netanya

Die ersten Jahre in der neuen Heimat waren sehr schwer. Fritz und Raissa Frank lernten zwar hebräisch, aber in der Familie wurde nur deutsch gesprochen. Deutsche Literatur war die dominierende Lektüre im Hause Frank und erst die Kinder Schlomo und Jael lernten die Landessprache perfekt. Fritz Frank blieb sein Leben lang ein deutscher Jude, ein „Jecke". Er war Mitglied der Vereinigung der deutschsprachigen Juden in Israel, dem noch heute existierenden „Irgun Olej Merkas Europa", der ab 1933 ein wöchentliches Mitteilungsblatt in deutscher Sprache herausgab. Seine politische Einstellung war liberal ohne jede ideologische Festlegung. Die sozialistische Kibbuz-Bewegung, der seine beiden Kinder anhingen, betrachtete er mit kritischem und manchmal spöttischem Blick. Allerdings begleitete er den Aufbau des Staates Israel mit großer Anteilnahme und engagierte sich an vielen Stellen, besonders auf dem Gebiet der Kindererziehung. Er war auch musikalisch sehr begabt

22 HHStAW, Da 26332

Frtz Frank mit seinen Kindern, Enkeln und Urenkeln an seinem 91. Geburtstag. Rechts von ihm, mit Brille, steht sein Sohn Schlomo (Hugo), rechts daneben seine Tochter Jael (Sophie), beide mit ihren Ehepartnern.

und inszenierte und dirigierte 1939 die „Kindersymphonie" von Joseph Haydn mit Flüchtlingen aus Deutschland, darunter vielen Kindern, die kurz zuvor auf einem illegalen Einwandererschiff in Netanya angekommen waren und die er ärztlich betreute.

In seiner Erzählung „Kindersymphonie in Israel"[23], die er später über die Vorgeschichte, die Proben mit den Kindern und die Aufführung des Musikstücks verfasste, schreibt er über seine Beweggründe: *„Aber dann, als ich diese angeschwemmten Menschen sah, fragte ich mich, wie werden sie sich eingewöhnen, die, die nicht mehr jung sind. Jeder von uns lebt sein eigenes Sorgen-Ich, hat Bangen, sich in fremdes Elend zu mischen. Man kommt hierher und erwartet, einen Bruder zu finden. Findet ihn einer? Die Jungen schon eher. Aber die Mittleren und Alten? Wer gibt ihnen ein bisschen Freude, Lebenswärme und Menschennähe? Wer baut ihnen menschliche Brücken zum neuen Leben? Nur die Kinder können es zustande bringen. Nur über die Kinder kommt das jüdische Volk zustande."*

Seine Tochter Jael Pick hat später zur „Kindersymphonie in Israel" ein kurzes Begleitwort verfasst, in dem sie unter anderem schreibt: *„Diese Erzählung ist ein wahrer Ausschnitt aus dem Leben meiner Eltern, drei Jahre nach ihrer Einwanderung. Diese ersten Jahre waren grundlegend für meinen Vater, denn auch er war ja ein „olej chadasch", ein Neueinwanderer, der sein Leben neu aufbauen musste. Er gab ein Zeitbild dieser Jahre, die er selbst sehr intensiv miterlebte. Er sah und empfand das Leben der Erwachsenen und der Kinder ganz ineinander verwoben."*[24]

23 Fritz Frank: Kindersymphonie in Israel. Typoskript, handgebunden, 60 Seiten.
24 Jael Pick, Brief an die Herausgeber.

Über viele Jahre hielt Fritz Frank brieflichen Kontakt mit überlebenden Angehörigen. Obwohl er die politische Entwicklung in Nachkriegsdeutschland positiv beurteilte, hat er seine alte Heimat nie mehr betreten. 1977, ein halbes Jahr vor seinem Tod, bekam Fritz Frank an seinem 91. Geburtstag Besuch aus Deutschland. Wilhelm Metzendorf, der von 1954 bis 1973 Bürgermeister in Heppenheim gewesen war, hatte sich schon während seiner Amtszeit mit der Geschichte der Heppenheimer Juden beschäftigt und die Überlebenden und Nachkommen in aller Welt gesucht. So kam er zu Fritz Frank und konnte ihn inmitten seiner Kinder, Enkel und Urenkel fotografieren. Raissa Frank war zwei Jahre zuvor gestorben.

Sein Artikel mit dem Foto und den Informationen zu den abgebildeten Personen, den Wilhelm Metzendorf in seinem Buch „Geschichte und Geschicke der Heppenheimer Juden"[25] 1982 veröffentlichte, führte 30 Jahre später auf die Spur von Jael Pick, der Tochter von Fritz Frank. Nur wenige Tage, nachdem im Februar 2013 eine Suchanzeige nach den Nachkommen von Fritz und Raissa Frank auf der Website des Leo Baeck Instituts in Jerusalem erschienen war, schickte die Deutsche Botschaft in Tel Aviv Adresse und Telefonnummer seiner 91jährigen Tochter. Den Kontakt hatte man ganz fürsorglich auch schon hergestellt: *„Frau Pick freut sich, mit Ihnen in Kontakt zu treten. Sie hat Hinterlassenschaften von ihrem Vater Fritz Frank, z.B. ein Kriegstagebuch aus 1914."*

Jael Pick lebt seit 1945 in einem kleinen Kibbuz nicht weit von Netanya. Sie ist zweimal verwitwet, hat eine Tochter und zwei Söhne und zahlreiche Enkel und Urenkel. Die Schriften ihres Vaters hat sie über die Jahrzehnte hinweg gehütet. Sie hat sie alle gelesen und die Familiengeschichten väterlicher- und mütterlicherseits waren ihr stets gegenwärtig. Umso größer war ihre Freude, als sich plötzlich, 36 Jahre nach dem Tod ihres Vaters, jemand aus Deutschland für diese Geschichten interessierte. In den folgenden Jahren, bei jedem Besuch bei ihr, übergab sie nach und nach alle Manuskripte ihres Vaters und ihrer Tante an den Rexinger Synagogenverein, zusammen mit den Veröffentlichungsrechten. In vielen Gesprächen und Briefen sind ihre Erinnerungen wieder lebendig geworden.

Barbara Staudacher,
Horb am Neckar, im August 2017

25 Geschichtsblätter Kreis Bergstraße, Sonderband 5. Heppenheim 1982.

Weiterführende Literatur

Verschollene Heimat

Berthold Auerbach: Der Onkel aus Amerika. In: Jüdische Memoiren aus drei Jahrhunderten. Ausgewählt und herausgegeben von Hans Bach. Berlin 1936.

Berthold Auerbach: Schwarzwälder Dorfgeschichten. Neue Volksausgabe. Stuttgart 1982.

Hermann Bausinger, Hg.: Berthold Auerbach. Dorfgeschichten. Tübingen 2011.

Joachim Lipp, Hg.: Horb am Neckar. Natur und Geschichte erleben. Veröffentlichungen des Kultur- und Museumsverein Horb a.N. e.V., Folge 12, Horb 1997.

Manfred Steck: Schattenrisse. Eine Annährung an die Geschichte der jüdischen Gemeinde von Horb am Neckar. Herausgeber: Martin-Gerbert-Gymnasium Horb und Otto-Hahn-Gymnasium Nagold. Horb/Nagold 2000.

Die Abiturientenrede von Ludwig Frank

Ludwig Frank: Aufsätze, Reden und Briefe. Ausgewählt und eingeleitet von Hedwig Wachenheim. Berlin 1924.

Jürgen Stude: Ludwig Frank schockierte nicht nur die Lahrer. Artikel in der Badischen Zeitung, Ausgabe Lahr vom 29. Juli 1993.

Karl Otto Watzinger: Ludwig Frank. Ein deutscher Politiker jüdischer Herkunft. Sigmaringen 1995.

Die Itins, Die silberne Medaille, Die beiden Torah

Wolfgang Benz, Hg.: Handbuch des Antisemitismus Band 4. Ereignisse, Dekrete, Kontroversen. Berlin/Boston 2011.

Alfred J. Kolatch: Jüdische Welt verstehen. Sechshundert Fragen und Antworten. Wiesbaden 1997.

Verband der Deutschen Juden, Hg.: Die Lehren des Judentums nach den Quellen. Band 1–3. Leipzig 1928–1930. Neue und erweiterte Ausgabe, München 1999.

Männer

Hans Wilderotter, Hg.: Walter Rathenau 1867–1922. Die Extreme berühren sich. Katalog zur Ausstellung des Deutschen Historischen Museums in Zusammenarbeit mit dem Leo Baeck Institute, New York. Berlin 1994.

Biographisches zu den Familien Frank und Itin

Berthold Auerbach: Gesammelte Schriften. Gesamtausgabe Band 3. Stuttgart 1863.

Fritz Frank: Beiträge zur Lehre von der acuten Nephritis im Säuglingsalter besonders bei Ernährungsstörungen. Inaugural-Dissertation zur Erlangung der Doktorwürde einer Hohen Medizinischen Fakultät der Königl. Christian-Albrecht-Universität zu Kiel. Stuttgart 1914.

Heubach, Helga: Das Heim des Jüdischen Frauenbundes in Neu-Isenburg, 1907 bis 1942. Neu-Isenburg 1986

Heubach, Helga, Bertha Pappenheim u.a.: Das unsichtbare Isenburg. Über das Heim des Jüdischen Fauenbundes in Neu-Isenburg 1907 bis 1942. Neu-Isenburg 1994.

Raissa-Rosa Itin: Der Schutz der Entwicklung des Kindes als Problem der Strafgesetzgebung. Inaugural-Dissertation zur Erlangung der Doktorwürde der Hohen juristischen Fakultät der Großherzoglich Badischen Ruprecht-Karls-Universität in Heidelberg. Leipzig 1913.

Wilhelm Metzendorf: Geschichte und Geschicke der Heppenheimer Juden. Heppenheim 1982.

Georg Munk (Paula Judith Buber): Muckensturm. Ein Jahr im Leben einer kleinen Stadt. Heidelberg 1953. Neu aufgelegt mit einem Nachwort von Judith Buber Agassi, Berlin 2008.

Ilselore Prinz-Weil: „Wenn dich auch von Zeit zu Zeit erfassen sollte Herzeleid ...“ Mein Lebensgeschichte. Ettenheim 2004.

Bildquellen

Dr. Joachim Hahn, Plochingen: Seite 61
Hermitagemuseum St. Petersburg: Seite 119
Carsten Kohlmann, Oberndorf: Seiten 50, 52
Wilhelm Metzendorf, Heppenheim: Seite 204
Jael Pick, Hama'apil, Israel: Seiten 4, 12, 17, 18, 29, 44, 56, 101, 109, 110/111, 112, 126, 192, 194, 195, 196, 197, 198, 199, 200, 201, 202, 203
Heinz Schmid, Horb: Seite 21
Stadtarchiv Horb: Seiten 19, 22, 27, 57
Silvia Staudacher, Stuttgart: Seite 39
Träger- und Förderverein Ehemalige Synagoge Rexingen: Seiten 24, 41, 47, 79, 82, 84, 91, 121
Verlag Gebr. Metz, Tübingen/Südwest Presse: Alt–Freudenstadt und Alt Horb, 1989: Seite 55
wikipedia/commons: Seite 76, 113, 115,
wikipedia.org / Rolf G. Haebler: Seite 63

Dank

Für die Unterstützung bei der Drucklegung dieses Bandes danken
die Herausgeber herzlich

Jael Pick, Kibbuz Hama'apil, Israel

Regine Bonfert, Horb-Rexingen
Hagit Dreyfuss, Zmira Reuvenis, National Library of Israel,
  Jerusalem
Dr. Heidi Fogl, Gedenkbuch für das Heim des Jüdischen Frauen-
  bundes, Neu-Isenburg
Tamar Goldschmidt-Buber, Jerusalem
Peter Haberkorn, Hessisches Hauptstaatsarchiv Darmstadt
Dr. Joachim Hahn, Plochingen
Landeszentrale für politische Bildung Baden-Württemberg
Joachim Lipp, Horb-Nordstetten
Agnes Maier, Kulturamt der Stadt Horb
Irene Menninger, Heppenheim
Martin Metzendorf, Heppenheim
Heinz Schmid, Horb
Ingrid Schuldes-Tropp, Stadtarchiv Horb
Manfred Steck, Horb-Mühlen
Jürgen Stude, Kippenheim
Rüdiger Vitt, Ortsarchiv Horb-Nordstetten
Dr. Eden Volohonsky, Horb-Rexingen
Michael Zerhusen, Horb

Impressum

 Gefördert durch die Landeszentrale
für politische Bildung Baden-Württemberg (LpB)
aus Mitteln des Landes Baden-Württemberg

Lektorat: Regine Bonfert und Barbara Staudacher, Horb
Buchgestaltung und Satz: Verlagsbüro Högerle, Horb-Rexingen
Druck und Bindung: CPI books GmbH, Leck

ISBN 978–3–928213–22-6